Tout savoir sur
LE CORPS HUMAIN

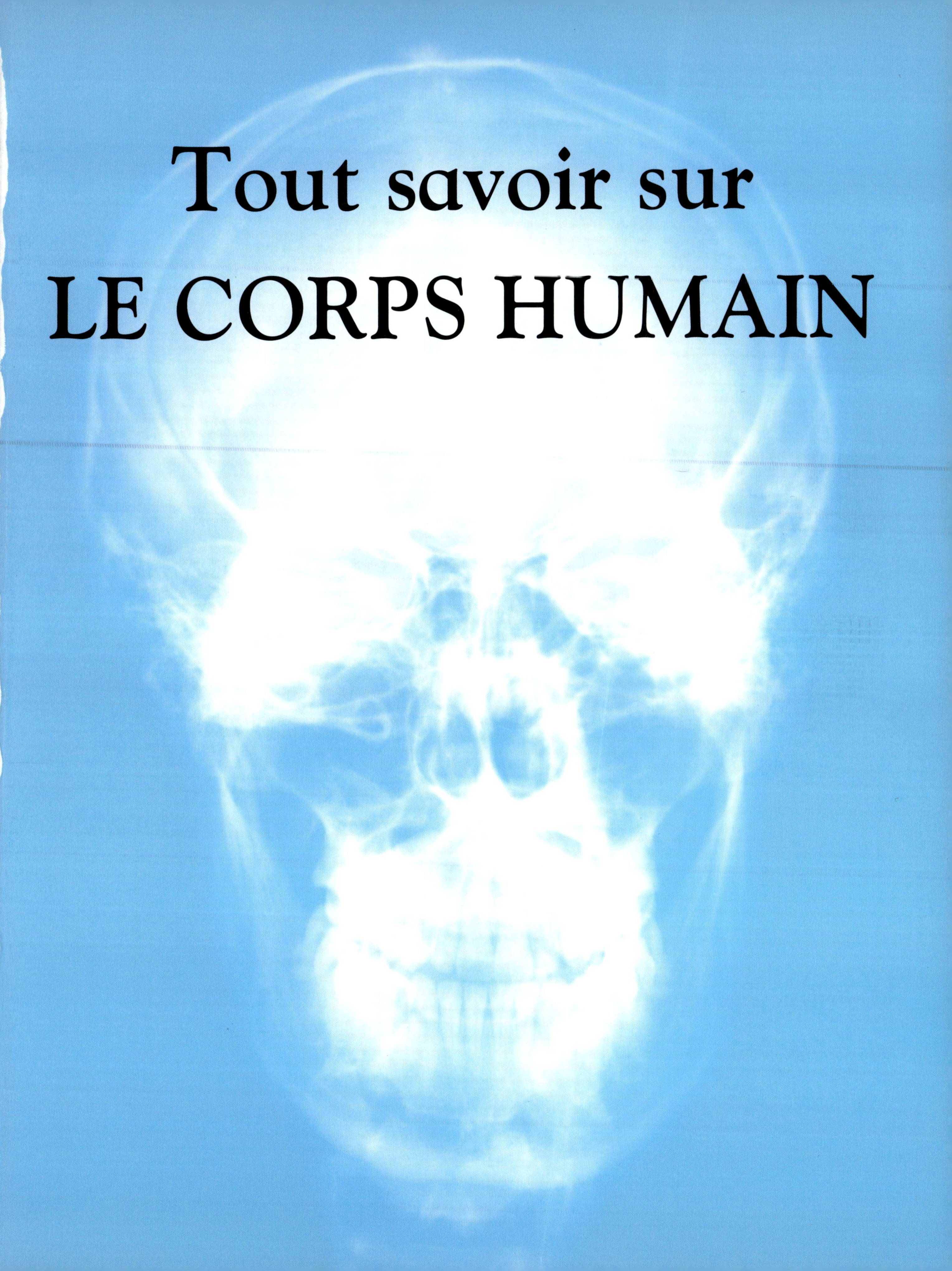

Copyright © Parragon Books Ltd
Queen Street House
4 Queen Street
Bath, BA1 1HE
Royaume-Uni

Auteur : Steve Parker
Consultant : Dr Sue Mann

Réalisation : InTexte, Toulouse
Traduction de l'anglais : Nicolas Blot et Adelaïde Blot

ISBN : 978-1-4075-4104-4

Imprimé en Chine
Printed in China

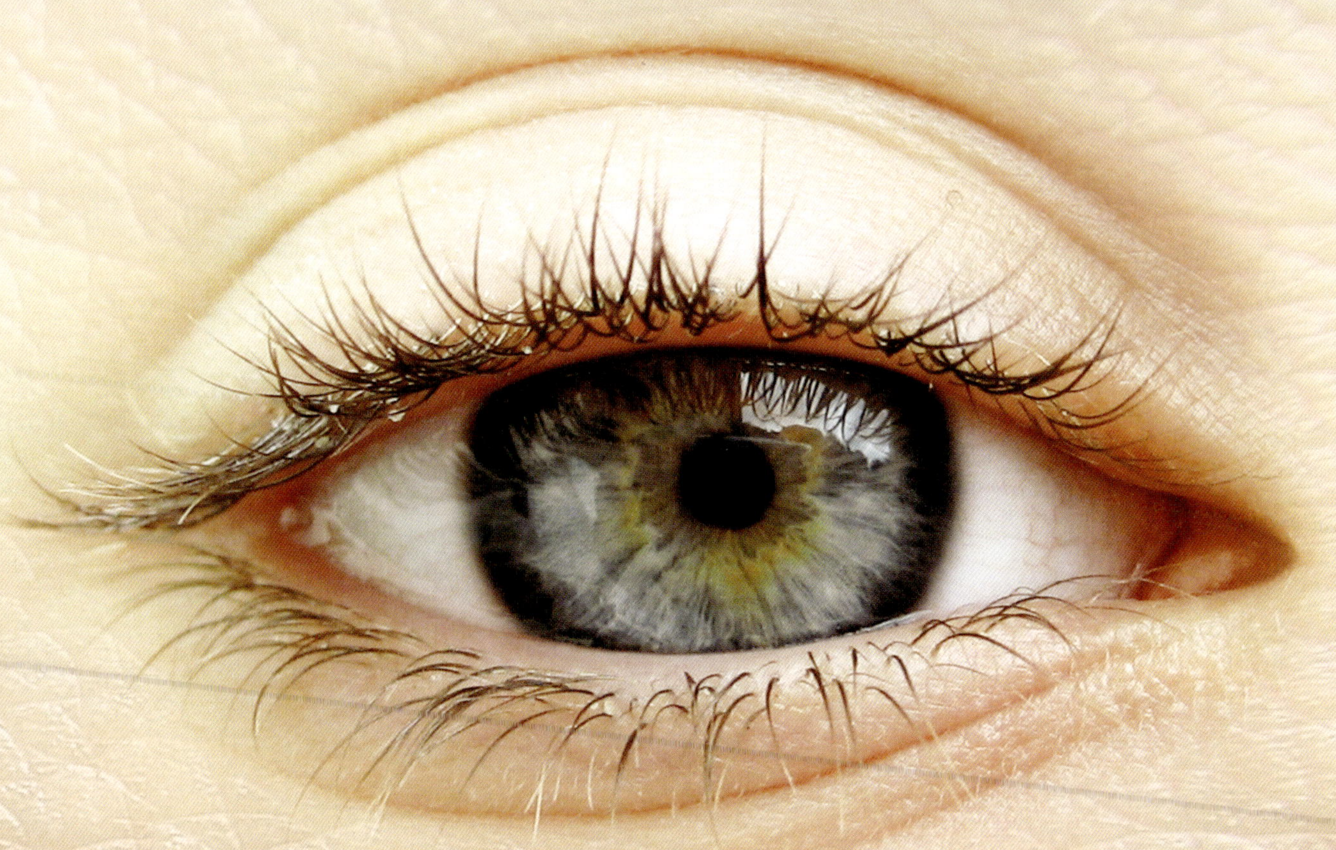

Tout savoir sur LE CORPS HUMAIN

Découvre son fonctionnement fascinant

Steve Parker

Parragon
Bath • New York • Singapore • Hong Kong • Cologne • Delhi • Melbourne

SOMMAIRE

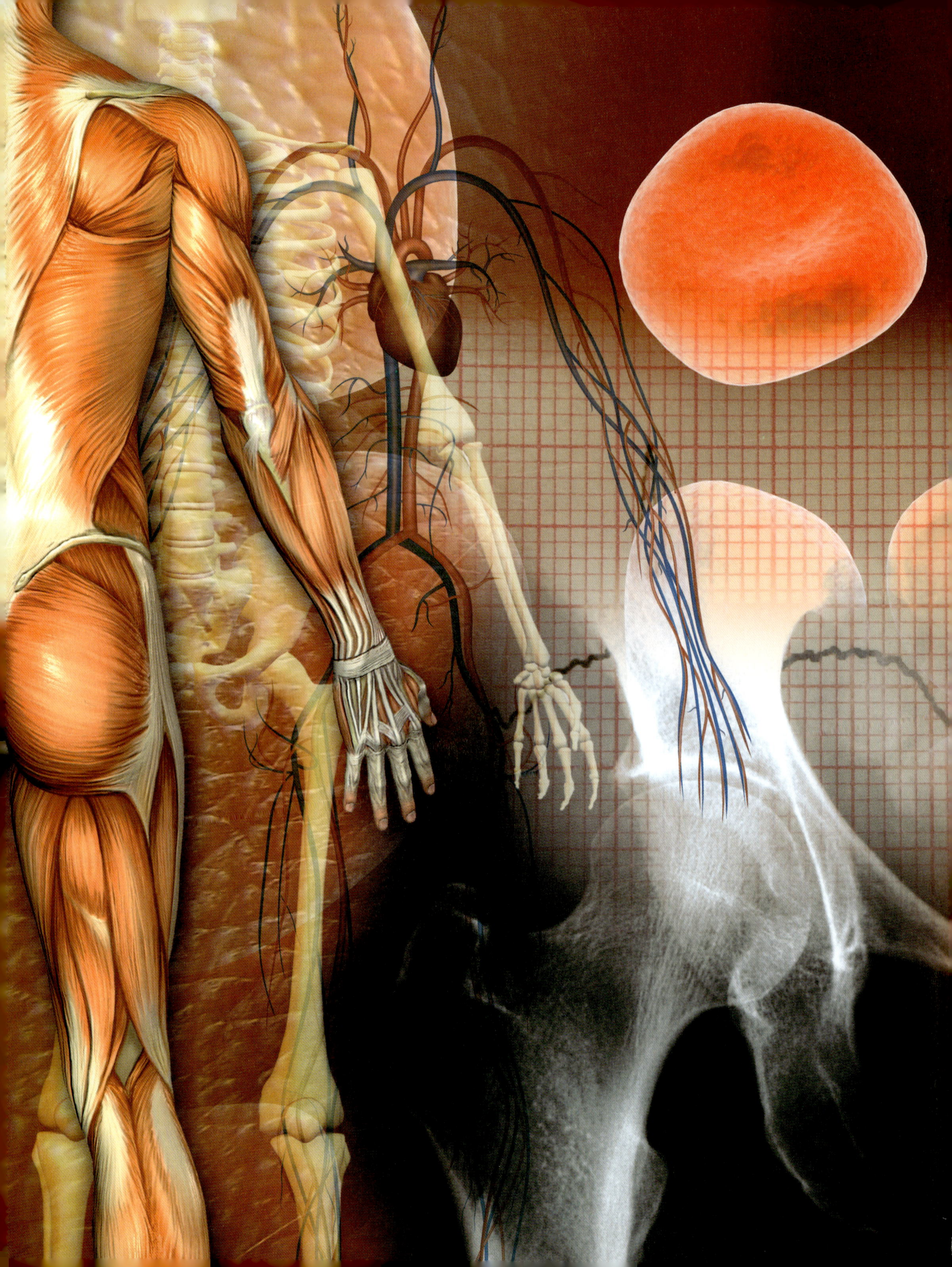

INTRODUCTION

Lorsque tu te reposes, ton corps te semble détendu. Pourtant, sous ta peau, il se passe beaucoup de choses. Les différentes parties de ton corps s'activent : ton cœur bat pour pomper ton sang, tes poumons se gonflent pour aspirer l'oxygène dans l'air, tes intestins transforment ton dernier repas. Des millions de minuscules cellules se multiplient pour remplacer les cellules mortes, effacer les petits bleus et bosses de la journée et faire grandir ton corps. De temps en temps, ton cerveau dit à tes muscles de déplacer les os de ton squelette de sorte que ta position soit confortable. Si tout cela se produit alors que tu te reposes, imagine comme ton corps est actif quand tu cours à toute vitesse !

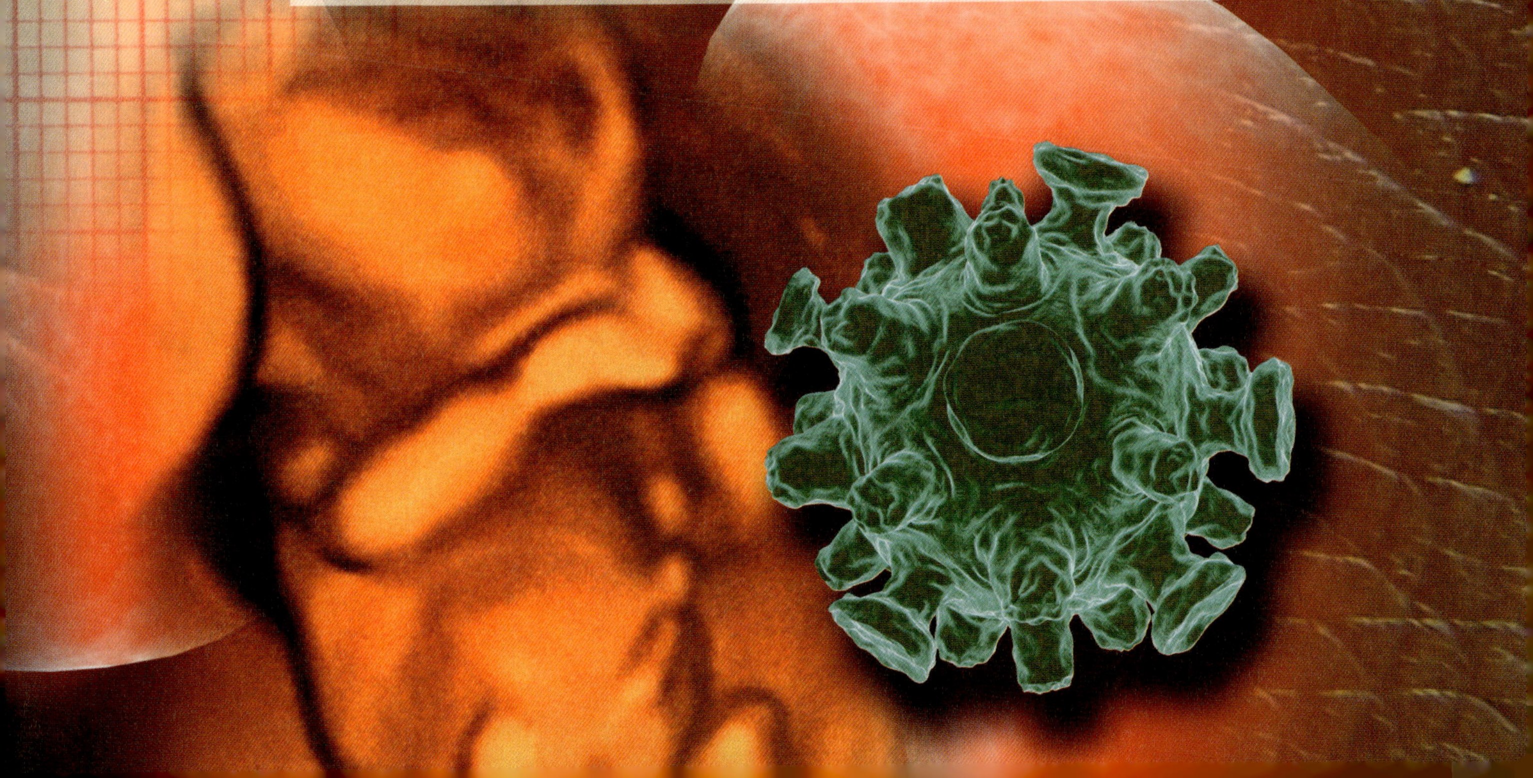

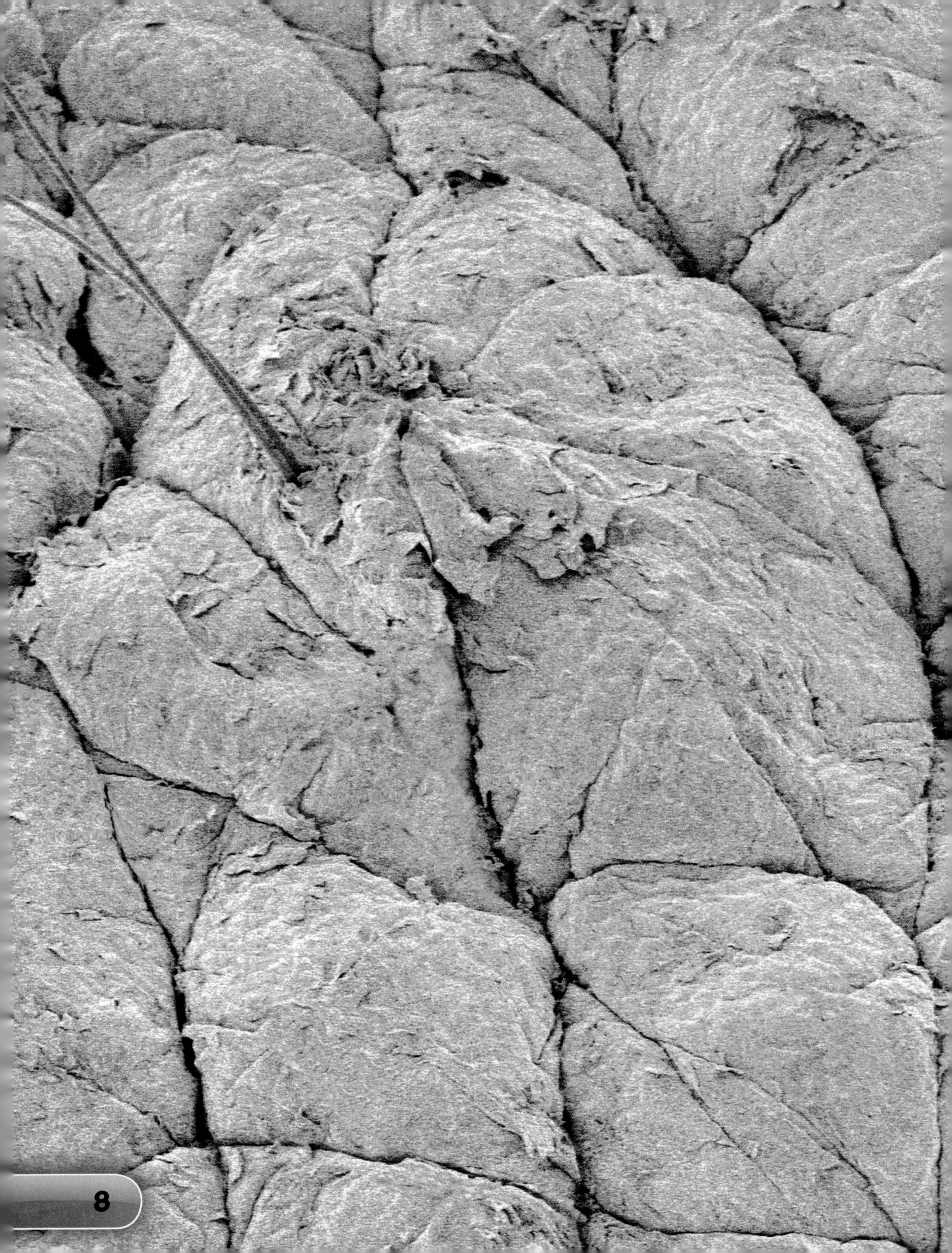

PEAU, POILS ET ONGLES

Lorsque l'on regarde les autres, ce que l'on voit n'est pas vivant – sauf les yeux ! En effet, la couche externe de la peau est composée de minuscules fragments de peau morte. Les poils et les ongles sont morts eux aussi. Toutefois, juste sous la surface, ta peau est vivante et active. Elle couvre tout ton corps, te protège des chocs, t'aide à maîtriser ta température et assure le fonctionnement de ton sens du toucher.

Ta peau vue de plus près

Ta peau est une barrière qui te protège des poussières, des microbes et des rayons nocifs du soleil. Elle empêche aussi ton corps de perdre de trop grandes quantités de liquides, de sels et d'autres substances. Peau, poils et ongles constituent ce que l'on appelle le système tégumentaire.

La couche externe de la peau

En l'observant au microscope, tu verras que la peau comprend deux couches. La couche superficielle, externe, est appelée épiderme. Celui-ci, principalement constitué de cellules mortes, assure la protection de l'organisme. L'épaisseur de l'épiderme varie selon les parties du corps. Là où il y a le plus d'usure, sur la plante des pieds par exemple, l'épiderme s'épaissit, du fait du frottement.

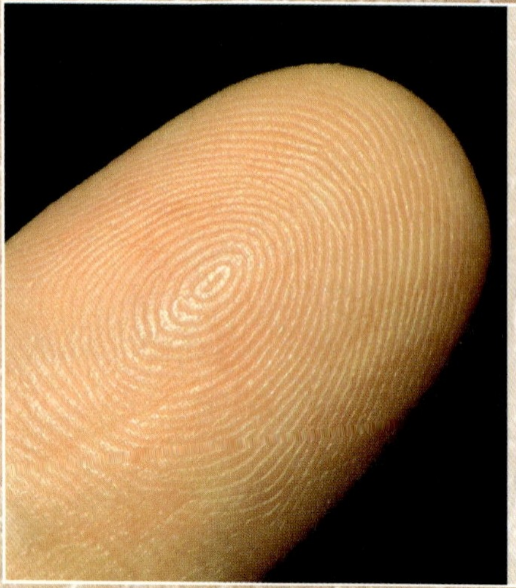

Les empreintes digitales

Le bout des doigts comporte des crêtes dermiques qui forment des motifs permettant une bonne adhérence de la peau : ce sont tes empreintes digitales. Chaque individu a des empreintes uniques. Certains animaux, comme le koala, en ont aussi.

La couche interne

Sous l'épiderme, on trouve la couche interne de la peau, que l'on appelle le derme. Ce derme est très souple car il contient de petits filaments, ou fibres, qui lui permettent de s'étendre puis de reprendre aisément sa forme. De plus, le derme contient les racines de tes poils (*voir* page ci-contre).

Sais-tu que...

Chaque année, tu perds environ 2 kg de peaux mortes. Cela représente un seau entier !

Un footballeur transpire lorsqu'il court vite.

Rafraîchissant !

Lorsque ton corps se réchauffe, ta peau sécrète de la sueur. On appelle cela la transpiration. La sueur coule à la surface de la peau et élimine la chaleur du corps en s'évaporant. Même quand tu n'as pas chaud, ton corps sécrète de faibles quantités de sueur, que l'on appelle la transpiration insensible.

À savoir

- Si on l'étalait, la surface totale de la peau d'un adulte moyen couvrirait environ 2 m².
- La peau d'un adulte pèse environ 3 kg.
- L'épaisseur de la peau des paupières n'est que de 0,5 mm environ.
- La peau de la plante des pieds peut faire plus de 5 mm d'épaisseur.

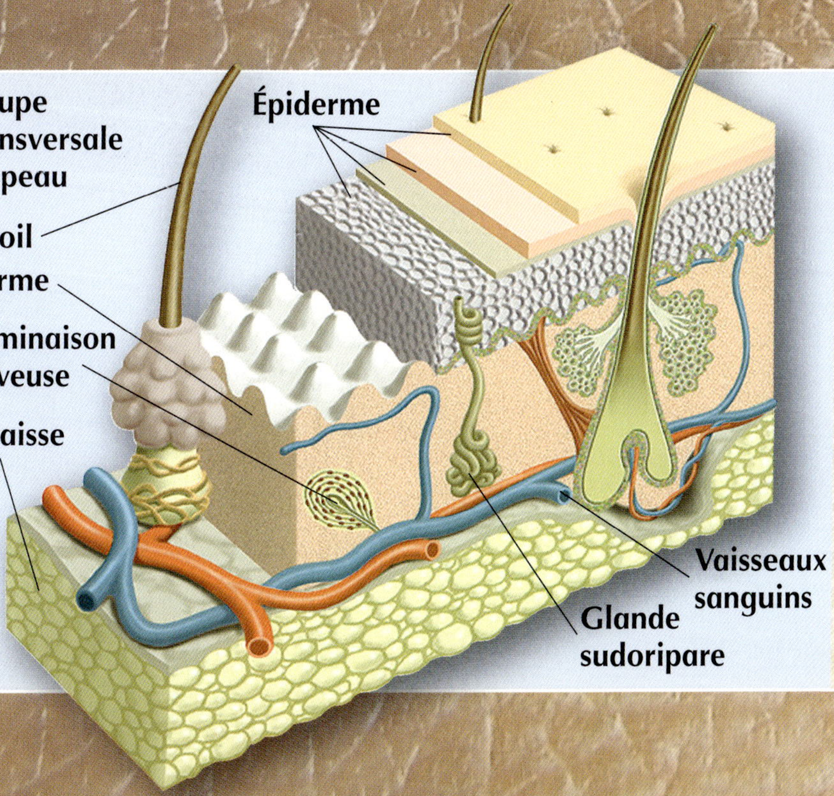

Sous la surface

La couche dermique de la peau est faite de millions d'éléments, tels que les vaisseaux sanguins (*voir* pages 100 et 101), les terminaisons nerveuses qui déterminent la sensation de toucher, la douleur et la température (*voir* page 17), et les glandes qui sécrètent la sueur. Sous le derme se trouve une couche de graisse qui agit comme un coussin.

Une croissance continuelle

Ta peau ne paraît pas changer d'un jour à l'autre. Pourtant, des peaux mortes sont sans cesse éliminées. Si tu ne ressens rien, c'est parce que de nouvelles peaux mortes remplacent constamment celles que tu perds par exemple en te lavant.

Une activité incessante

L'épiderme se renouvelle sans arrêt. Comme toutes les parties du corps, il est constitué de millions de cellules. À la base de l'épiderme, ces cellules sont très actives. Elles se divisent continuellement en deux, pour créer de nouvelles cellules. Ces cellules se déplacent progressivement vers la surface, poussées par les nouvelles cellules qui naissent plus en profondeur.

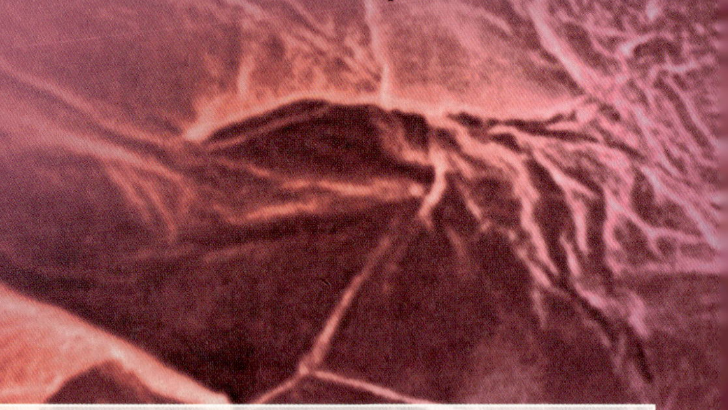

Des cellules de peau se détachent : observation au microscope.

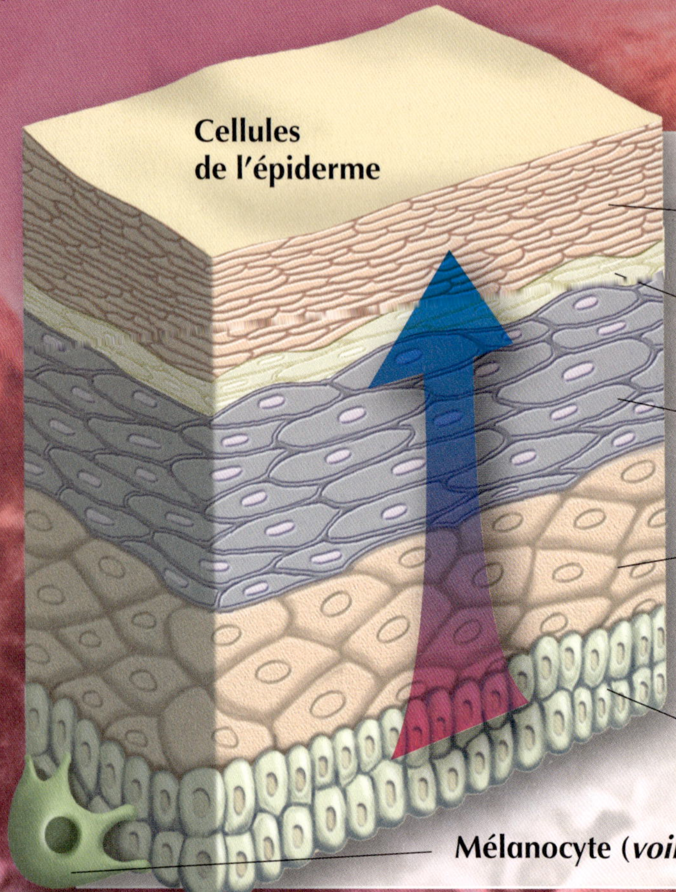

L'épiderme

Les cellules se multiplient à la base de l'épiderme, s'aplatissant à mesure qu'elles sont poussées vers l'extérieur. Ce faisant, elles meurent puis finissent par durcir. Cet aplatissement progressif est également responsable de la formation des différentes couches de l'épiderme : la couche basale, la couche épineuse, la couche granuleuse, la couche claire et la couche cornée.

Sais-tu que...

Chaque minute, près d'un million de cellules mortes se détachent de ta peau. Lorsque tu te sèches après une douche ou un bain, tu en élimines encore plus !

Produits chimiques

Ta peau n'est pas totalement imperméable. Certains produits chimiques, tels que les pesticides, peuvent s'infiltrer dans les tissus et le sang, se propager dans l'organisme et avoir des effets néfastes. Les vêtements de protection, les lunettes et les gants permettent de protéger la peau.

Il faut porter des gants pour manipuler des produits chimiques.

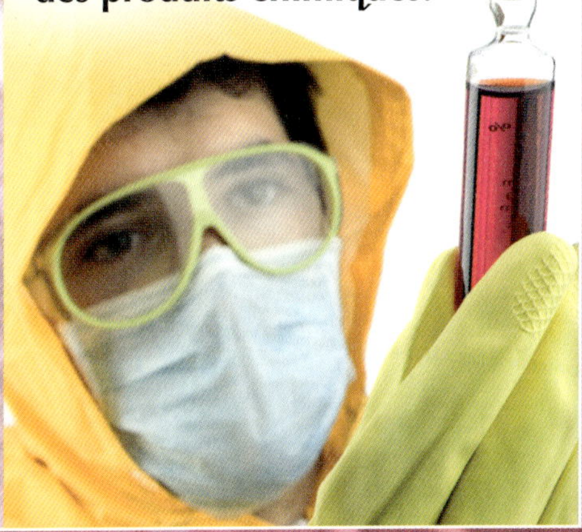

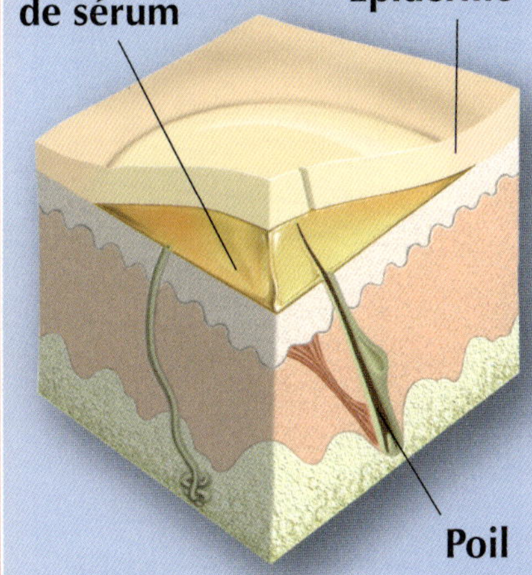

Les ampoules

Une cloque se forme quand l'épiderme subit un frottement. Les couches externes de la peau se détachent alors du derme, en dessous. Un liquide, le sérum, coule des cellules et des vaisseaux sanguins et forme une bulle sous la couche externe de la peau.

La vie des cellules

En se déplaçant vers l'extérieur, les cellules changent. Elles ont une forme cubique à la naissance puis elles s'aplatissent. Elles se remplissent en outre d'une substance appelée kératine, qui fait durcir les cellules de la peau. Elles finissent par être tellement pleines de kératine qu'elles meurent, mais elles sont toujours poussées vers la surface par les nouvelles cellules. Les cellules s'aplatissent et atteignent la surface en quatre semaines environ. Elles se détachent alors, au gré de tes mouvements et des frottements – contre tes vêtements, par exemple.

Frotti-frotta !

- Étale un sac plastique noir propre, un sac poubelle par exemple.
- Frotte soigneusement ton avant-bras ou ta jambe avec le sac. Ne te griffe pas et fais attention à ne pas laisser de marques rouges.
- Regarde le sac. Vois-tu les petites taches claires ? C'était ta peau !

La couleur de la peau

Les couleurs de peau varient jusqu'au sein d'une même famille. Nous tenons notre teint de nos parents mais la couleur de notre peau fonce quand on s'expose au soleil. Ce phénomène est plus visible chez les personnes dont le teint est plus clair.

Sais-tu que...

Il y a plus de 10 000 mélanocytes dans une zone de peau de la taille d'un ongle. Cela est vrai chez tout le monde. Chez les individus dont la peau est foncée, les mélanocytes sont très actifs et produisent beaucoup de mélanine.

La mélanine

La couleur de la peau est déterminée par des particules d'un pigment sombre, d'une substance colorante appelée mélanine. Ces particules sont produites par les mélanocytes, des cellules situées à la base de l'épiderme. Lorsqu'il y a beaucoup de soleil, la peau produit davantage de mélanine et devient plus foncée. On appelle cela le bronzage ou le hâle.

Protège-toi bien en te couvrant régulièrement de crème solaire.

La crème solaire

Il est important de protéger sa peau avec de la crème solaire parce que cela réduit les risques de cancer de la peau. Les lotions et crèmes solaires filtrent les rayons nuisibles, notamment les ultraviolets B (U. V. B.). Les nuages n'arrêtent pas ces rayons ; en été, il faut donc te protéger avec de la crème solaire même si le soleil est caché.

Sans couleur

Très rarement, la peau ne produit pas ou peu de substances colorantes. La peau, les cheveux et les yeux sont alors blancs ou rose très pâle. On appelle cela l'albinisme. Ce phénomène existe chez les animaux (*voir* paon ci-contre) comme chez les êtres humains.

Un paon albinos

Les coups de soleil

La grande quantité de mélanine chez les personnes dont la peau est foncée aide à protéger le corps des rayons du soleil. Sur les peaux claires, les rayons du soleil provoquent parfois de douloureuses brûlures, des rougeurs et des cloques qui apparaissent au bout d'une heure ou deux d'exposition.

Autant d'enfants, autant de couleurs de peau différentes.

Les mélanocytes

Les mélanocytes présentent des prolongements en forme de doigts, les dendrites, qui produisent des particules de mélanine. La mélanine est transmise aux cellules environnantes, qui entament alors leur migration vers la surface (*voir* page 12).

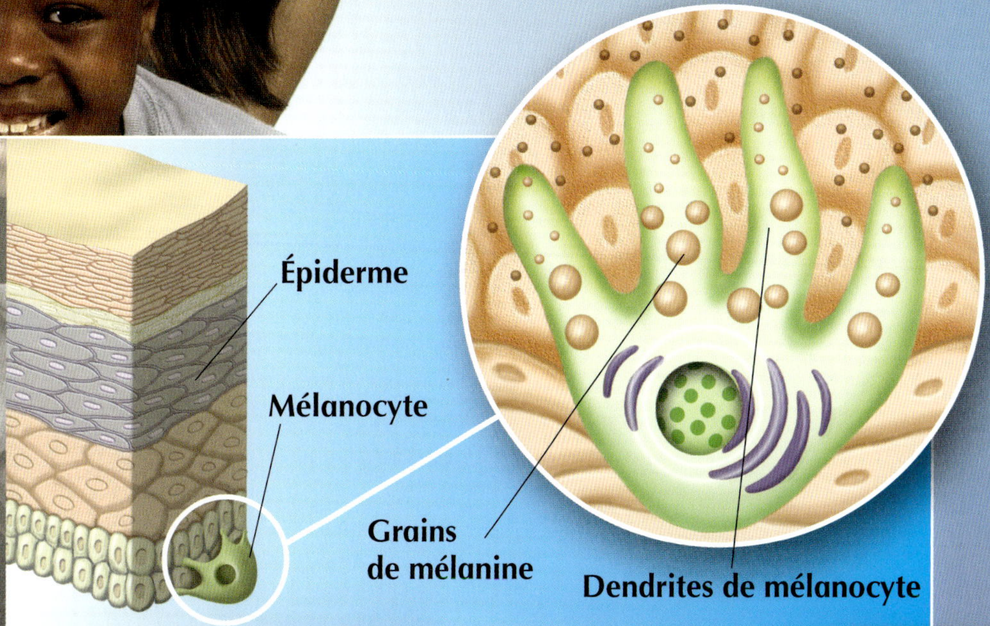

Le sens du toucher

Ta peau est toujours en contact avec le monde qui t'entoure. C'est par elle que tu perçois toutes sortes de sensations, de la douceur d'une plume à la douleur provoquée par un coup. Mais ce n'est pas tout. Ce que tu conçois comme un seul sens, le toucher, est en fait bien plus compliqué.

Un doux baiser

Les lèvres sont très sensibles au toucher, au froid et à la chaleur car elles sont pleines de capteurs. Les bébés se servent souvent de leurs lèvres pour découvrir les objets, qu'ils saisissent et portent à leur bouche.

Un sens multiple

Le toucher permet d'en savoir beaucoup sur un objet : s'il est dur ou mou, rugueux ou lisse. Tu peux aussi connaître sa forme en touchant ses bords, ses courbes et ses parties planes. Pour ce faire, ta peau utilise des millions de capteurs sensoriels microscopiques, principalement situés dans le derme.

Test de sensibilité de la peau

- Demande à un ami d'appuyer doucement sur ta peau avec le bout non pointu d'un crayon en appliquant toujours la même pression.
- Regarde dans une autre direction pendant que ton ami touche tes doigts, tes paumes, le dos de tes mains et tes poignets.
- Quelle est la partie la plus sensible ?

Le braille utilise des points saillants sur la page pour représenter les lettres et les mots. Les aveugles et malvoyants « lisent » ces points au moyen des capteurs sensoriels de leurs doigts.

Parties du corps	Distance minimale entre deux points
Langue	2,5 mm
Index	5 mm
Lèvres	6,5 mm
Paume	20 mm
Front	20 mm
Dos de la main	25 mm
Cou	30 mm
Dos	40 mm

Le test des deux points

Le test des deux points permet de connaître la plus petite distance de perception de deux points distincts selon les parties du corps. Plus la distance est faible, plus la peau est sensible.

Récepteurs sensoriels

Les récepteurs sensoriels sont les extrémités de fines terminaisons nerveuses. Il y a plusieurs sortes de récepteurs, chacune ayant une forme différente. Les récepteurs sont situés plus ou moins profondément dans le derme (*voir* pages 178 et 179). Ils se dispersent ou se rassemblent au gré de tes mouvements de palpation, et ils envoient des signaux au cerveau. Le cerveau interprète les signaux et reconnaît ce que tu touches.

Corpuscule de Merkel **Corpuscule de Krause** **Corpuscule de Pacini**

Les récepteurs tactiles

Chaque type de récepteur tactile envoie des signaux particuliers. Les disques de Merkel renseignent sur la sensibilité des pressions. Les corpuscules de Krause transmettent des signaux concernant les fortes pressions, les vibrations et les très faibles températures. Les corpuscules de Pacini renseignent sur les fortes pressions et sur les vibrations rapides.

Sais-tu que...

Le bout de chacun de tes doigts comporte plus de 10 000 récepteurs microscopiques. Grâce à cela, ton sens du toucher est très précis et sensible.

La régulation de la température

Les êtres humains, comme tous les mammifères, sont dits « à sang chaud ». Pour fonctionner, le corps humain doit avoir une température d'environ 37 °C. La peau joue un rôle très important dans cette régulation thermique.

Les poils se dressent pour garder de l'air chaud près du corps.

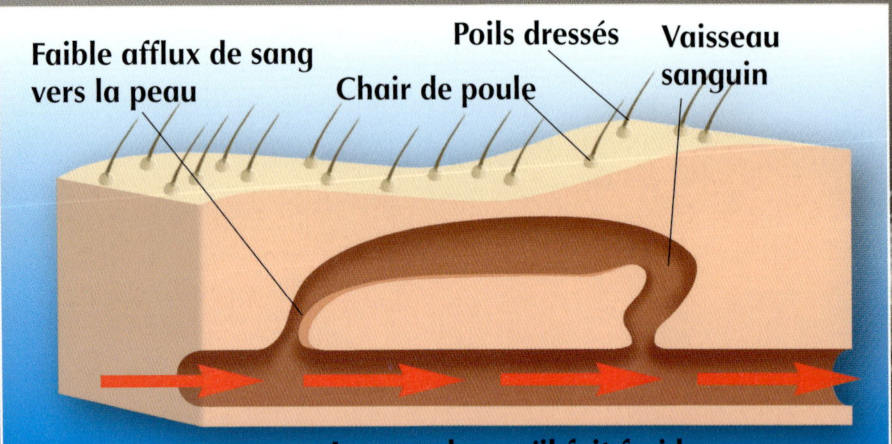

La peau lorsqu'il fait froid

Conservation de la chaleur

Lorsque le corps se refroidit, les petits vaisseaux sanguins situés près de la surface de la peau se contractent et laissent passer moins de sang. Cette vasoconstriction réduit le transfert de chaleur vers l'extérieur du corps et diminue la perte de chaleur de l'organisme. Il en résulte souvent une pâleur car il y moins de sang près de la peau.

Coup de froid

Lorsqu'il fait froid, de tout petits muscles dressent les poils de ta peau : tu as la « chair de poule ». Dressés, les poils forment un duvet qui contribue à maintenir la température du corps. Pour produire de la chaleur, les muscles de ton corps font de petits mouvements rapides, les frissons.

Sais-tu que...

Le corps contient plus de deux millions de glandes sudoripares. Quand il fait chaud, elles peuvent produire près de 1 litre de sueur par heure. L'eau transpirée doit être remplacée. Il faut beaucoup boire pour éviter la déshydratation.

Conservation de la chaleur

Après un exercice physique intense et prolongé tel qu'un marathon, le corps est chaud en raison d'une forte activité musculaire. Lorsqu'il fait froid, l'organisme risque de se refroidir trop vite. Une couverture de survie permet de garder la chaleur, de maintenir le corps chaud. Elle empêche les coureurs de fond de se refroidir.

Des marathoniens enroulés dans des couvertures de survie à l'arrivée.

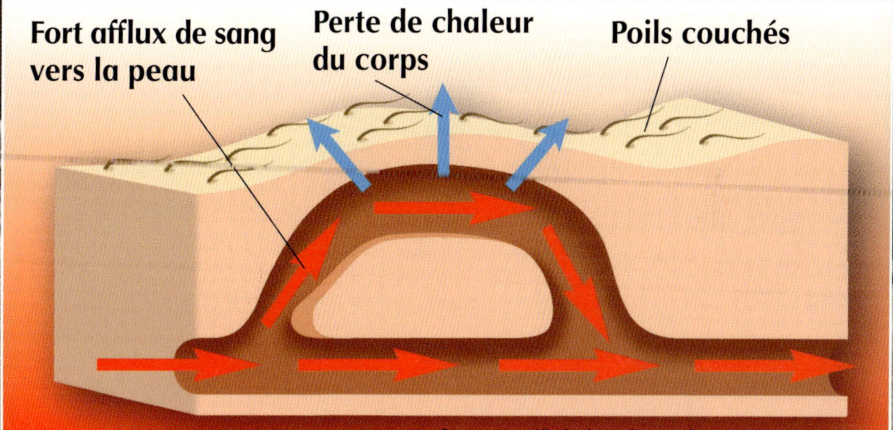

La peau lorsqu'il fait chaud

Évacuation de la chaleur

Lorsque le corps est chaud, les petits vaisseaux sanguins situés près de la surface de la peau se dilatent et favorisent le transfert de chaleur vers l'extérieur du corps. Cette vasodilatation augmente le dégagement de chaleur dans l'air, ce qui tend à nous faire rougir car il y a plus de sang près de la peau.

Coup de chaud

Lorsqu'il fait chaud ou que tu te dépenses, ton corps se réchauffe. Les glandes sudoripares produisent de la sueur pour refroidir ton corps (*voir* page 11). Tes poils restent couchés pour permettre à l'air de circuler afin d'évacuer la chaleur.

À savoir

- **Lorsque la température du corps est supérieure à 40 °C, cela s'appelle l'hyperthermie.**
- **Le corps doit être ramené à sa température normale et réhydraté abondamment.**
- **Lorsque la température du corps est inférieure à 35 °C, cela s'appelle l'hypothermie.**
- **Le corps doit être ramené à sa température normale, de préférence sous surveillance médicale.**

Les coupures et les plaies

La peau est la première barrière du corps contre les coups et les chocs. Les coupures, les bleus et les égratignures sont courants et peuvent être réparés par la peau elle-même. Pour les blessures plus graves, des points de suture ou un bandage sont parfois nécessaires.

Ce hockeyeur a un bel « œil au beurre noir ».

Les bleus

Un bleu est dû à un écoulement de sang sous la peau. L'ecchymose peut être rouge, bleue ou violette au début, puis devient lentement jaune à mesure que le sang se décompose.

Réparation de la plaie

Dès le traumatisme, le sang s'échappe de ses petits vaisseaux, qui se contractent pour limiter la perte. Par ailleurs, des substances présentes dans le sang forment des filaments ou fibres microscopiques, qui constituent la fibrine. Celle-ci édifie un réseau avec les plaquettes, de petites cellules collantes que l'on trouve dans le sang (*voir* pages 96-97). Ce réseau emprisonne des globules rouges pour former ce que l'on nomme un caillot. Le caillot, qui arrête l'écoulement du sang, empêche les poussières et les germes d'entrer dans le corps.

Cicatrisation

Quand un caillot se forme, des globules blancs s'échappent des vaisseaux sanguins et entrent dans la plaie pour éviter l'infection (*voir* pages 106 et 107). Une croûte apparaît puis les cellules qui se multiplient dans l'épiderme créent une nouvelle couche de peau.

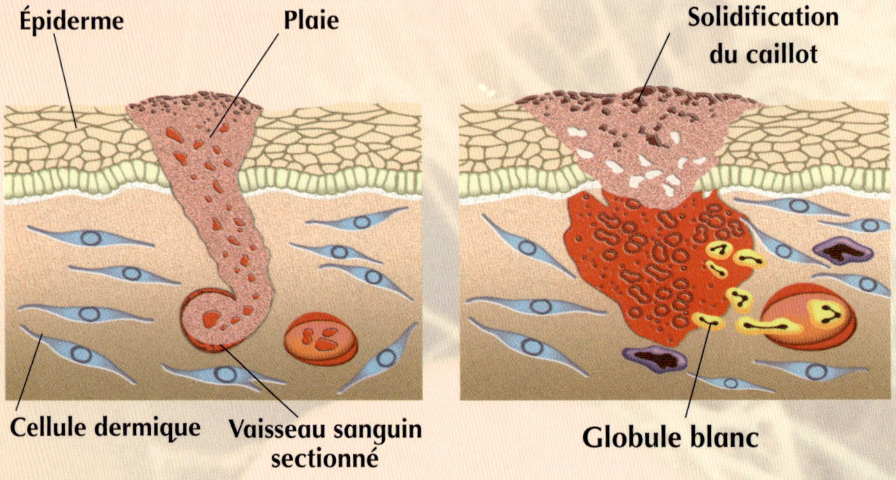

1. Détérioration d'un vaisseau

2. Solidification d'un caillot de sang

Comme neuf

Petit à petit, le caillot durcit, sèche et forme une croûte. Dessous, les parois de la plaie se rejoignent, élaborant peu à peu une nouvelle peau et refermant la coupure. Enfin, la croûte tombe, la cicatrisation est achevée. Une blessure importante peut laisser la peau plus claire et plus fine : on appelle cela une cicatrice.

Des filaments de fibrine (en jaune) piègent des globules rouges et des plaquettes pour former un caillot.

À savoir

- **Certaines personnes naissent sans la substance qui permet au sang de coaguler. Si elles se coupent, le sang ne coagule pas et coule sans s'arrêter. Cette maladie s'appelle l'hémophilie.**
- **En 1965, des chercheurs ont découvert quelles substances coagulantes manquaient à ces malades. On peut désormais traiter les hémophiles en leur injectant les substances manquantes.**

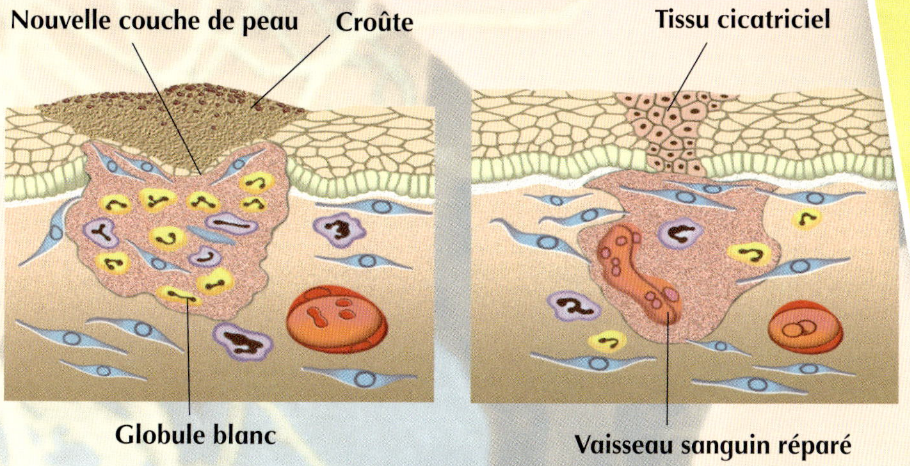

3. Formation d'une couche de peau **4. Formation du tissu cicatriciel**

Sais-tu que…

Lorsque la peau répare une blessure importante, elle produit un million de cellules microscopiques par heure pour refermer la plaie.

L'homme, un animal poilu

Qui, de l'homme ou du gorille, a le plus de poils ? En réalité, ils ont à peu près le même nombre de poils sur le corps. Mais les poils d'un être humain sont plus courts et plus fins, on les remarque donc moins.

Cheveux et poils

Le corps humain a différents types de poils selon les endroits. Les plus importants sont les cheveux, qui sont épais et peuvent être très longs si on ne les coupe pas. Cinq millions de poils plus petits se répartissent en outre sur tout le corps. Ces poils sont souvent courts et doux, surtout chez les bébés et les enfants. Seules quelques parties du corps sont dépourvues de poils – les paumes, les doigts et la plante des pieds.

Sais-tu que...

Le nombre de cheveux varie d'une personne à une autre. Les blonds ont environ 130 000 cheveux, les personnes aux cheveux châtains en ont autour de 110 000 ; les bruns possèdent environ 100 000 cheveux, tandis que les roux en ont quelque 90 000.

Un homme presque chauve (et rasé), et sa fille aux cheveux longs

La perte des cheveux

Il y a différentes causes à la chute des cheveux et à la calvitie. Parfois, lorsque les hommes vieillissent, leurs cheveux commencent par se raréfier sur le haut du crâne. La limite des cheveux sur le front remonte et rejoint la partie nue du sommet de la tête. Ce processus est lié à une hormone mâle, la testostérone (*voir* pages 210 et 211).

Les types de poils

Sur le visage, tu as les poils de tes sourcils et de tes cils. Les sourcils servent à détourner la sueur ou les gouttes de pluie pour éviter qu'elles ne coulent dans les yeux. Les cils, quant à eux, éloignent les petites poussières lorsque l'on cligne des yeux, afin qu'elles n'entrent pas dans les yeux. Les adultes ont également des poils sous les bras ainsi que sur le pubis, à l'entrejambe (*voir* page 211).

Un vieil homme barbu

Poils du visage

Sur le visage, les hommes ont environ 15 000 poils qu'ils peuvent laisser pousser. Ces poils poussent en moyenne de 12 cm par an.

Un gorille mâle

Un gorille est-il si poilu ?

Les primates, tels que les gorilles, ont sur le corps des poils plus longs et plus rugueux que les humains. À l'instar des hommes, ils n'ont pas de poils sur les paumes, les doigts et la plante des pieds. À la différence des hommes, les gorilles n'ont de poils ni sur le torse ni sur le visage.

Brosse tes cheveux

- Brosse tes cheveux normalement à l'aide d'une brosse neuve ou très propre.
- Combien as-tu perdu de cheveux ?
- Procède ainsi plusieurs fois dans la journée puis compte le nombre de cheveux perdus.
- Ne t'inquiète pas, un être humain perd en moyenne de 50 à 100 cheveux par jour (*voir* pages 24 et 25).

La pousse des cheveux

Les cheveux peuvent être lisses ou frisés, mais ils ne sont jamais « plein de vie » car ils sont morts ! La seule partie vivante d'un cheveu est sa racine, d'où il pousse.

En profondeur

Un cheveu naît dans un follicule pileux. Des cellules s'ajoutent à sa racine pour le faire pousser. Ces cellules durcissent et s'aplatissent, comme les cellules de l'épiderme (*voir* page 12). Les cellules capillaires se rassemblent pour former une tige qui sort alors lentement du follicule.

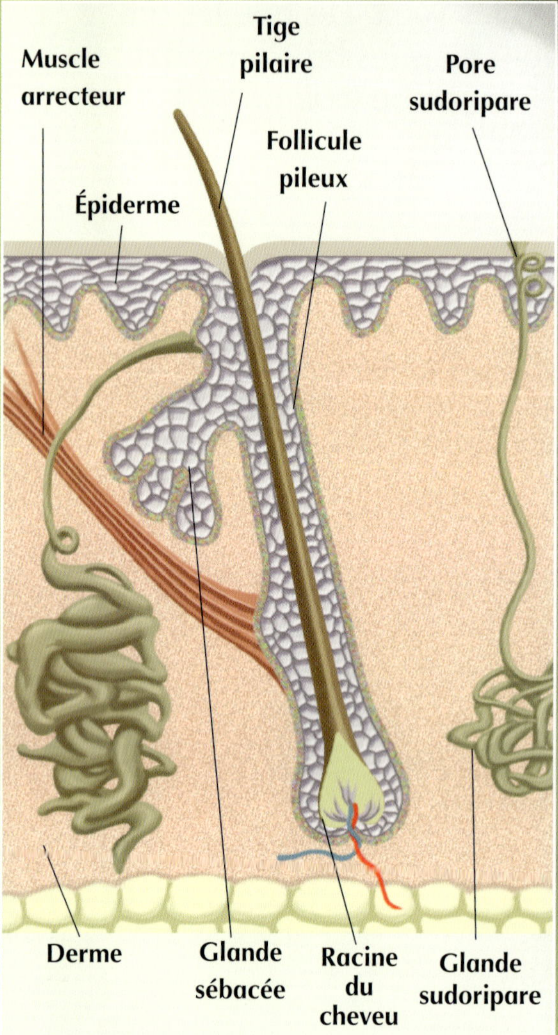

Follicule pileux

Le follicule pileux est un sac qui s'étend de l'épiderme au derme. La tige pilaire pousse du follicule vers la surface. Elle est reliée à un muscle qui tire le follicule pour dresser le poil (*voir* page 18).

Sais-tu que...

Chez la plupart des individus, si les cheveux ne sont pas coupés, ils atteignent jusqu'à 1,50 m avant de tomber. Mais certaines personnes présentent une anomalie : leurs cheveux peuvent dépasser 6 m de longueur !

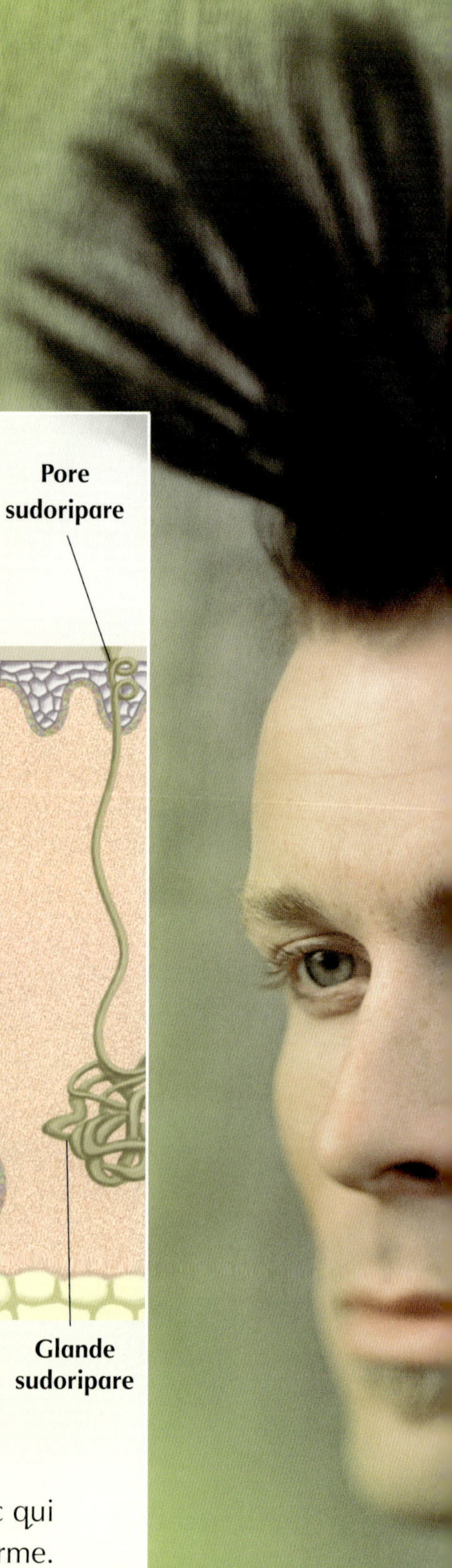

La tige pilaire

Grâce à un microscope, tu peux voir les jonctions des cellules capillaires aplaties. L'épaisseur d'un cheveu varie de 0,02 mm à 0,1 mm.

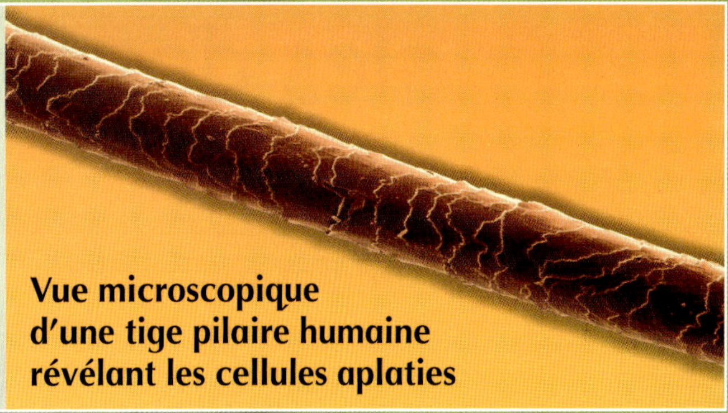

Vue microscopique d'une tige pilaire humaine révélant les cellules aplaties

L'huile naturelle de la peau

À côté de chaque follicule pileux se trouve un bulbe que l'on appelle la glande sébacée. Cette glande produit une substance grasse, le sébum, qui est le lubrifiant naturel de la peau. Le sébum gagne la surface de la peau puis se répand. Il rend la peau douce et souple, retient l'eau et tue les germes.

Cet homme est coiffé en crête (punk) grâce à des produits chimiques (gel) permettant de tenir les cheveux dressés.

À savoir

- Les cheveux poussent de 2,5 mm par semaine.
- Les cheveux fins et clairs poussent moins vite que les cheveux bruns et épais.
- Après la chute d'un cheveu, un follicule peut être inactif jusqu'à six mois.
- Puis un cheveu pousse dans le même follicule.

Les cheveux naturels

Les cheveux peuvent être raides, ondulés, bouclés ou frisés. Le style de tes cheveux dépend de leur section : section circulaire pour les cheveux raides, section aplatie pour les cheveux frisés.

Différents styles de cheveux

Les ongles des mains et des pieds

Les ongles ne servent pas qu'à se gratter. En effet, ils rendent dur le bout des doigts, ce qui te permet d'adapter la pression que tu appliques selon que tu saisis une fleur ou une punaise.

La pousse des ongles

Comme les poils et la couche externe de la peau, les ongles sont faits de kératine (*voir* page 13). La partie principale, ou plaque de l'ongle, est morte. L'ongle n'est vivant qu'à la racine, où il est caché par la peau du doigt ou de l'orteil. L'ongle pousse le long du lit de l'ongle vers le bout du doigt ou de l'orteil.

Sais-tu que...

La plupart des personnes coupent leurs ongles proprement pour éviter accrocs et cassures, mais si on les laisse pousser, ils peuvent atteindre 70 cm !

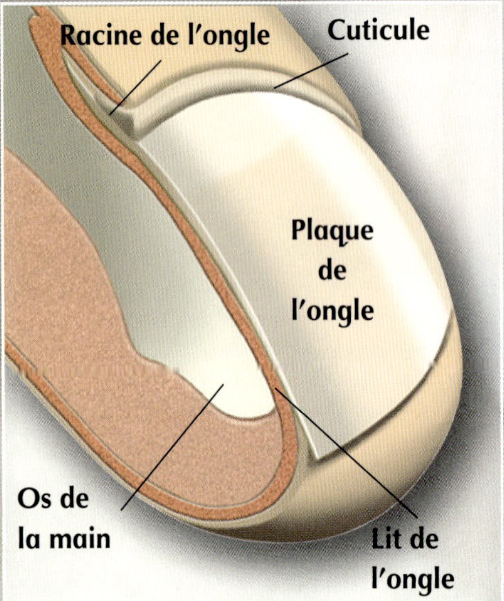

La structure de l'ongle

La plaque de l'ongle est une tablette de kératine courbée sur le lit de l'ongle. À sa base se trouve la peau du bord de l'ongle, que l'on appelle la cuticule.

L'extrémité qui dépasse du lit de l'ongle est appelée la partie blanche.

Plus ou moins vite

En général, les ongles poussent d'environ 1,2 cm par mois. Les ongles des mains poussent légèrement plus vite que ceux des pieds. Tous poussent plus vite lorsqu'il fait chaud que lorsqu'il fait froid. Un choc à la base de l'ongle peut endommager la partie de l'ongle qui s'y forme. Cela peut donner un petit creux ou une bosse qui progresse sur l'ongle en croissance jusqu'à ce qu'il soit coupé.

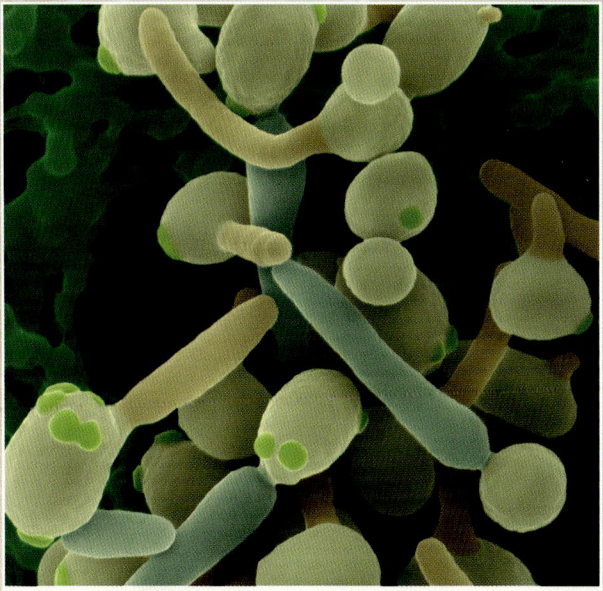

Les mycoses de l'ongle

La *Candida albicans* (ci-dessus) est une levure (champignon) courante sur le corps humain, qui toutefois peut se développer et causer des infections. Une telle mycose peut entraîner des inflammations douloureuses autour des ongles, qui eux-mêmes peuvent devenir épais, cassants et virer au vert ou au jaune.

Les griffes des lions sont le plus souvent rétractées pour rester acérées.

Pattes et griffes

La kératine est aussi la substance qui forme les griffes des animaux. Les griffes des lions sont acérées pour leur permettre de déchiqueter et agripper leurs proies.

Ongles et saisie

- Avant de te couper les ongles, essaie d'attraper une punaise. Cela doit être facile.
- Coupe tes ongles proprement et lave-toi bien les mains.
- Essaie à nouveau de saisir la punaise. C'est plus difficile avec des ongles courts et une peau propre.

Les marques corporelles

Les marques naturelles sur la peau ne sont pas dangereuses, mais en cas d'évolution, il faut consulter un médecin.

Sais-tu que...

Les verrues sont des boules dures qui se forment sur la peau. Autrefois, on pensait qu'elles résultaient de sorts jetés par des sorcières. On sait aujourd'hui qu'elles sont dues à un virus appelé papillomavirus humain.

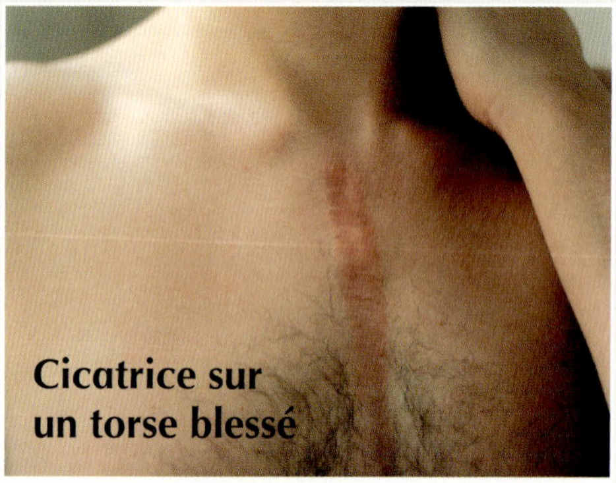

Cicatrice sur un torse blessé

Les cicatrices

Parfois, après une opération ou un accident, la peau n'est pas capable de se reformer complètement. Il peut rester une cicatrice (*voir* page 21).

Naturellement taché

Les grains de beauté sont de petites taches foncées sur la peau. Ils apparaissent souvent à l'âge de cinq ou six ans. Ceux qui surviennent plus tard doivent être surveillés par un médecin. En moyenne, on a entre 10 et 40 grains de beauté de tailles différentes.

Les grains de beauté

Un grain de beauté est une zone contenant plus de mélanocytes (*voir* page 15) que le reste du corps. La peau est donc plus foncée à cet endroit.

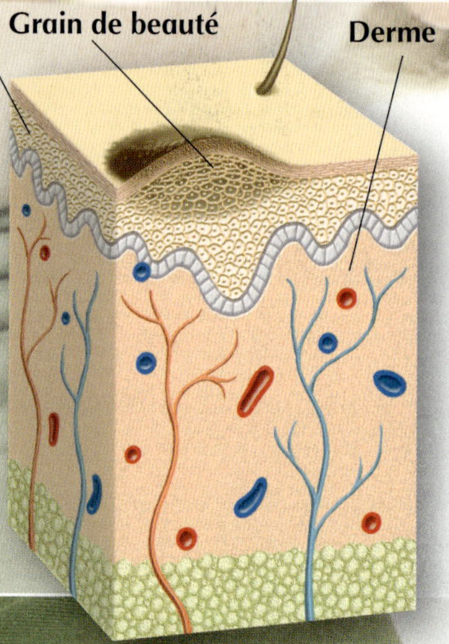

À savoir

- **Les mots italiens et arabes désignant les taches de naissance signifient « vœux ».**
- **Cela vient du fait que l'on pensait qu'elles venaient du refoulement d'un vœu de la mère pendant sa grossesse.**

Ces jumeaux à la peau claire ont de nombreuses taches de rousseur.

Les taches de rousseur

Les taches de rousseur contiennent plus de mélanine (*voir* pages 14 et 15) que le reste de la peau. Elles sont présentes sur le visage, les bras et les épaules des personnes à la peau claire et aux cheveux blonds, roux ou châtains. Elles sont plus visibles après une exposition au soleil.

Les taches de naissance

On ne sait pas à quoi les taches de naissance sont dues mais il en existe de nombreuses sortes, telles que des taches noires ou rouges appelées taches de vin.

Ce bébé présente une tache de naissance au-dessus de la lèvre.

Problèmes de peau

L'air contient des germes qui entrent en contact avec la peau. S'ils entrent dans notre corps par une plaie, ils peuvent entraîner une infection. Certaines, telles que les furoncles, ne concernent qu'une petite zone, d'autres provoquent des marques sur plusieurs parties du corps.

Les boutons et l'acné

De petits boutons appelés points noirs ainsi que des boutons rouges apparaissent lorsqu'un pore de la peau ou un follicule pileux sont obstrués. Le sébum fabriqué dans le follicule ne pouvant sortir, il s'amasse et noircit. On appelle acné une apparition de boutons. Si des germes entrent dans un follicule pileux, ils gonflent et donnent un douloureux bouton rouge.

Sais-tu que...

Même sur une peau saine, il y a plus de 1 000 bactéries par centimètre carré. Voilà pourquoi il faut se laver soigneusement.

Remèdes anciens

Autrefois, il existait des traitements bizarres pour les problèmes de peau.

- **Application de déjections de vache ou de mouton.**
- **Application de sangsues sur la peau pour aspirer le sang et le « poison ».**
- **Application pendant plusieurs jours de viande fraîche sur la marque puis enfouissement de la viande dans la terre.**

L'obstruction des pores

Les boutons se forment lorsque le sébum s'amasse et obstrue les pores de la peau. L'acné est l'apparition de boutons sur le visage. Elle est due aux modifications hormonales propres à la puberté (*voir* pages 210 et 211). Les hormones stimulent les glandes sébacées.

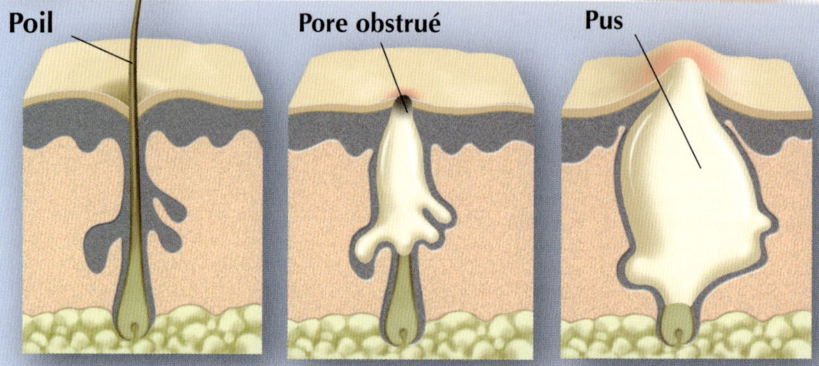

1. Chaque follicule pileux est une porte de sortie pour le sébum.

2. L'ouverture du follicule est obstruée par des impuretés.

3. Le sébum se mêle au pus et forme un bouton jaune.

L'eczéma

L'eczéma est une affection qui se traduit par l'apparition sur la peau de marques rouges (sèches et écailleuses, ou humides et suintantes), accompagnée de démangeaisons. Les causes de l'eczéma ne sont pas certifiées, mais il est souvent lié à des allergies cutanées à certaines substances, telles que savons ou produits d'entretien. Les enfants qui ont de l'eczéma présentent parfois d'autres réactions allergiques, notamment de l'asthme ou le « rhume des foins ».

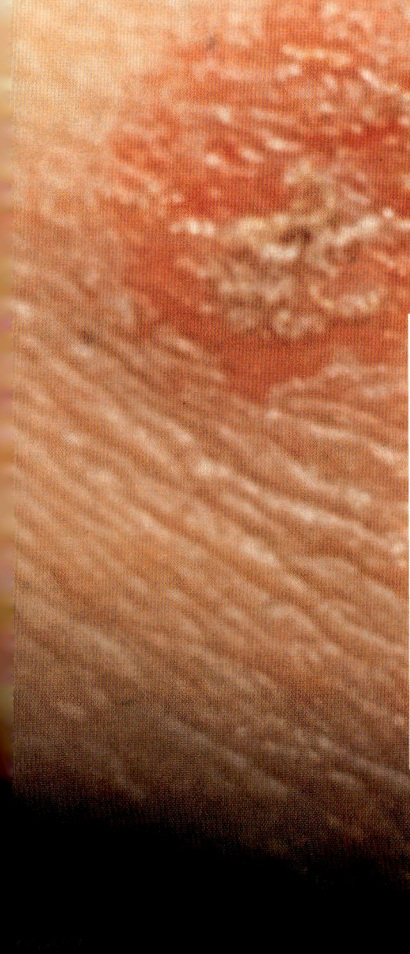

Eczéma sur une main. L'eczéma peut s'étendre sur une grande partie du corps.

Surveillance des grains de beauté

Il faut consulter un médecin en cas d'évolution d'un grain de beauté. Tu verras ci-dessous les évolutions qui peuvent être révélatrices d'un danger pour la santé.

Grain de beauté normal

De nombreux grains de beauté peuvent être présents sur le dos, les bras et le torse.

Grains de beauté dangereux

Caractère asymétrique du grain de beauté

Contours irréguliers du grain de beauté

Changement de couleur du grain de beauté

Diamètre du grain de beauté supérieur à la largeur d'un crayon

Tatouages

Un tatouage est un dessin fait d'encre colorée introduite à l'aide d'une sorte d'aiguille dans les couches les plus profondes de la peau – ce afin de ne pas s'effacer lorsque les couches de l'épiderme se renouvellent. Les tatouages peuvent entraîner des cancers de la peau.

Un dermographe introduit de l'encre sous la peau.

Se laver

Notre peau est malmenée. Chaque minute, des poussières, des impuretés, des germes, de la sueur et du sébum l'attaquent. Si on ne la nettoie pas régulièrement, elle devient sale, sent mauvais et encourt des risques d'infection et de maladies.

Les bons et les mauvais

La peau abrite de nombreux organismes microscopiques. Certains, tels que *Propionibacterium acnes*, sont « bons ». Ils empêchent le développement des « mauvaises » bactéries. Ils peuvent toutefois devenir « mauvais » s'ils se trouvent là où ils ne devraient pas, notamment dans une plaie.

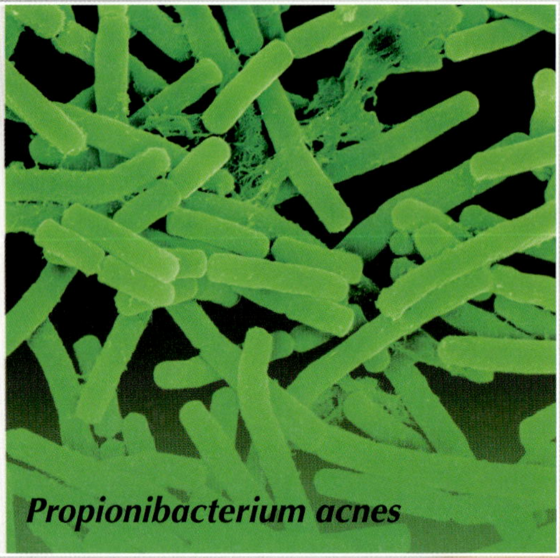

Propionibacterium acnes

Nettoyer sa peau

Il faut se laver régulièrement les mains, surtout après être allé aux toilettes et avant de manger, pour ne pas transmettre les germes à la nourriture. Le fait de se laver souvent les mains permet d'avoir la peau propre et saine, de réduire le risque de boutons et de marques, mais aussi d'éviter d'autres problèmes tels que l'intoxication alimentaire.

Sais-tu que...

Si ta peau se développait sans se débarrasser des peaux mortes, elle serait aussi épaisse que celle d'un éléphant en trois ans seulement !

Entretien des cheveux

Que les cheveux soient courts ou longs, ils doivent être lavés et brossés régulièrement. Il faut aussi les couper de temps en temps. Des shampoings spéciaux réduisent la quantité de ces peaux mortes du cuir chevelu que l'on appelle les pellicules. Plus les cheveux subissent coloration et séchage, plus ils s'abîment. De même, les ongles sont moins cassants et salissants s'ils sont coupés courts.

Se laver les mains empêche le développement de maladies.

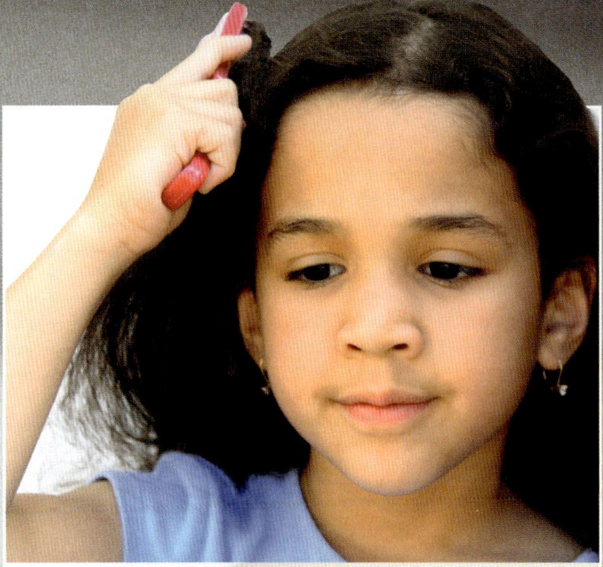

Brossage quotidien

En se brossant les cheveux, on les débarrasse des nœuds, des poussières et des microbes. Il faut démêler les cheveux en commençant par les pointes et en remontant vers les racines. Le fait de tirer sur les nœuds risque d'abîmer les cheveux ou de les arracher à la racine.

Vue agrandie d'une puce

Les hôtes du corps

Ta peau et tes cheveux accueillent parfois de petites bêtes, telles que des puces, des poux, des moucherons, des acariens et des tiques.

La meilleure façon de se laver ?

- Après une journée dehors, il faut te laver les mains.
- Commence par les rincer avec seulement de l'eau. Les saletés partent-elles ?
- Utilise alors de l'eau et du savon. Les saletés partent-elles ?
- Le savon enlève plus de saletés car il s'attache à la saleté qui est éliminée lorsqu'on le rince.

Os, articulations et muscles

De nombreuses parties du corps – telles que les nerfs, les intestins et les vaisseaux sanguins – sont molles. Mais le corps peut se tenir debout car il est soutenu par un ensemble d'os. La plupart des os sont joints par des articulations et déplacés au moyen de muscles puissants. Grâce à nos os, à nos articulations et à nos muscles, nous pouvons effectuer toutes sortes de mouvements : écrire notre prénom, soulever des objets lourds, sauter en l'air, nous mettre sur la pointe de pieds…

Le squelette

On appelle squelette l'ensemble formé par tous les os du corps. Chaque os a une taille et une forme adaptées à sa fonction. Les os des bras et des jambes sont longs et en forme de tubes. Les omoplates et le bassin sont plats et larges pour soutenir les muscles (*voir* pages 46 et 47).

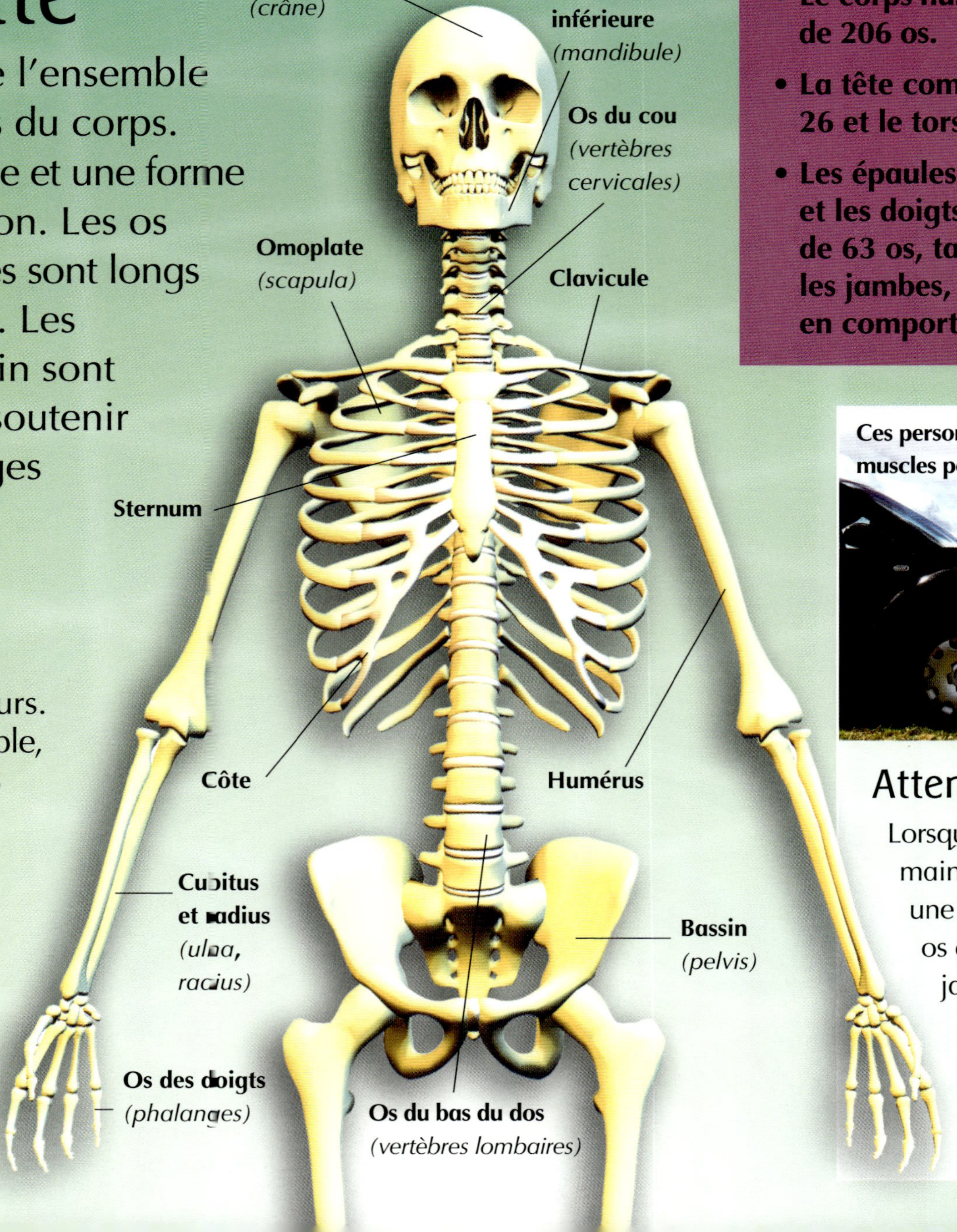

Protéger le corps

Certains os sont protecteurs. Les os du crâne, par exemple, protègent le cerveau. Les côtes forment une sorte de cage qui abrite les poumons et le cœur. Le bassin protège les organes de la partie inférieure du corps.

À savoir

- **Le corps humain est composé de 206 os.**
- **La tête comporte 29 os, le dos 26 et le torse 25.**
- **Les épaules, les bras, les mains et les doigts sont constitués de 63 os, tandis que le bassin, les jambes, les pieds et les orteils en comportent 62.**

Ces personnes utilisent leurs os et leurs muscles pour pousser une voiture.

Attention, poussez !

Lorsque l'on pousse, les muscles maintiennent le squelette dans une position permettant aux os de supporter l'effort. Les jambes, le dos et les bras transmettent une force à l'objet qu'ils poussent.

Robert Wadlow en 1938

Un squelette démesuré

La taille d'une personne dépend de la taille de son squelette. L'homme le plus grand qui ait vécu était l'Américain Robert Wadlow (1918-1940) ; il mesurait 2,72 m. Son fémur mesurait la moitié de la taille d'un adulte moyen.

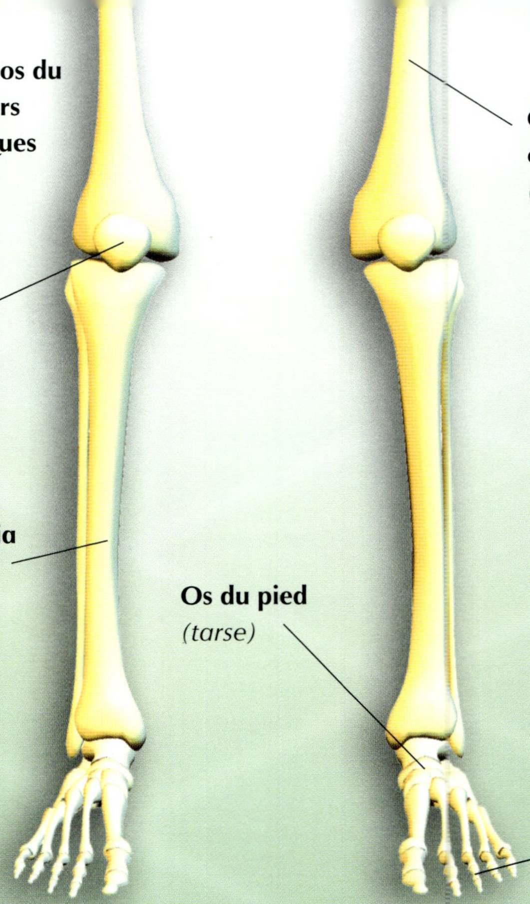

Pas si rigide

Les os sont durs mais pas totalement rigides, surtout chez les enfants. Cela signifie qu'ils peuvent se courber légèrement pour supporter un puissant effort sans se briser. Bien que légers, les os sont résistants – à poids égal, ils le sont plus que la plupart des métaux et plastiques de haute technicité. De plus, les os sont capables de se réparer d'eux-mêmes, ce que les métaux et plastiques ne peuvent pas faire.

Sais-tu que...

L'os le plus long est le fémur ; il représente un quart de la taille du corps humain. L'os le plus court est l'étrier, situé dans l'oreille.

Les plus petits os

Les plus petits os du corps sont situés dans l'oreille ; il s'agit du marteau, de l'enclume et de l'étrier. Chacun de ces petits os appelés osselets mesure environ 5 mm. Ils transmettent les sons du tympan au limaçon, la partie la plus profonde de l'oreille (*voir* pages 172 et 173).

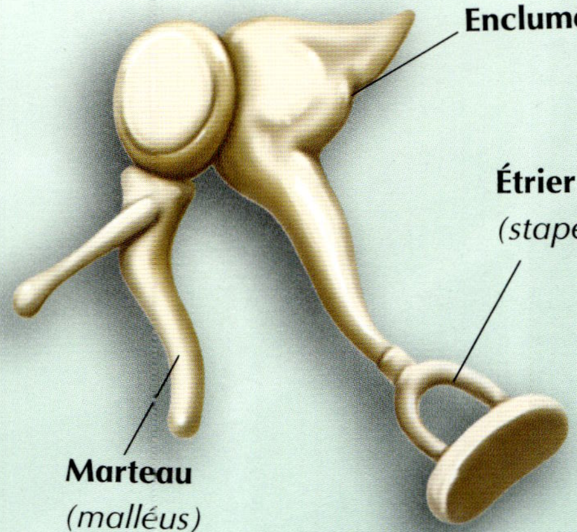

À l'intérieur de l'os

Un os n'est pas dur. La partie périphérique est la plus solide, c'est l'os compact. Au centre, se trouve une couche percée de nombreux trous, connue sous le nom d'os spongieux. Enfin, la moelle osseuse est une substance gélatineuse qui se situe au cœur de l'os.

Vue agrandie d'un canal de Havers dans l'os compact

Le système de Havers

L'os compact est composé de milliers de tiges, les systèmes de Havers. Au milieu de chacune de ces tiges, se trouve un canal qui contient des vaisseaux sanguins et des nerfs. Chaque canal est entouré de couches circulaires d'os que l'on appelle les lamelles.

Fibres et minéraux

Le tissu osseux contient un réseau de fibres faites d'une substance appelée collagène, qui contient aussi des cristaux de minéraux (carbonate de calcium et phosphate de calcium). Les fibres sont souples et permettent aux os de se courber légèrement, tandis que les minéraux rendent les os très solides.

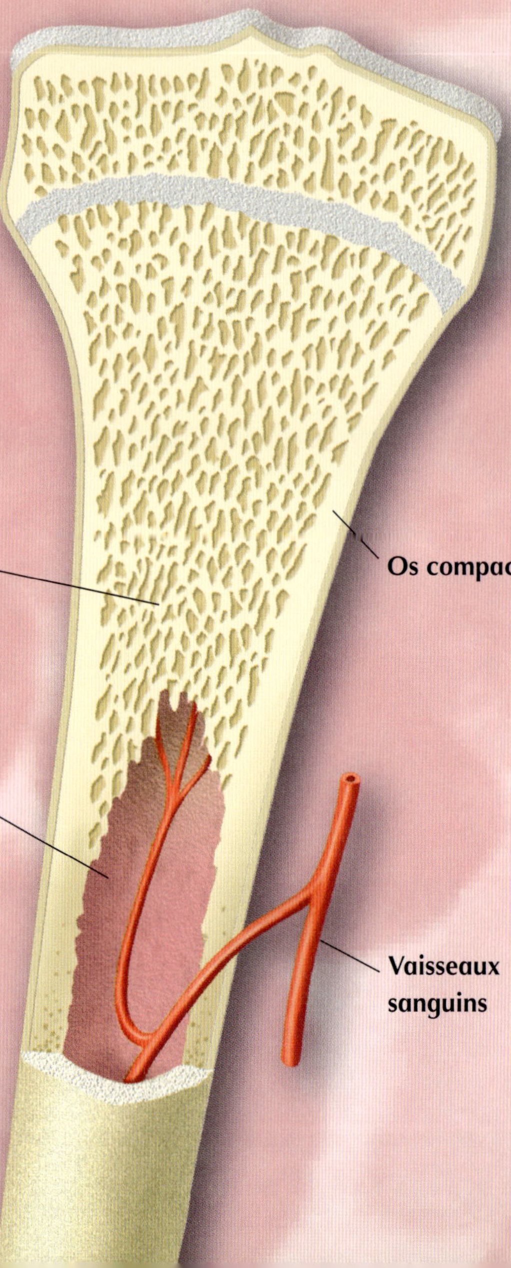

Coupe d'un os montrant l'os compact, l'os spongieux et la moelle

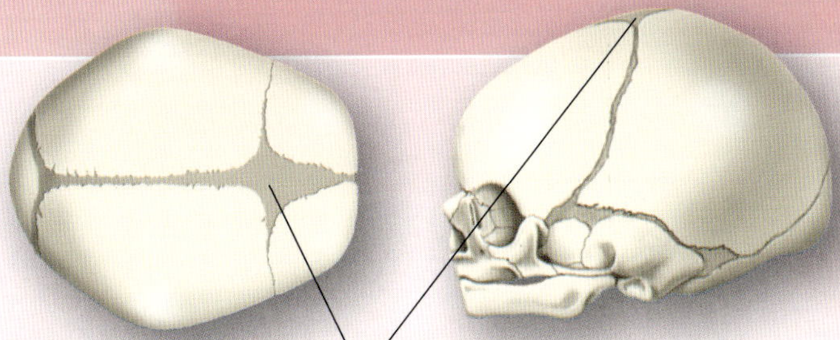

Des trous dans le crâne

Chez les nouveau-nés, des espaces, les fontanelles, séparent certains os du crâne. Ces zones se rapprochent lors de l'accouchement pour faciliter le passage du bébé par le col de l'utérus (*voir* pages 200 et 201).

À savoir

- Un squelette humain qui serait fabriqué en acier pèserait trois fois plus qu'un vrai squelette composé d'os.
- Si les os sont souvent sollicités – par exemple pour soulever des objets lourds – ils deviennent plus épais et plus solides.
- En vieillissant, nous perdons certains des minéraux qui constituent les os. Cela les rend plus fragiles – ils peuvent se briser plus facilement que pendant la jeunesse.

À l'intérieur de l'os

Les tiges qui forment l'os spongieux sont placées de façon à absorber les tensions et pressions qu'on leur impose au quotidien. Dans les os longs, tels ceux des jambes, l'os spongieux donne naissance à la cavité médullaire, emplie de moelle (*voir* ci-dessous).

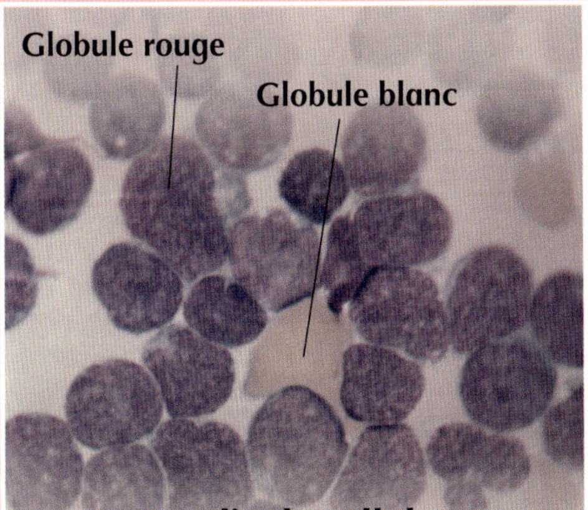

Vue agrandie de cellules sanguines dans la moelle

Cellules sanguines

La moelle produit de nouvelles cellules sanguines (*voir* pages 96 et 97) pour remplacer les vieilles cellules. À l'origine, ce sont toutes les mêmes, mais en se développant elles deviennent des globules rouges ou blancs ou des plaquettes.

Sais-tu que...

Le corps d'un adulte contient près de 2,5 kg de moelle. Chaque seconde, la moelle produit plus de 3 000 cellules sanguines.

Le crâne et la colonne vertébrale

La principale structure osseuse de la tête est le crâne. Les os situés à l'avant forment la face. Sous le crâne, se trouve la colonne vertébrale qui s'étend le long du cou puis du dos, et descend jusqu'aux hanches.

Cette cycliste porte un casque pour protéger sa tête. La pratique d'un sport dangereux requiert l'utilisation de protections adaptées.

Les os de la tête

L'ensemble formé par les huit os arrondis qui protègent le cerveau est appelé boîte crânienne. Presque tous les os du crâne sont réunis par des articulations immobiles (*voir* page 43). Seul un de ces os peut bouger : la mandibule, ou mâchoire inférieure, qui forme le menton. Son articulation se trouve sous chaque oreille.

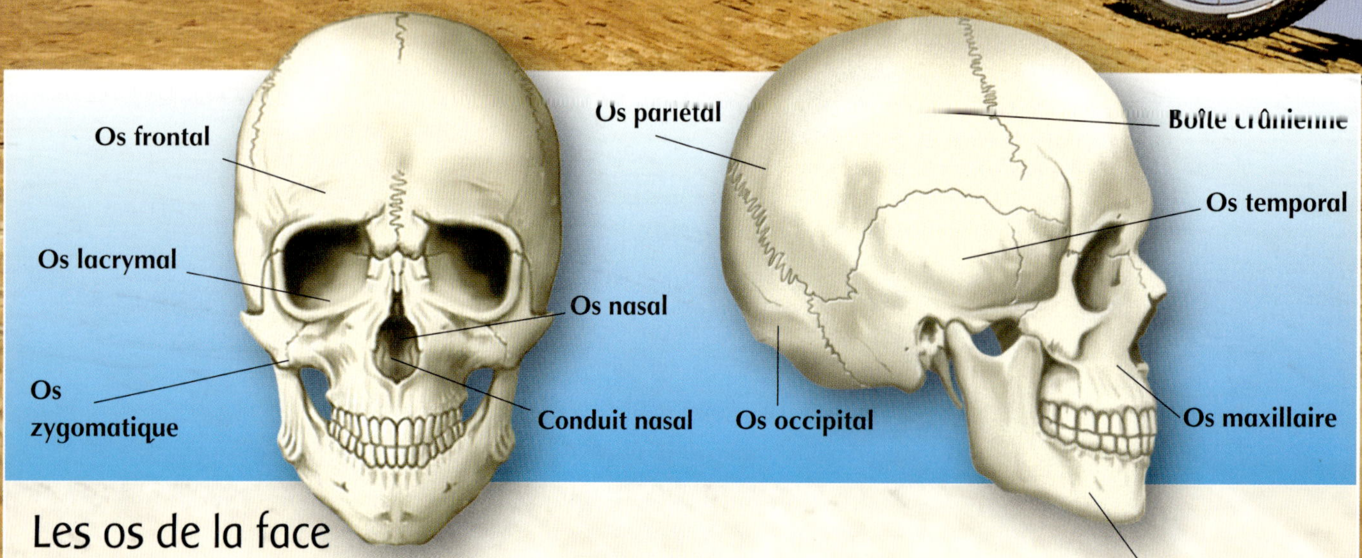

Les os de la face

Le crâne est composé de 22 os. La partie faciale est composée de 14 os, qui donnent leur forme au nez, aux pommettes, à la bouche et au menton.

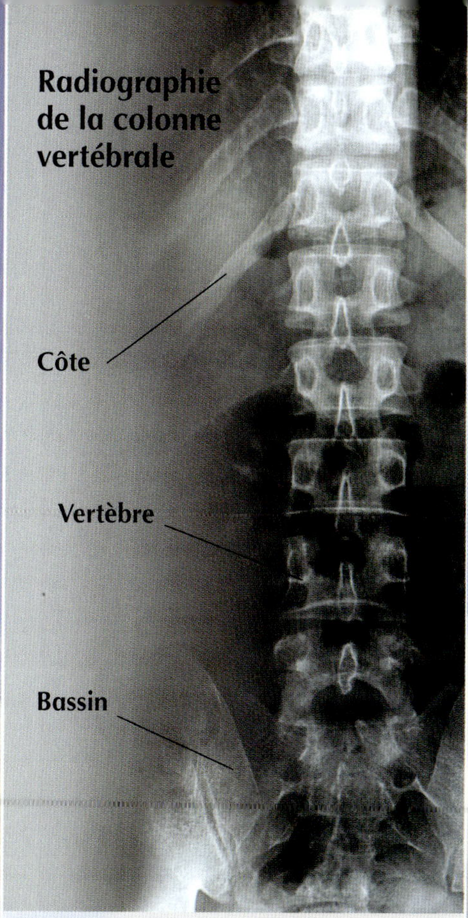

Une tour d'os

La colonne vertébrale constitue un « empilement » d'os cylindriques appelés vertèbres (*voir* radio ci-dessus), que séparent de petits disques cartilagineux.

Des os galbés et cylindriques

- Essaie de plier un petit morceau de carton fin. C'est facile.
- Roule le carton en tube et scotche-le.
- Essaie de plier le tube. C'est beaucoup plus difficile à faire.
- Beaucoup d'os sont galbés, comme le crâne, ou cylindriques, comme les vertèbres, car cela les rend plus résistants que s'ils étaient plats.

Un précieux soutien

La colonne vertébrale est le principal soutien du corps. Elle est constituée de 24 vertèbres (*voir* page ci-contre), dont 7 au niveau du cou, 12 au niveau du dos et 5 dans le bas du dos. Plus bas, se trouvent deux ensembles d'os soudés, le sacrum et le coccyx. Les vertèbres se déplacent peu les unes par rapport aux autres, mais la somme de ces petits déplacements permet au dos de ployer fortement.

Sais-tu que...

Les êtres humains ont une « queue ». Le coccyx est un petit os situé à la base de la colonne vertébrale. Heureusement, on ne peut pas le voir de l'extérieur !

Cette femme paralysée se déplace en fauteuil roulant.

Paralysie

Dans la colonne se trouve la moelle épinière (*voir* pages 150 et 151), principale composante du système nerveux. Une blessure de la colonne peut entraîner un arrêt de la transmission de messages par la moelle épinière au reste du corps et conduire à la paralysie.

Les articulations

Tes os sont attachés les uns aux autres par des articulations. Chaque articulation permet à tes os de bouger dans diverses directions, ce dans une certaine mesure. Grâce à tes articulations, ton corps peut adopter des positions extrêmement diverses.

En mouvement

Il existe deux façons de classer les articulations : selon leur structure et selon le mouvement qu'elles effectuent. La structure d'une articulation dépend de nombreux facteurs. En effet, les articulations peuvent être unies par des sutures (*voir* page 43), elles peuvent contenir du cartilage pour faciliter le mouvement de l'os (*voir* page 44), etc.

Les types d'articulations

Dans certaines articulations, la partie concave d'un os correspond à la partie convexe de l'autre. Ces articulations permettent aux os de se déplacer d'avant en arrière et sur les côtés. On les trouve dans les épaules et les hanches. Dans les articulations dites ginglymes, les os ne peuvent bouger que d'avant en arrière. On trouve ces articulations dans les genoux et les doigts.

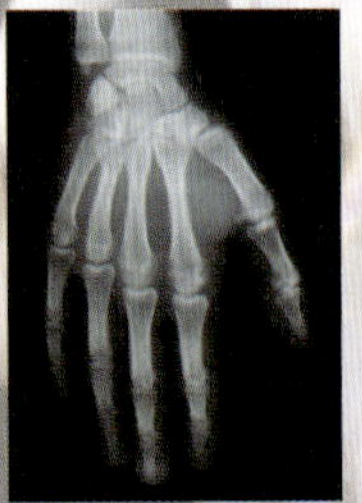

Articulations sphéroïdes (main)

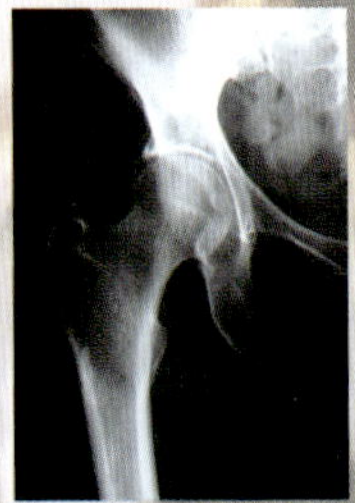

Articulation sphérique (hanche)

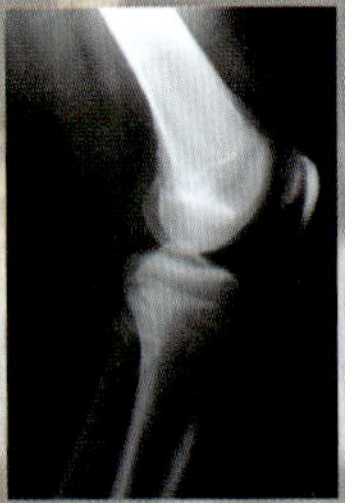

Ginglyme (genou)

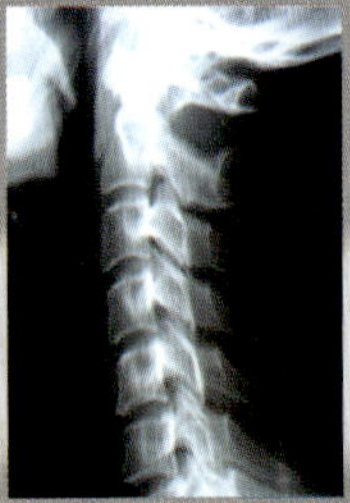

Articulations multiples (colonne)

De nombreuses articulations

Certaines articulations concernent plus de deux os – il y a par exemple huit os dans le poignet et sept dans la cheville. Ces os sont reliés les uns aux autres par des articulations sphéroïdes, qui leur permettent de bouger les uns par rapport aux autres. Les articulations du poignet sont souples et permettent à la main d'adopter de nombreuses positions. Les articulations de la cheville sont moins flexibles mais beaucoup plus résistantes afin de supporter le poids de corps.

À savoir

- Nous avons plus de 350 articulations.
- La plus grosse articulation est dans le genou.
- L'articulation la plus flexible est dans l'épaule.
- Certaines articulations sont immobiles, dont celles du crâne et celles qui relient les six os du bassin.

Les articulations de cette gymnaste permettent à son corps d'adopter de nombreuses positions.

Sais-tu que...

La plus petite articulation du corps est sur le plus petit os, l'étrier, au fond de l'oreille. L'articulation entière est plus petite que cette lettre « o ».

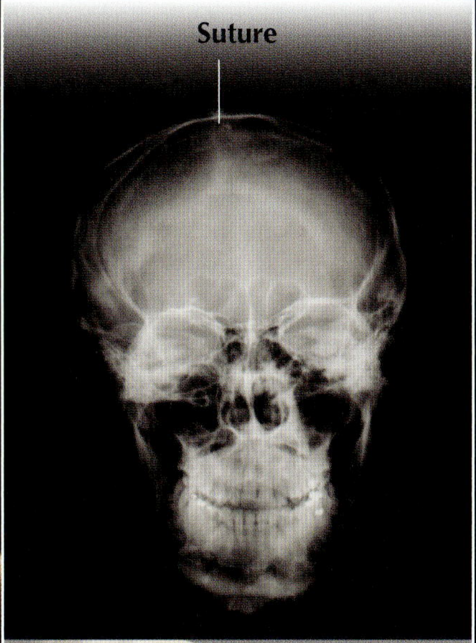

Articulations du crâne

Les os du crâne d'un adulte sont reliés entre eux par des fibres qui forment une sorte de colle. Ces articulations immobiles ressemblent à de petites lignes sinueuses ; on les appelle sutures.

Prêt à lancer

Le lancer d'une balle donne un bon exemple du fonctionnement des articulations. Juste avant le lancer, les articulations des hanches, du dos, des épaules, des coudes, des poignets et des doigts bougent rapidement pour lancer la balle à très grande vitesse.

Un lanceur de base-ball se prépare à lancer la balle.

L'intérieur d'une articulation

Bien que les articulations nous permettent de nous déplacer, leurs mouvements doivent être limités pour éviter que les os ne s'abîment en allant trop loin. De plus, les articulations doivent être bien lubrifiées pour que les os se déplacent de façon fluide et ne s'usent pas.

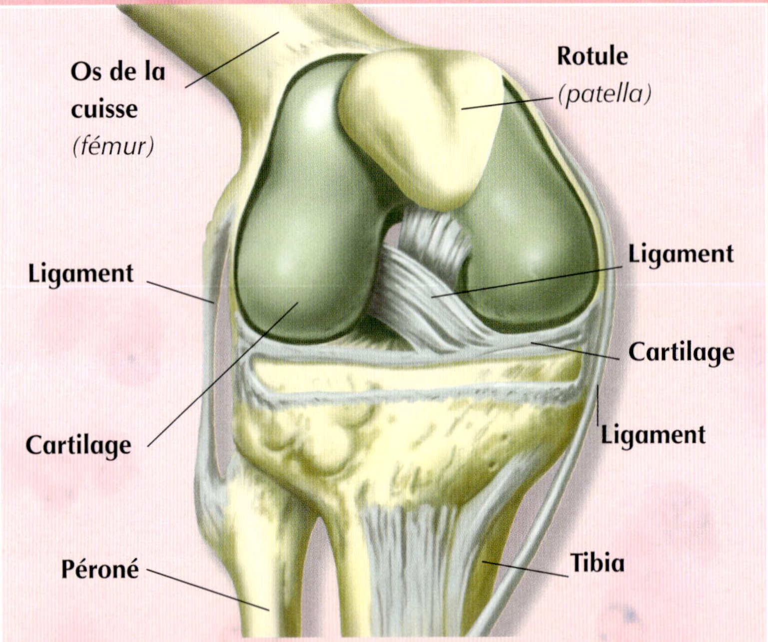

Dans le genou

L'articulation du genou relie les os de la cuisse avec le tibia et le péroné. Ces os sont reliés par des tissus fibreux résistants qui sont appelés ligaments. La rotule est un petit os qui a pour rôle de protéger l'articulation du genou.

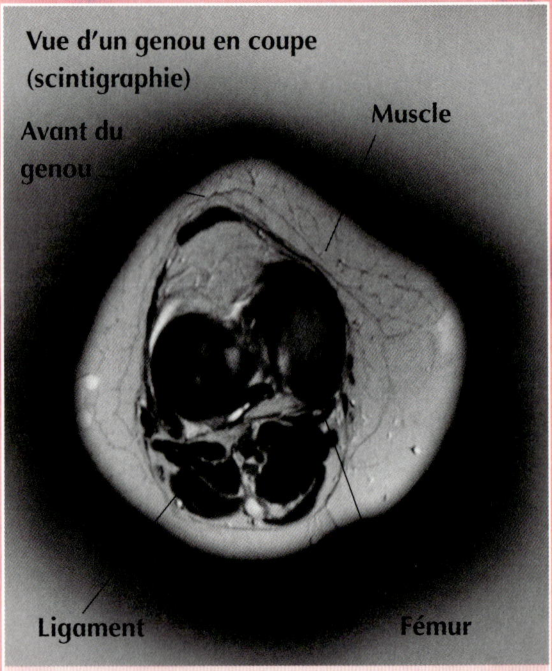

Scanner du genou

Cette IRM (*voir pages 160 et 161*) montre l'intérieur de l'articulation du genou : les ligaments, le tissu musculaire et les os.

Un coussin cartilagineux

Dans les articulations, l'extrémité des os est couverte et protégée par une substance élastique et lisse appelée cartilage. Celui-ci forme un coussin résistant qui permet aux os de ne pas se casser ou se fendre quand l'articulation subit un choc. La membrane synoviale qui enveloppe l'articulation sécrète un liquide visqueux appelé synovie, qui évite le frottement des os entre eux et facilite le fonctionnement de l'articulation.

Cartilage vu au microscope

Sais-tu que...

Une grande articulation, telle que celle du genou, contient l'équivalent d'une cuillerée à café de synovie. La membrane synoviale sécrète constamment de la synovie pour remplacer le liquide usé.

ARTICULATIONS ARTIFICIELLES

- Il arrive qu'une articulation devienne rigide et douloureuse. Pour soulager la douleur, elle peut être remplacée par une articulation artificielle.
- L'articulation artificielle la plus courante est celle de la hanche.
- La première hanche artificielle a été posée en 1960 par le chirurgien britannique John Charnley.
- Aujourd'hui, un adulte de plus de 55 ans sur trente a une hanche artificielle. Certains en ont même deux.

Bande de sécurité

Les ligaments sont de longues bandes extensibles situées sur les articulations qui servent à attacher les os entre eux. Ils fonctionnent comme les ceintures de sécurité des voitures en maintenant les articulations à leur place et en les empêchant de s'effondrer.

Une main arthritique

L'ostéoarthrite ou arthrose est une maladie caractérisée par la fissure et la friabilité du cartilage qui couvre les os dans l'articulation. La membrane synoviale s'amincit et des bosses se forment sur les os. Cela fait enfler les articulations et rend tout mouvement difficile et douloureux. Sur cette radio d'une main tenant un stylo (ci-contre), les articulations sont enflées et les os déformés, révélant une arthrose sévère.

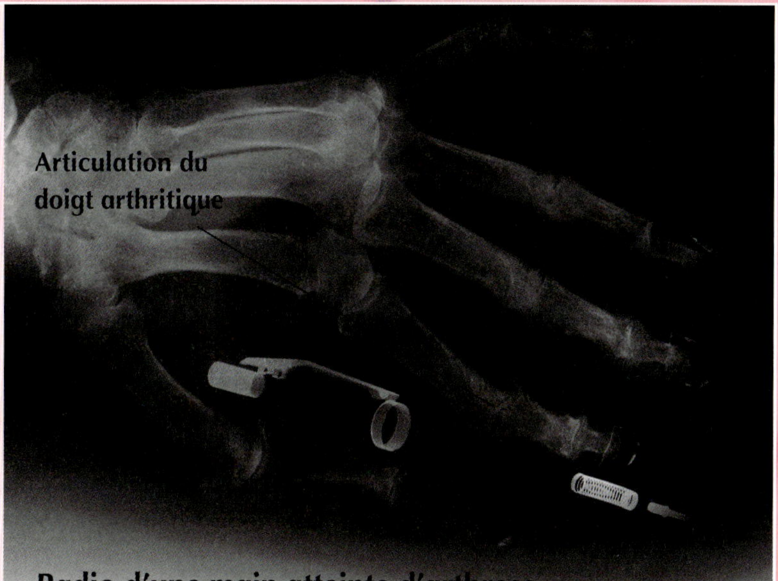

Radio d'une main atteinte d'arthrose

Les muscles

Près de la moitié du corps est constituée de muscles. Il y en a des centaines, et ils dirigent tous les mouvements que nous effectuons. Les muscles ne sont en réalité capables que d'une chose : raccourcir.

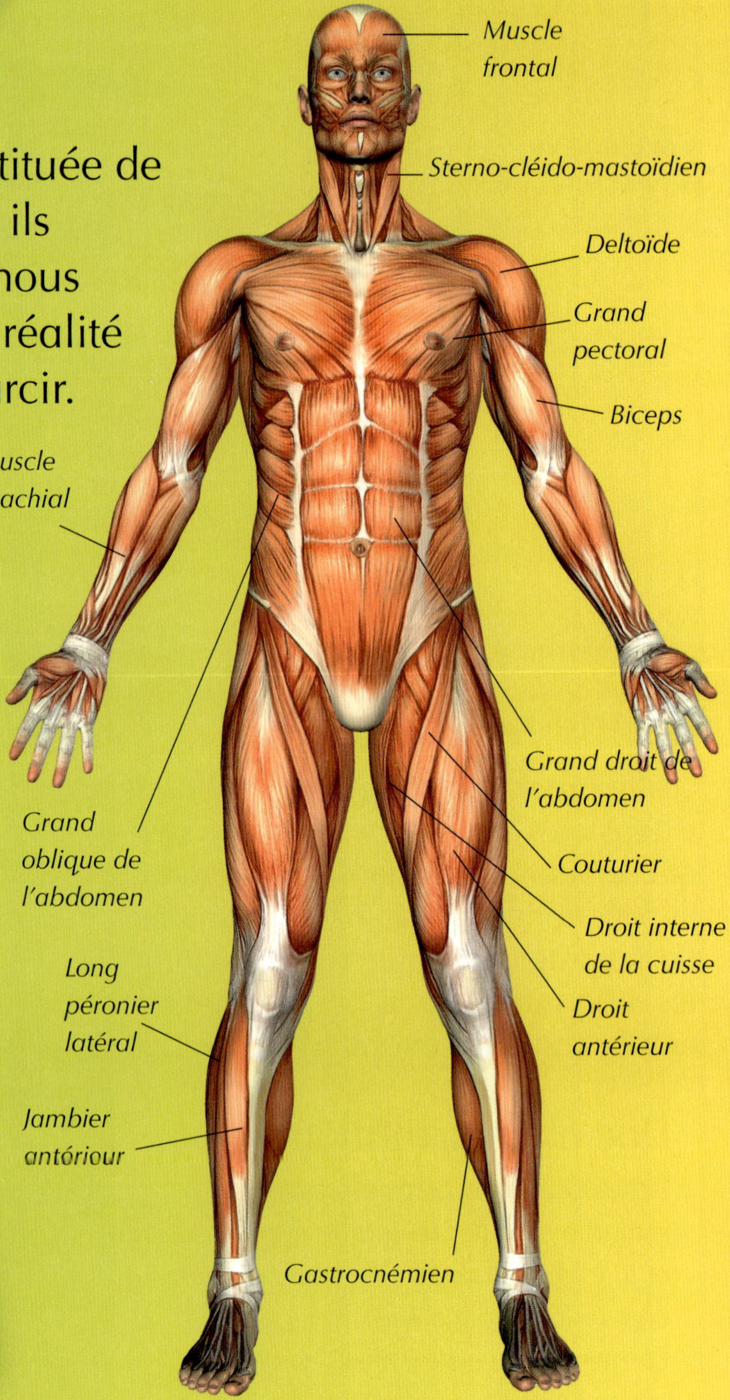

Les muscles squelettiques

La plupart des muscles sont des muscles squelettiques. Ces muscles sont impliqués dans les mouvements de la tête, du cou, des membres et du torse. Ils sont attachés aux os du squelette par des tendons résistants, qui s'opposent aux ligaments (ceux-ci attachent les os entre eux). Par exemple, le tendon d'Achille relie le muscle du mollet au talon.

Sais-tu que…

Le plus petit de nos muscles est plus petit que ce « i ». Il s'agit du muscle stapédien qui se situe dans l'oreille. Il tire sur les os de l'oreille interne pour éviter qu'ils ne s'agitent trop dans un environnement bruyant.

Plus de muscles ?

Les culturistes, qui pratiquent un sport destiné à accroître leur masse musculaire, n'ont pas plus de muscles que les autres, mais chacun de leurs muscles grossit et gonfle plus sous la peau.

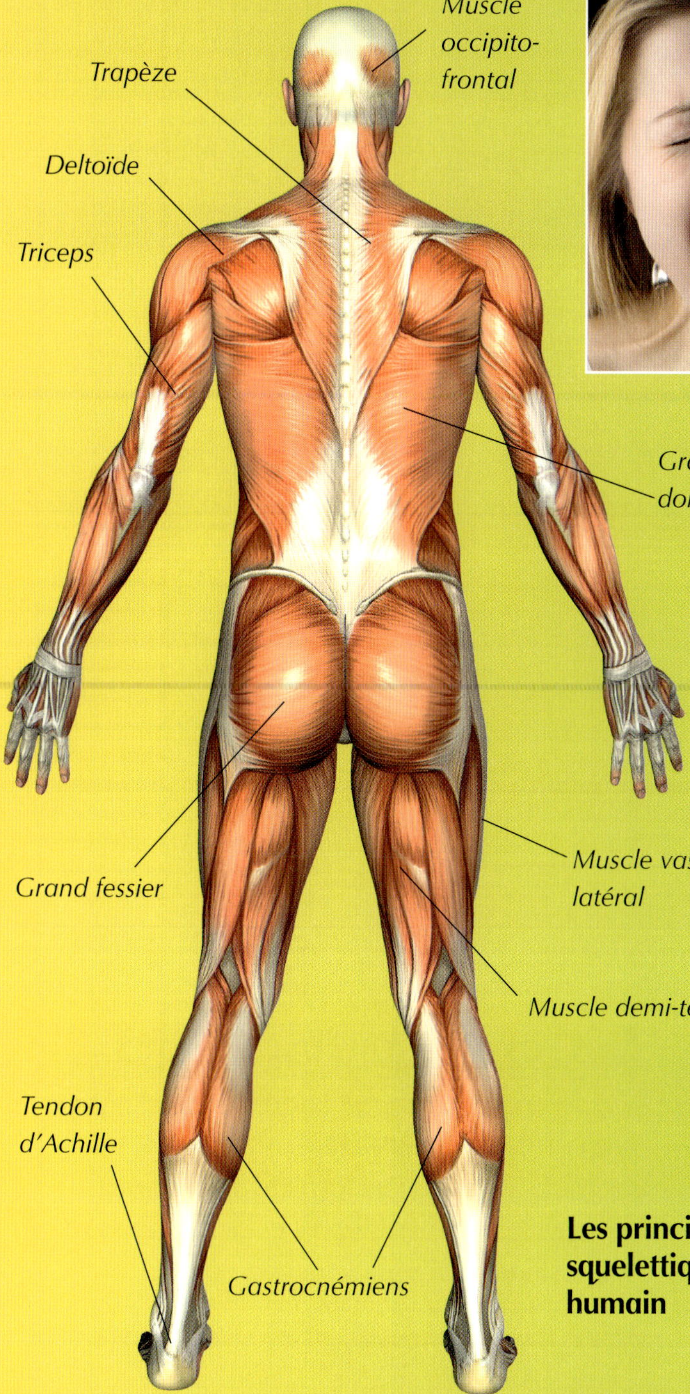

Les principaux muscles squelettiques du corps humain

Muscles de la parole

Nos muscles squelettiques sont aussi impliqués dans certaines actions plus discrètes. Par exemple, quand nous parlons ou crions, les muscles respiratoires expulsent l'air des poumons par le larynx.

Renforcement

La natation est bonne pour les muscles et les articulations. Elle entraîne des muscles rarement utilisés tandis que l'eau porte le corps, de sorte que les articulations ne s'usent pas.

Des muscles et encore des muscles

Les exercices de musculation permettent de travailler de nombreux muscles et groupes musculaires : les biceps, les abdominaux, les adducteurs, les dorsaux, les triceps, les pectoraux, les épaules, les trapèzes, les fessiers, les extenseurs des bras et des poignets, les fléchisseurs des bras et des poignets, les fixateurs des omoplates, les ischio-jambiers, les lombaires, les mollets, les quadriceps…

À savoir

- **Le corps comprend environ 650 muscles.**
- **Le plus gros des muscles est le grand fessier.**
- **Le plus long est le couturier, qui descend le long de la cuisse, sur le devant.**

L'intérieur d'un muscle

Chaque muscle est composé de milliers de filaments aussi fins que des cheveux : les fibres musculaires. Les muscles sont aussi constitués de vaisseaux sanguins qui transportent le sang. Celui-ci contient des nutriments que les muscles utilisent pour réaliser leur action.

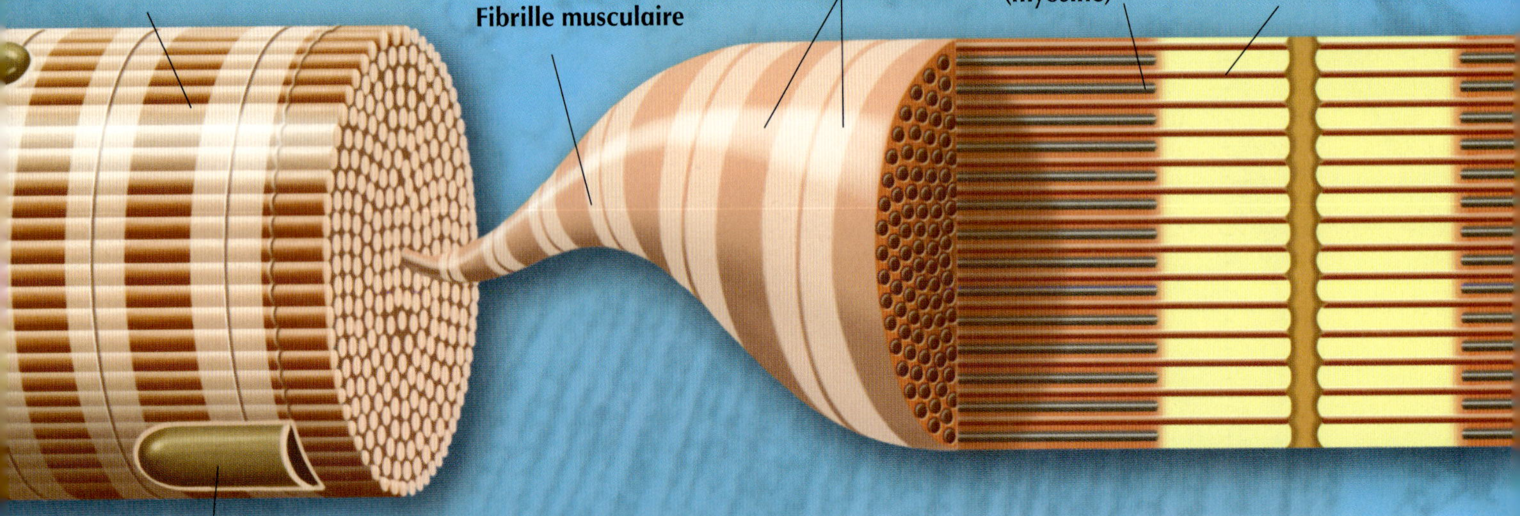

Coupe agrandie d'une fibre musculaire montrant les petits filaments musculaires

De plus en plus petit

Il y a des milliers de fibres musculaires dans chacun des gros muscles tels que ceux de la jambe. Chaque fibre est composée de fils plus fins, appelés fibrilles musculaires. Enfin, chaque fibrille contient des filaments encore plus petits, faits d'actine et de myosine. Ces substances sont des protéines qui agissent pour raccourcir les muscles.

Des rayures microscopiques

Vus au microscope, les muscles squelettiques présentent des lignes claires et foncées, les striations. Celles-ci se forment lorsque des groupes de filaments épais et de filaments fins – myosine et actine – se chevauchent.

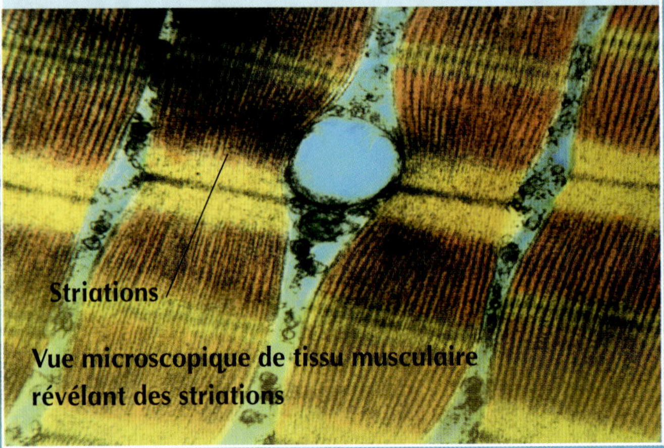

Vue microscopique de tissu musculaire révélant des striations

Glissement actine-myosine

Un muscle est contrôlé par le cerveau à l'aide de signaux nerveux. À l'arrivée des signaux, un glissement relatif des filaments d'actine et de myosine se produit. Cela raccourcit la fibrille, qui à son tour raccourcit la fibre et le muscle entier. La plupart des muscles peuvent raccourcir jusqu'aux deux tiers de leur taille au repos.

Sais-tu que...

Le muscle le plus souple du corps est celui que tu utilises pour parler, manger et boire : c'est ta langue !

Lors de ce jeu de tir à la corde, les muscles des bras et des jambes sont étirés au lieu d'être raccourcis.

Oh hisse !

En général, les muscles raccourcissent et tirent les os. Ils peuvent également s'étirer pour tirer sur quelque chose, sur une corde par exemple. Cette utilisation du muscle est appelée isométrique, ce qui signifie « longueur identique ».

Jouer trop longtemps à des jeux vidéo peut entraîner des TMS au niveau des mains.

Usure

Les muscles, tendons, nerfs et articulations qui répètent souvent un mouvement peuvent s'user. Cela engendre des douleurs appelées « troubles musculosquelettiques » ou TMS. Les TMS se produisent souvent aux mains – souvent à la main qui manipule la souris d'un ordinateur.

Contrôle des doigts

- Contracte ta main de sorte que tes doigts soient collés et droits.
- Puis plie tous tes doigts en même temps, comme si tu agrippais quelque chose.
- Maintenant, essaie de plier tes doigts l'un après l'autre, en maintenant les autres droits.
- Il est plus difficile de ne plier qu'un seul doigt car ton cerveau doit envoyer les bons signaux nerveux pour contrôler les muscles de chaque doigt.

Le fonctionnement des muscles

Les muscles sont nécessaires – pour sauter ou soulever une lourde charge, mais aussi pour cligner des yeux ou respirer.

Raccourcir et étirer

Un muscle peut tirer mais ne peut pas pousser. Un muscle ne peut donc déplacer un os que dans une seule direction. Un autre muscle est nécessaire pour tirer l'os dans la direction opposée. De nombreux muscles sont ainsi organisés en partenaires opposés (antagonistes) pour pousser et tirer les os.

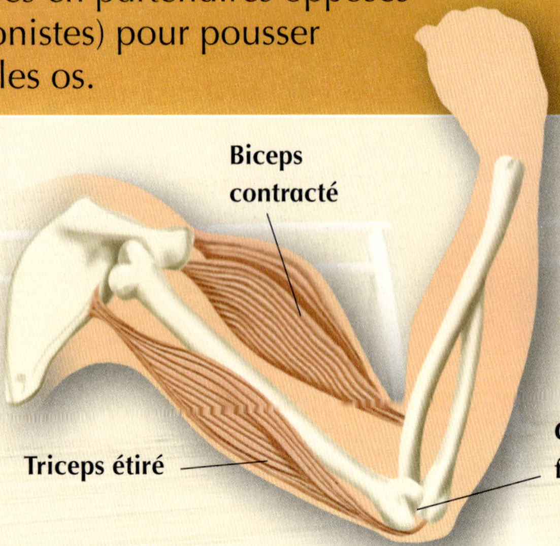

Les muscles utilisés pour fléchir le bras

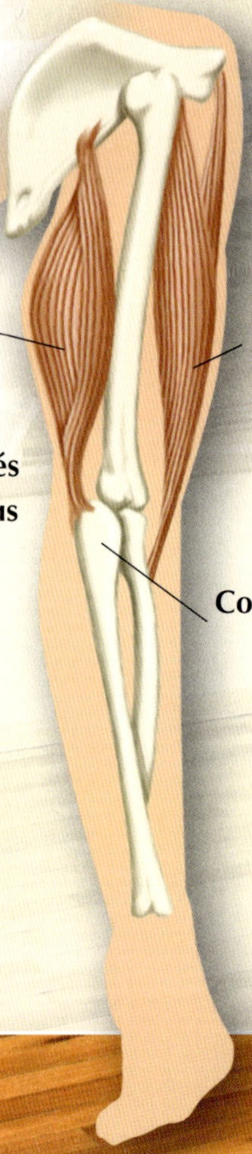

Les muscles utilisés pour tendre le bras

Partenaires et opposés

Les principaux muscles du haut du bras sont le biceps et le triceps. Lorsque le biceps se contracte, il tire le bas du bras vers le haut. Cela fléchit le coude et relaxe le triceps. Lorsque le triceps se contracte, ou raccourcit, il tire le bas du bras vers le bas. Cela tend le coude et étire le biceps. Le triceps et le biceps sont des exemples de muscles antagonistes, qui agissent dans des sens opposés.

AU SUJET DU MUSCLE

- **Le mot « muscle » vient du latin *musculus*, qui signifie « petite souris ». On jugeait jadis que le gonflement des muscles évoquait une souris en train de courir sous la peau !**
- **Les premières représentations précises du système musculaire ont été réalisées par le médecin et anatomiste André Vésale en 1543.**

Travailler ensemble

À l'exception de quelques actions simples, telles que cligner des yeux, peu de mouvements n'impliquent qu'un ou deux muscles. Lorsque tu écris ton nom, les muscles de tes doigts tiennent le stylo tandis que les muscles de ta main et de ton poignet déplacent le stylo. Les muscles de tes yeux, de ta tête et de ton cou bougent pour que tu puisses voir ce que tu écris. Plus de 100 muscles sont impliqués !

Une grue utilise des câbles pour soulever des charges.

Force de traction

Le câble d'une grue fonctionne comme un muscle. Il soulève la charge, la tire et se raccourcit en s'enroulant sur une poulie.

Sais-tu que...

Les muscles les plus larges de ton corps sont les obliques externes, qui partent du milieu de ton dos et vont jusqu'à ton ventre. Ils peuvent mesurer jusqu'à 45 cm de large.

Connaître ses muscles

Savoir utiliser ses muscles peut prendre du temps. Lorsque tu étais bébé, il t'a fallu au moins un an pour savoir marcher, par exemple.

Une ballerine utilise les muscles de ses jambes pour faire des pointes.

Un visage parlant

Savais-tu que l'on peut communiquer sans parler ? Les muscles de notre visage peuvent faire des mouvements, plus ou moins importants, en tirant sur des parties de notre visage pour nous permettre de révéler toute une gamme de sentiments, humeurs et émotions.

Expressions

Le visage a plus de 60 muscles. Lorsque les autres nous regardent, notre visage leur indique ce que nous pensons et ressentons. Nous pouvons essayer de contrôler les expressions de notre visage mais il est difficile de les cacher. Les acteurs apprennent à contrôler leurs expressions lorsqu'ils jouent à ressentir certaines émotions.

Les principaux muscles du visage

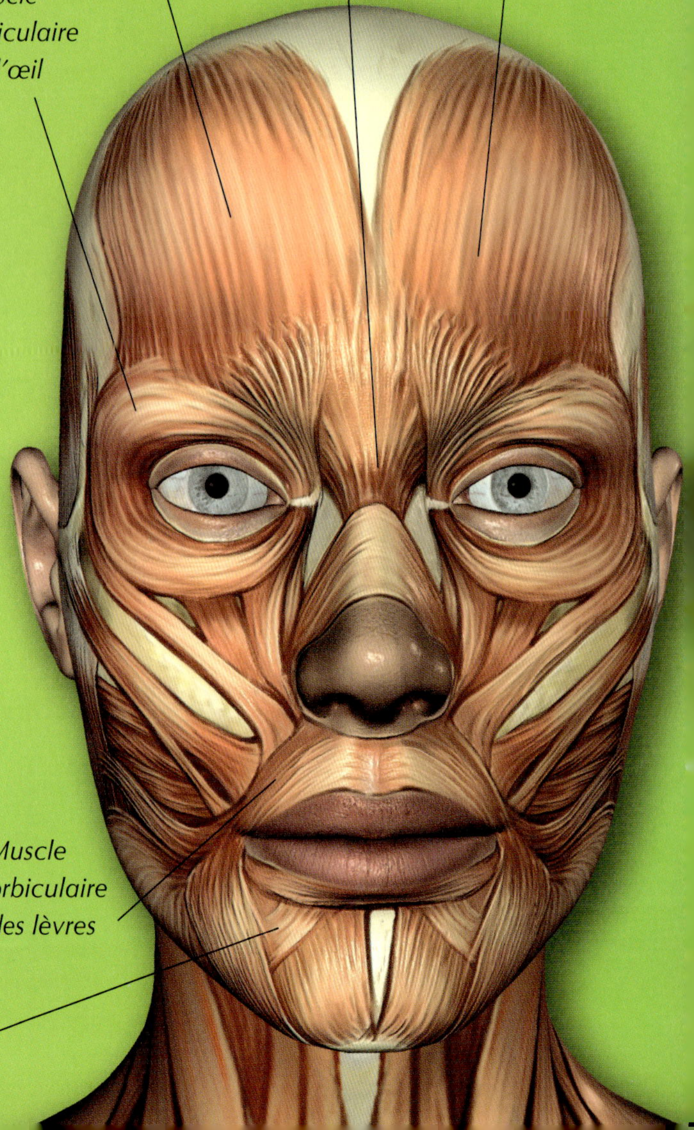

Grimaces

Les muscles faciaux sont insérés selon des angles variés. Ils peuvent tirer la peau, les lèvres, les joues et d'autres traits dans de nombreuses positions. Par exemple, les sourcils remontent lorsque le muscle frontal (muscle vertical du front) est contracté. Ce muscle est ainsi utilisé lorsque l'on a l'air étonné.

Cette petite fille utilise ses muscles faciaux pour faire une grimace.

Émotions

- Dans un miroir, regarde tes sourcils.
- Soulève-les, tu auras l'air surpris. Rabaisse-les légèrement, tu auras l'air perplexe.
- Rabaisse-les un peu plus, tu auras l'air ennuyé.
- Maintenant, baisse-les très bas, tu auras l'air fâché.

Le sourire du chimpanzé

Certains animaux semblent sourire, mais leurs expressions ne signifient pas la même chose que les nôtres. Le chimpanzé « sourit » quand il a peur et qu'il est prêt à se défendre.

Un chimpanzé « sourit » pour manifester sa peur.

Les muscles faciaux

La plupart des muscles sont reliés à des os. Toutefois, sur le visage, les muscles sont liés les uns aux autres ou à la peau. Ils se contractent peu en étirant les muscles voisins. Ce faisant, les muscles font bouger la peau et donnent leur aspect aux sourcils, aux lèvres, aux mouvements, etc. Tout cela crée une expression du visage.

Les principaux muscles du profil du visage

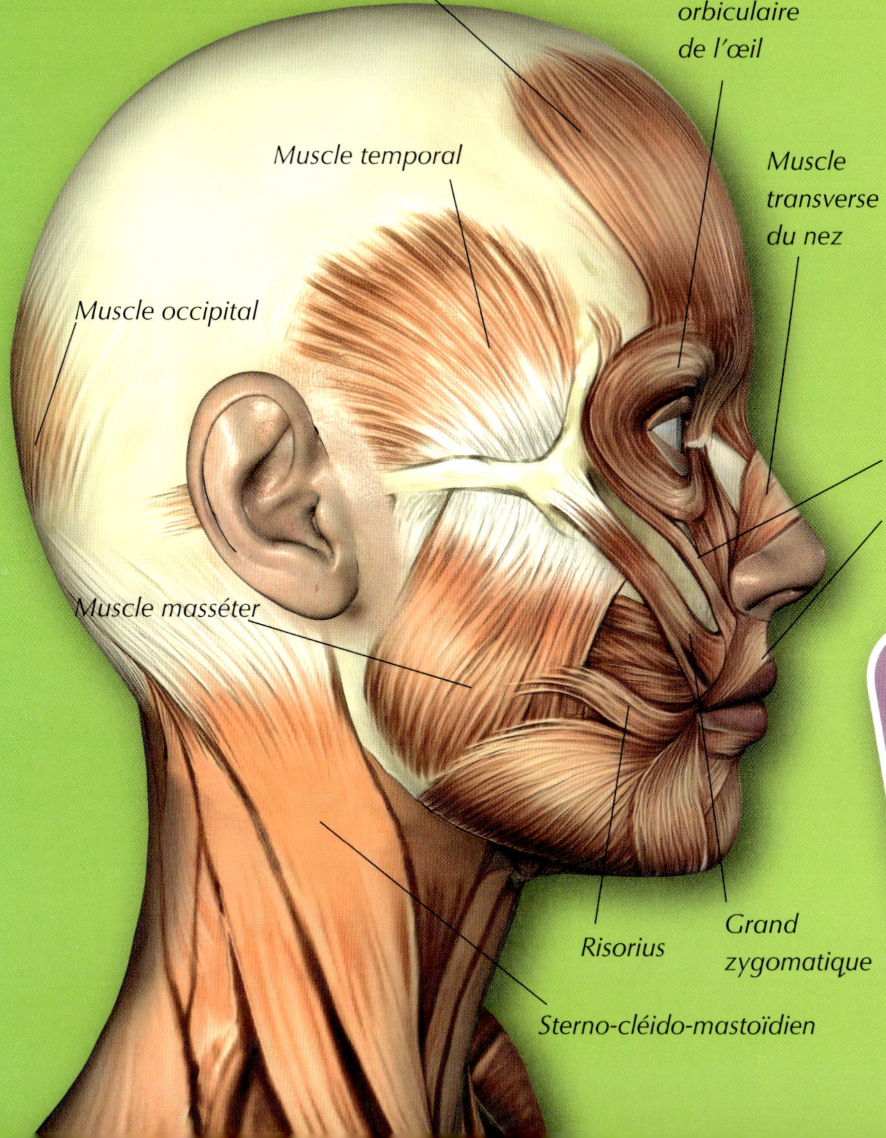

Sais-tu que...

Il est plus facile de sourire que de froncer les sourcils ! Un sourire fait appel à moins de 20 muscles. On en utilise deux fois plus pour froncer les sourcils.

D'autres types de muscles

Le cœur est un muscle particulier, tandis que les intestins, les vaisseaux sanguins et de nombreuses autres parties du corps comprennent des muscles lisses.

Jamais fatigué

Si nous utilisons trop certains muscles, ils se fatiguent. Toutefois, il est un type de muscle qui ne se fatigue pas. Il s'agit du muscle cardiaque qui entoure le cœur et travaille chaque seconde pour pomper le sang vers le corps. Les parois de nos vaisseaux sanguins contiennent des muscles lisses, qui modifient l'épaisseur de ces vaisseaux pour contrôler la quantité de sang qui circule vers les différentes parties du corps.

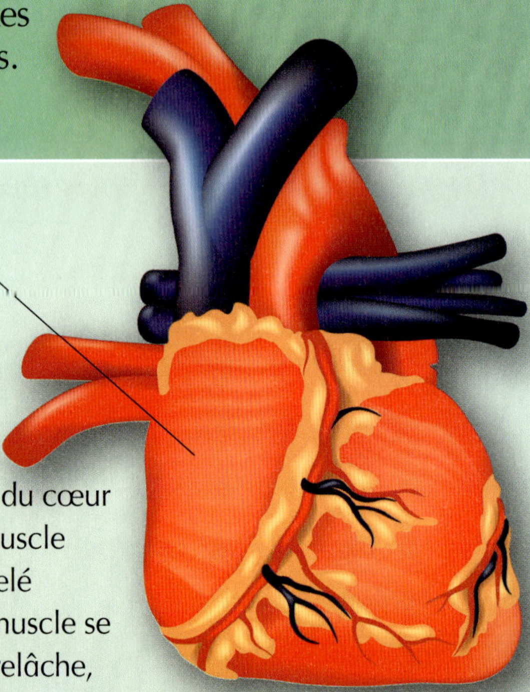

Le cœur

Les fines parois du cœur sont faites du muscle cardiaque, appelé myocarde. Ce muscle se contracte et se relâche, faisant battre le cœur à un rythme régulier (*voir* page 93). En battant, le cœur pompe le sang vers des vaisseaux sanguins que l'on appelle les artères (*voir* pages 98 et 99).

Sais-tu que...

En règle générale, les muscles de notre abdomen fonctionnent régulièrement, mais si on a peur ou si on est inquiet, ces muscles peuvent se raccourcir soudainement. On peut alors ressentir une << boule dans l'estomac >>.

À savoir

Les muscles lisses constituent les parois de nombreuses parties du corps dont :

- **l'œsophage**
- **l'estomac**
- **le tube digestif**
- **les vaisseaux sanguins**
- **les bronches et bronchioles (*voir* pages 70 et 71)**
- **les uretères – canaux qui transportent l'urine des reins à la vessie**
- **la vessie**

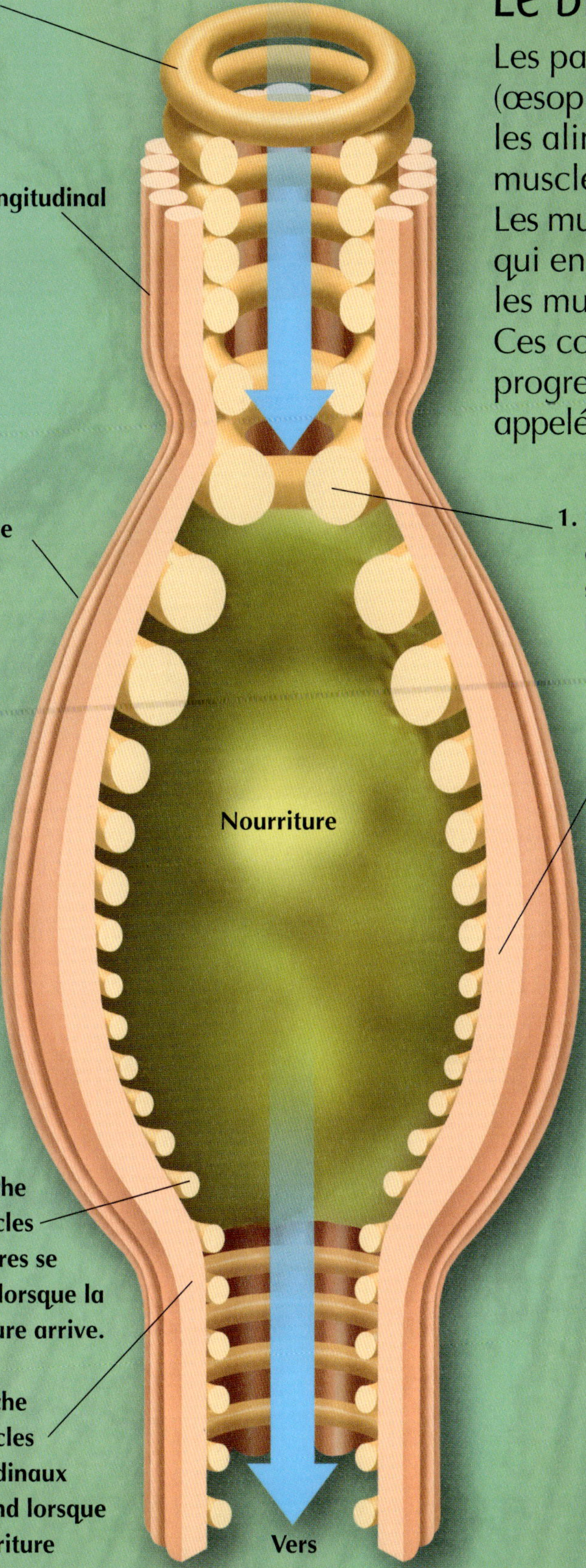

Coupe de l'œsophage montrant la contraction des muscles lors du péristaltisme

Le broyage des aliments

Les parois cylindriques du tube digestif (œsophage, estomac et intestins) poussent les aliments qui les traversent à l'aide de muscles lisses, orientés dans deux directions. Les muscles circulaires forment des anneaux qui entourent le tube digestif tandis que les muscles longitudinaux longent celui-ci. Ces couches travaillent ensemble pour faire progresser la nourriture selon une action appelée péristaltisme.

Voyage automatique

Nous croquons, mastiquons et avalons à l'aide des muscles du visage et du cou que nous maîtrisons. Une fois la nourriture dans notre œsophage, les mouvements automatiques des muscles lisses prennent le relais pour faire descendre la nourriture dans l'estomac et les intestins (*voir* pages 112 à 137).

Problèmes osseux et musculaires

Un effort démesuré ou un excès de pression sur nos os, nos articulations et nos muscles peuvent entraîner des fractures, des entorses ou des déchirures.

Les crampes musculaires

Lors d'un important effort, une substance chimique appelée acide lactique est sécrétée dans les muscles. Elle est généralement évacuée par le sang. Toutefois, si une trop faible quantité de sang arrive au muscle pour évacuer l'acide lactique, le muscle peut développer une crampe, contraction incontrôlée (ou spasme) très douloureuse.

Le footballeur au sol souffre d'une crampe, c'est pourquoi son coéquipier étire ses jambes pour soulager la douleur.

À savoir

- **En tirant trop fort sur un muscle, ont peut abîmer certaines fibres : c'est une élongation.**
- **Lorsque les fibres se déchirent, c'est une déchirure musculaire.**
- **Une entorse se produit lorsqu'une articulation est exagérément et brutalement sollicitée ; elle enfle, durcit et devient douloureuse.**

Sais-tu que...

Certains maux de tête sont dus à des problèmes musculaires. Ils sont le résultat de spasmes des muscles du cou, qui restreignent le passage du sang vers la tête.

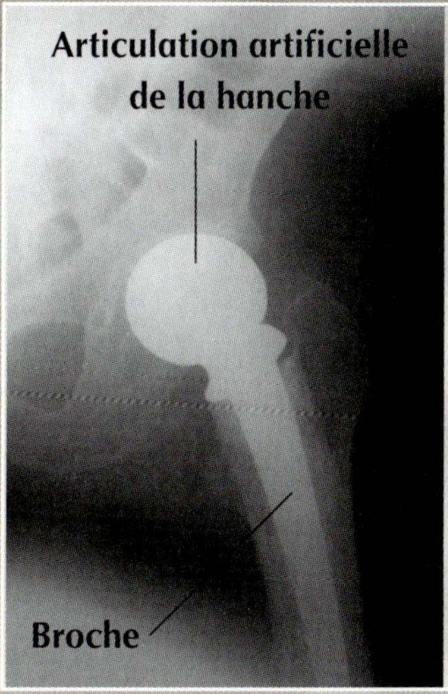

Une nouvelle hanche

Cette radiographie montre une hanche artificielle (*voir* page 45). La tête du fémur a été remplacée par un élément métallique fixé dans le fémur au moyen d'une broche.

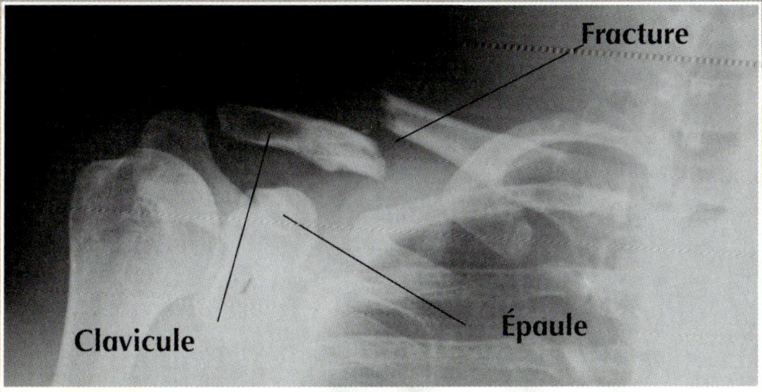

Une clavicule fracturée

Une fracture de la clavicule, comme sur cette radio, se produit fréquemment lors d'une chute que l'on tente d'amortir bras tendu dans le but d'empêcher un choc de la tête au sol. L'énergie de la chute, transmise du bras à l'épaule, entraîne une rupture de la clavicule.

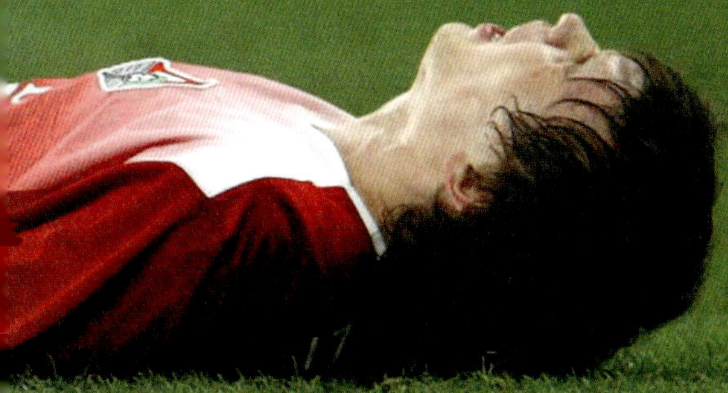

Les fractures

Une fracture est une lésion osseuse allant de la fissure à la vraie rupture. Une radiographie indique si l'os est fracturé. En cas de déplacement, il faut remettre en place les fragments de l'os. Un plâtre ou une attelle peuvent être nécessaires pour maintenir l'os pendant qu'il se répare.

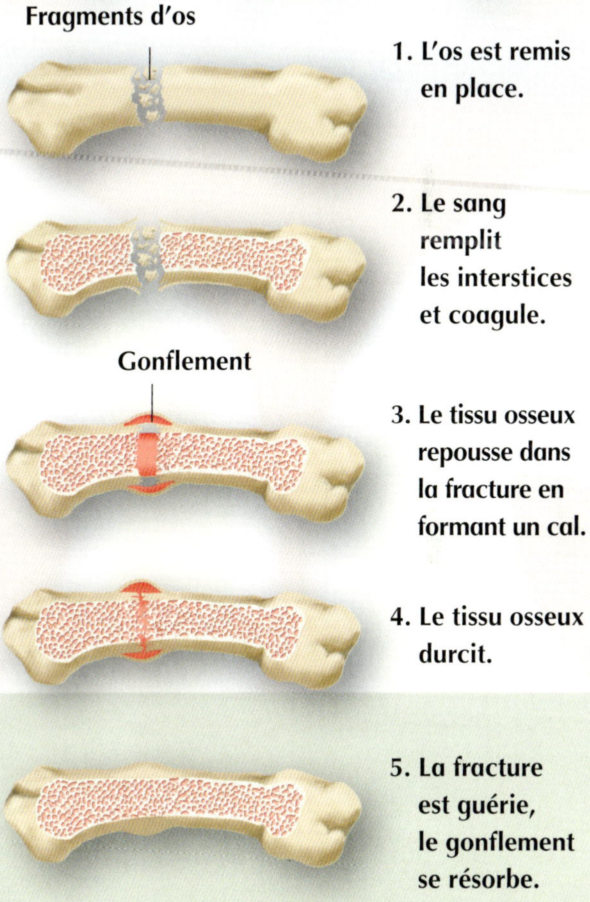

La réparation d'une fracture

Il faut environ six semaines au corps pour réparer une fracture. Cela varie en fonction de la fracture. Le sang remplit la fracture et un nouveau tissu osseux apparaît dans le trou. Il durcit peu à peu, formant ainsi une réparation permanente et robuste.

Des articulations et des os sains

Les os, les articulations et les muscles sont faits pour être utilisés, et le sport peut les aider à rester sains. Il est aussi conseillé d'avoir une alimentation équilibrée pour que ces éléments du corps restent forts et actifs et qu'ils puissent se réparer s'ils sont abîmés.

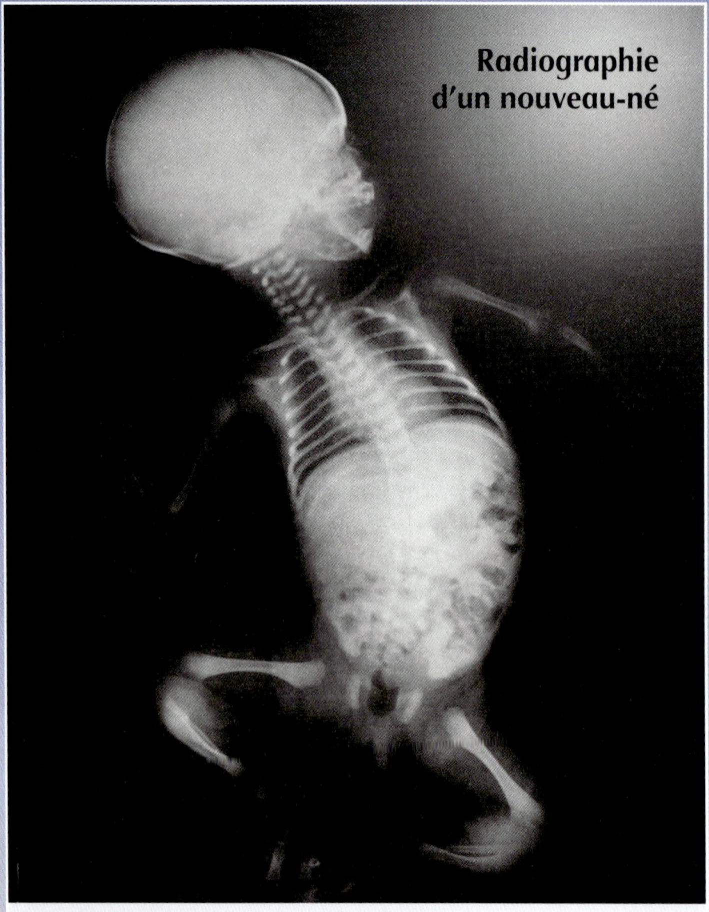

Radiographie d'un nouveau-né

Le squelette d'un bébé

Le squelette d'un bébé dans l'utérus de sa mère se constitue à partir de cartilage. Le cartilage se transforme peu à peu en os ; ce processus, connu sous le nom d'ossification, se poursuit pendant l'enfance. Le squelette ne gagne sa pleine taille, maturité et robustesse que vers l'âge de 20 ans.

Rester actif

Nous devons utiliser nos os, nos articulations et nos muscles souvent pour qu'ils ne s'abîment pas. En dehors du sport, nous pouvons les entretenir par de petits gestes au quotidien : marcher, faire du vélo et monter des escaliers. Toutes ces petites actions participent au maintien en bonne santé de notre organisme.

Sais-tu que...

Le perfectionnement des méthodes d'entraînement et l'évolution de la diététique permettent aux champions d'aujourd'hui de courir le 100 m une seconde plus vite que les athlètes d'il y a un siècle.

Échauffement et refroidissement

Les sportifs et les athlètes connaissent l'importance d'un entraînement adapté. Si tu essaies d'en faire trop et trop vite, tu risques de te blesser, de te faire une entorse ou une foulure par exemple. Avant de pratiquer un sport, il faut demander l'avis d'un médecin. Il faut s'échauffer avant un exercice intense et s'étirer après pour que le corps refroidisse et se détende à nouveau.

Des os sains

Les os et les dents contiennent une grande quantité de calcium. Le lait et les produits laitiers sont riches en calcium. Il faut en consommer pendant l'enfance pour optimiser la croissance et la robustesse des os et des dents.

À savoir

- **Certaines personnes sont naturellement plus en forme et meilleures en sport que d'autres. Il faut donc essayer d'améliorer ses propres performances plutôt que de se comparer aux autres.**
- **Essaie de t'entraîner régulièrement avec les conseils d'un professeur.**
- **Il est important d'avoir un bon équipement, notamment de bonnes chaussures.**
- **Porte des protections corporelles appropriées pour les sports de contact, tels que le rugby.**

Cette jeune fille s'étire les muscles des jambes avant de se mettre à courir.

POUMONS ET RESPIRATION

Dans des cas extrêmes, notre organisme peut être privé de nourriture pendant plusieurs jours et d'eau pendant une journée environ. Mais un élément est indispensable à notre survie au-delà de quelques minutes : c'est l'oxygène. Notre corps se procure ce gaz en absorbant de l'air à l'aide de notre système respiratoire. Nous respirons sans avoir à y penser – notre corps le fait automatiquement – et cela nous permet de vivre.

Le système respiratoire

Le système respiratoire est situé dans la tête, le cou, et la poitrine. Nous nous en servons pour faire entrer de l'air dans nos poumons. L'oxygène passe ensuite dans le sang qui le transporte vers le reste du corps.

Gonfler et dégonfler

Les poumons sont comme des ballons dans la poitrine. Lorsque de l'air entre dans le système respiratoire, (*voir* pages 76 et 77), les poumons gonflent en se remplissant d'air. Puis quand nous expirons, l'air est expulsé des poumons, qui se dégonflent.

Les principales parties du système respiratoire dans le cou et la poitrine

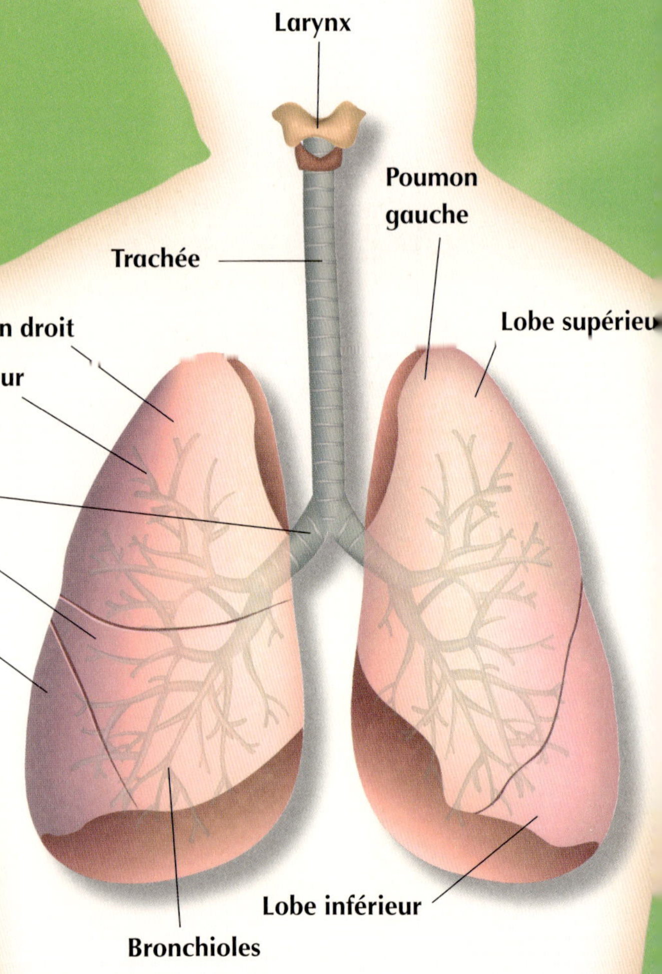

Les voies respiratoires

Les voies respiratoires supérieures (tête et cou) comprennent la bouche et les fosses nasales. Les voies respiratoires inférieures comprennent la trachée (dans le cou) et les conduits appelés bronches et bronchioles, qui transportent l'air jusqu'aux poumons. Au-dessus de la trachée se trouve le larynx qui produit les sons de la voix quand l'air le traverse.

Flamme intérieure

Autrefois, on pensait que la chaleur du corps venait de la combustion de la nourriture dans le cœur et que la respiration servait à fournir de l'air aux flammes du cœur. On croyait ainsi que lorsque le corps était en mouvement, la respiration augmentait pour attiser les flammes, ce qui rendait le corps plus chaud.

L'odorat

L'air inspiré par le nez porte des particules de substances chimiques odorantes, qui se déposent sur des récepteurs sensoriels situés dans les fosses nasales. Les récepteurs analysent le type de particules et envoient des informations sur l'odeur au cerveau (*voir* pages 174 et 175).

Dans les poumons

Les muscles respiratoires créent le mouvement qui permet de faire entrer de l'air dans les poumons et de l'en expulser. Les muscles les plus importants sont le diaphragme, nappe musculaire arrondie qui se trouve sous les poumons, et les longs muscles intercostaux, situés sous les côtes. La colonne vertébrale, les côtes et le sternum forment une cage autour des poumons afin de les protéger sans entraver leur action respiratoire (*voir* pages 76 et 77).

Sais-tu que...

Certains apnéistes, qui plongent sous l'eau sans bouteilles, retiennent leur respiration plus de six minutes.

Souffle

Lorsque l'on respire normalement, l'air entre et sort par le nez, mais il peut être expulsé par la bouche, ce qui est utile dans de nombreuses circonstances – qu'il s'agisse de souffler une bougie ou de jouer de la trompette.

Dans le nez

L'air est généralement inhalé par le nez. Dans le nez, l'air est nettoyé, réchauffé et humidifié afin d'être adapté à la progression dans les poumons. De l'air sec, froid ou contenant des poussières peut obstruer les poumons ou assécher les voies respiratoires.

Filtres à air

Le nez est séparé en deux narines par une cloison cartilagineuse (*voir* pages 44 et 45). Dans les narines, de petits poils capturent les poussières et toute autre particule flottant dans l'air. Les narines sont l'entrée vers les fosses nasales, espace empli d'air qui fait office de filtre à air. Les fosses nasales sont tapissées d'une couche de mucus, liquide épais et collant qui humidifie l'air et retient germes, poussières et autres particules.

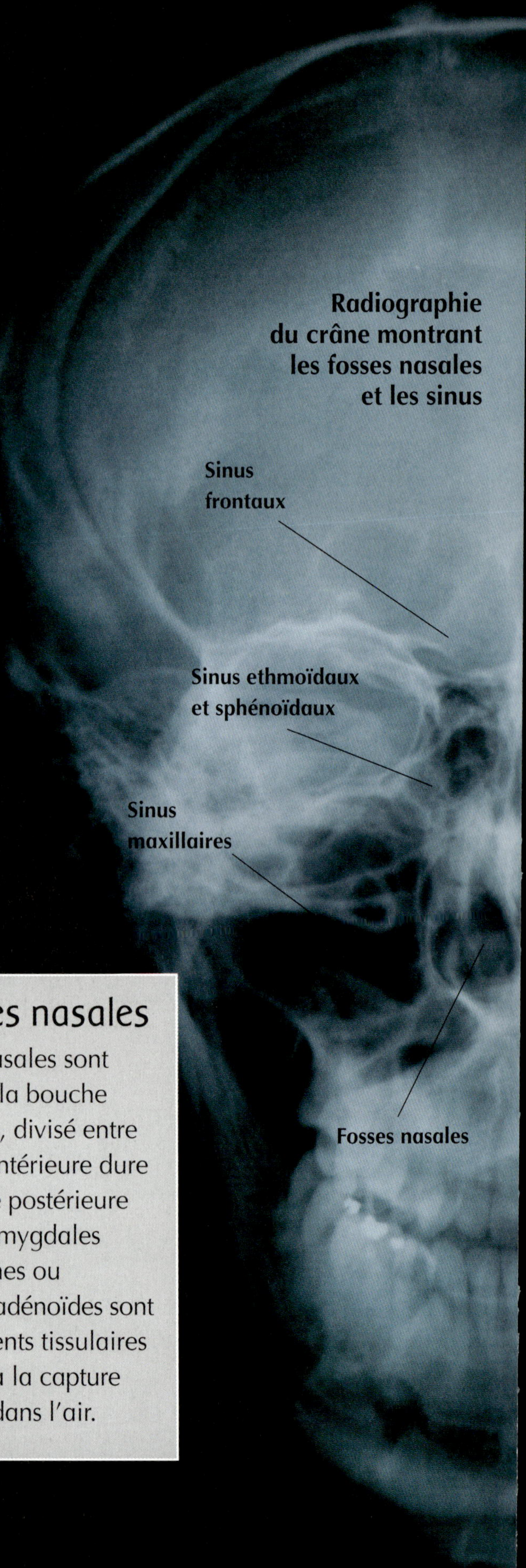

Radiographie du crâne montrant les fosses nasales et les sinus

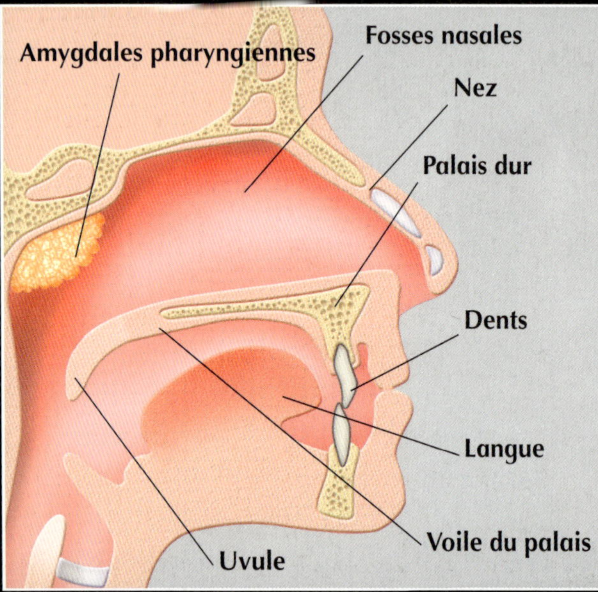

Les fosses nasales

Les fosses nasales sont séparées de la bouche par le palais, divisé entre une partie antérieure dure et une partie postérieure molle. Les amygdales pharyngiennes ou végétations adénoïdes sont des renflements tissulaires participant à la capture des germes dans l'air.

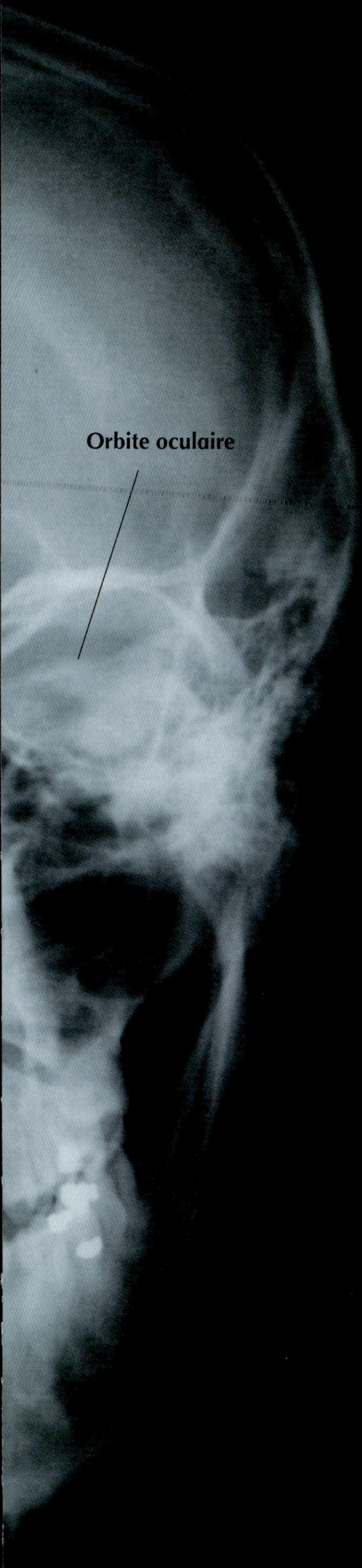

À savoir

- Les fosses nasales sont reliées à des cavités remplies d'air appelées les sinus.
- Les sinus sont divisés en quatre groupes dans le crâne : les sinus frontaux, ethmoïdaux, sphénoïdaux et maxillaires.
- Nul ne connaît exactement le rôle des sinus. Il se peut qu'ils servent à la phonation, qu'ils participent à la régulation de la température dans la tête ou qu'ils allègent la boîte crânienne.

Nez fermé

Les nageuses synchronisées portent un pince-nez pour leurs représentations. Cela empêche l'eau de rentrer dans le nez ce qui risquerait d'en irriter les cloisons, en particulier lorsque les nageuses ont la tête en bas.

Réchauffé par le sang

La cloison des fosses nasales comporte un réseau de vaisseaux sanguins, juste sous la surface. Le sang chaud qui circule dans ces vaisseaux réchauffe l'air inspiré. Les vaisseaux sanguins sont fragiles : ils peuvent éclater lorsque l'on reçoit un coup, ce qui provoque un saignement de nez.

Masques

Certains travailleurs, tels que les ouvriers et les mineurs, portent des masques à filtre. Ces masques empêchent les particules de poussière que les fosses nasales ne peuvent retenir d'entrer dans le système respiratoire qu'elles risqueraient d'abîmer.

Dans la gorge

La gorge a pour rôle de laisser passer à la fois l'air et la nourriture. Lorsqu'on avale, la trachée se ferme pour que la nourriture ne descende pas accidentellement dans les voies respiratoires inférieures.

Bonne route

Lorsqu'on avale, l'entrée de la trachée remonte et bascule en avant tandis qu'un couvercle rigide – l'épiglotte – se rabat dessus. Ce petit morceau de cartilage bloque l'entrée supérieure de la trachée pendant que la nourriture descend dans l'œsophage. Il n'est donc pas possible de respirer en avalant car la trachée est fermée.

Sais-tu que...
Une personne déglutit en moyenne 300 fois par repas, et jusqu'à 2 000 fois par jour.

Lorsque nous mangeons, comme le font ces femmes, nous ne pensons pas à avaler – nous le faisons automatiquement.

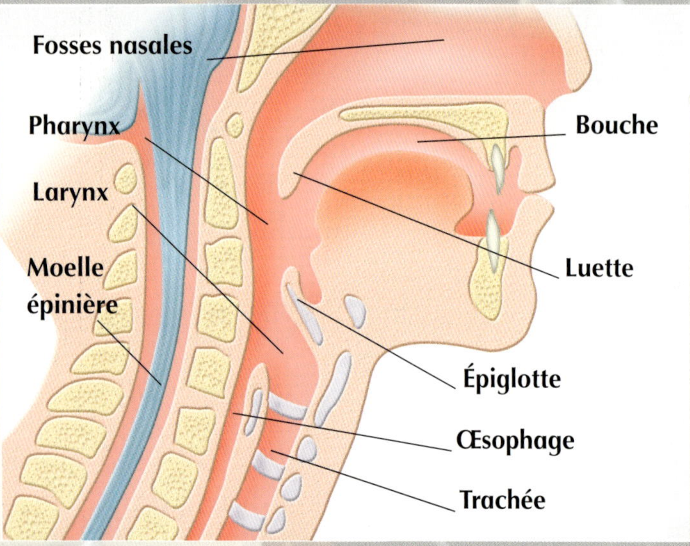

Grand ouvert

La gorge relie la bouche et les fosses nasales à la trachée et à l'œsophage (le tube qui descend dans l'estomac). La partie supérieure de la gorge s'appelle le pharynx. En dessous, le larynx est la limite des voies respiratoires inférieures. Sur le pourtour de la gorge, de petites boules protègent, comme les amygdales pharyngiennes ou adénoïdes, des infections bactériennes : ce sont les amygdales palatines ou tonsilles.

Amygdales gonflées

Les amygdales gonflent lorsqu'elles luttent contre les bactéries. Cela peut entraîner des douleurs à la gorge et rendre la déglutition gênante. Cette maladie s'appelle l'amygdalite.

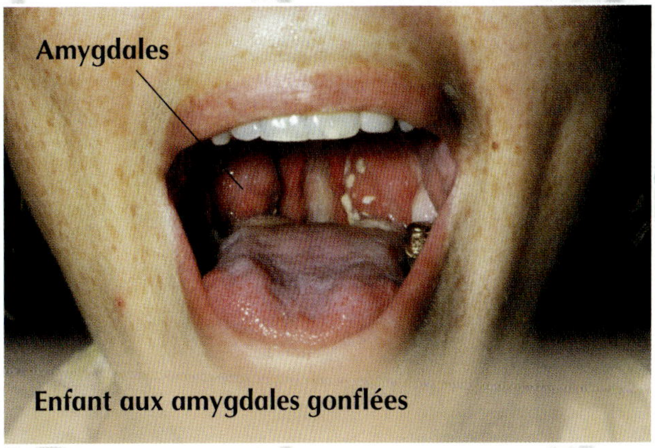

Enfant aux amygdales gonflées

Fausse route

Dans des cas très rares, la nourriture peut faire fausse route. Cela signifie qu'elle descend dans la trachée et bloque les voies respiratoires. Lorsque cela se produit, la respiration devient difficile et peut même s'arrêter, provoquant un étouffement. En général, la toux débloque les voies respiratoires en expulsant rapidement de l'air des poumons. Cela fait remonter la nourriture dans la gorge et permet une déglutition normale.

L'étouffement

Si la toux ne permet pas de débloquer la trachée, une personne entraînée doit recourir à la méthode de Heimlich : on exerce une pression rapide sur le bas de la poitrine pour appuyer sur les poumons, expulser de l'air et désobstruer les voies respiratoires.

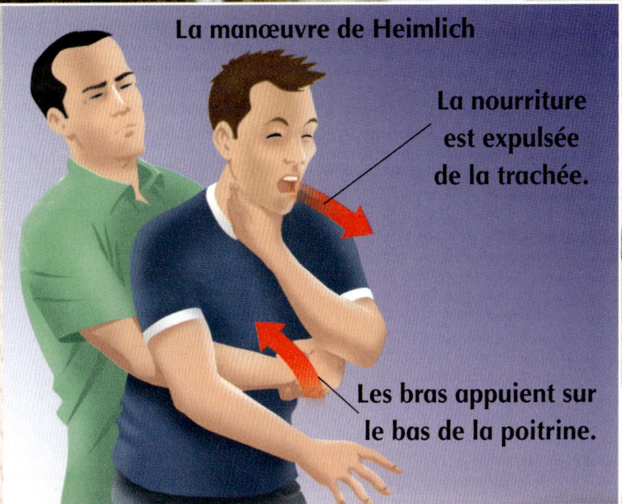

La manœuvre de Heimlich

La parole

Le larynx se trouve en haut de la trachée. Chez les hommes (et chez quelques femmes), il prend la forme d'une boule dure à l'avant du cou, que l'on appelle la pomme d'Adam. Le larynx nous permet de produire des sons allant du murmure au hurlement.

Cette chanteuse d'opéra a appris à contrôler ses cordes vocales pour produire de jolis sons.

Les cordes vocales

Deux replis, ou arêtes, dépassent de notre larynx (*voir* ci-dessous). Lorsque l'on respire normalement, les cordes vocales sont tenues à l'écart par des muscles. Elles forment un trou en forme de V, que l'on appelle la glotte. L'air passe silencieusement par la glotte lorsque l'on respire normalement.

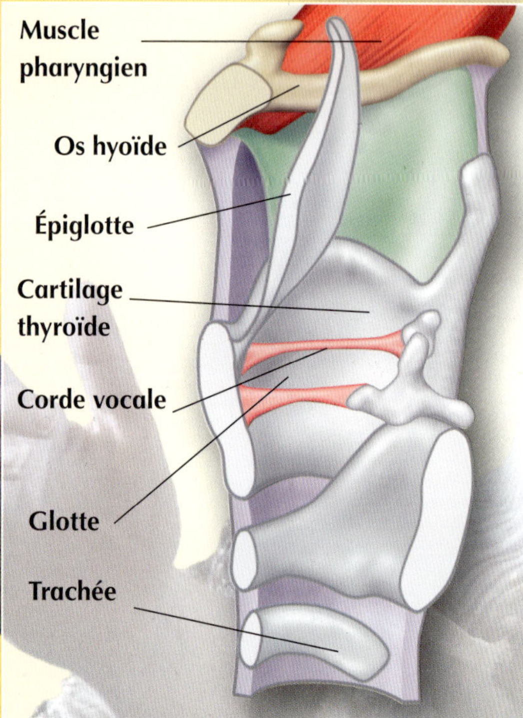

Vue en coupe du larynx

Le larynx

Le larynx est constitué de neuf couches de cartilages (*voir* pages 44 et 45). La principale couche est appelée cartilage thyroïde. Ces cartilages maintiennent le larynx ouvert. Des muscles reliés aux cartilages les font bouger pour modifier la forme des cordes vocales et la taille de la glotte.

À savoir

- **La voix des femmes est souvent plus aiguë que celle des hommes car leur cordes vocales sont plus courtes et vibrent plus rapidement.**
- **Les cordes vocales des hommes mesurent 20 mm, celles des femmes 15 mm.**

Les sons vocaux

L'éventail de sons que nous pouvons produire avec la voix est lié à la vibration de nos cordes vocales. Lorsque les muscles tirent sur les cordes vocales, ils réduisent l'espace qu'il y a entre elles. En passant par cet espace réduit, l'air qui vient des poumons fait vibrer les cordes. Cela produit le son de la voix. Les sons sont modifiés et amplifiés par les espaces d'air de la bouche, du nez et des sinus. La forme des ces espaces varient d'une personne à l'autre ; c'est pourquoi chacun de nous a une voix unique.

Un professeur enseigne à de jeunes étrangers les différents sons nécessaires pour parler français

La prononciation

Nous utilisons la langue, les joues et la bouche pour parler. Lorsque nous apprenons une nouvelle langue, il nous faut apprendre à prononcer des sons complètement différents. Pour cela, nous devons créer de nouvelles formes avec notre bouche, nos joues, nos dents et notre langue, afin de prononcer correctement les mots étrangers.

Parler en respirant

- Les cordes vocales ne fonctionnent que lorsque l'air est expulsé.
- Essaie de parler en inspirant. Tu verras que c'est plus difficile que de parler normalement, et que le son semble disparaître dans ta poitrine.

Les voies respiratoires inférieures

Elles transportent l'air inspiré du cou vers les poumons. Elles se ramifient pour acheminer l'air vers les parties les plus profondes des poumons.

L'arbre bronchique

Le système des voies respiratoires est souvent comparé à un arbre renversé. La trachée, le « tronc », se divise en deux « branches » principales, les bronches. Ces dernières se ramifient elles-mêmes de nombreuses fois. Elles se divisent d'abord en bronches lobaires qui après plusieurs subdivisions deviennent des bronchioles, les plus petites voies respiratoires, « brindilles » de l'arbre (*voir* pages 72 et 73).

À savoir

- **Chez un adulte, la trachée mesure en moyenne 12 cm de longueur. Son diamètre est en moyenne de 15 mm.**
- **Lorsque l'on inspire profondément ou lorsque l'on penche la tête en arrière, la trachée peut s'allonger de 3 cm.**

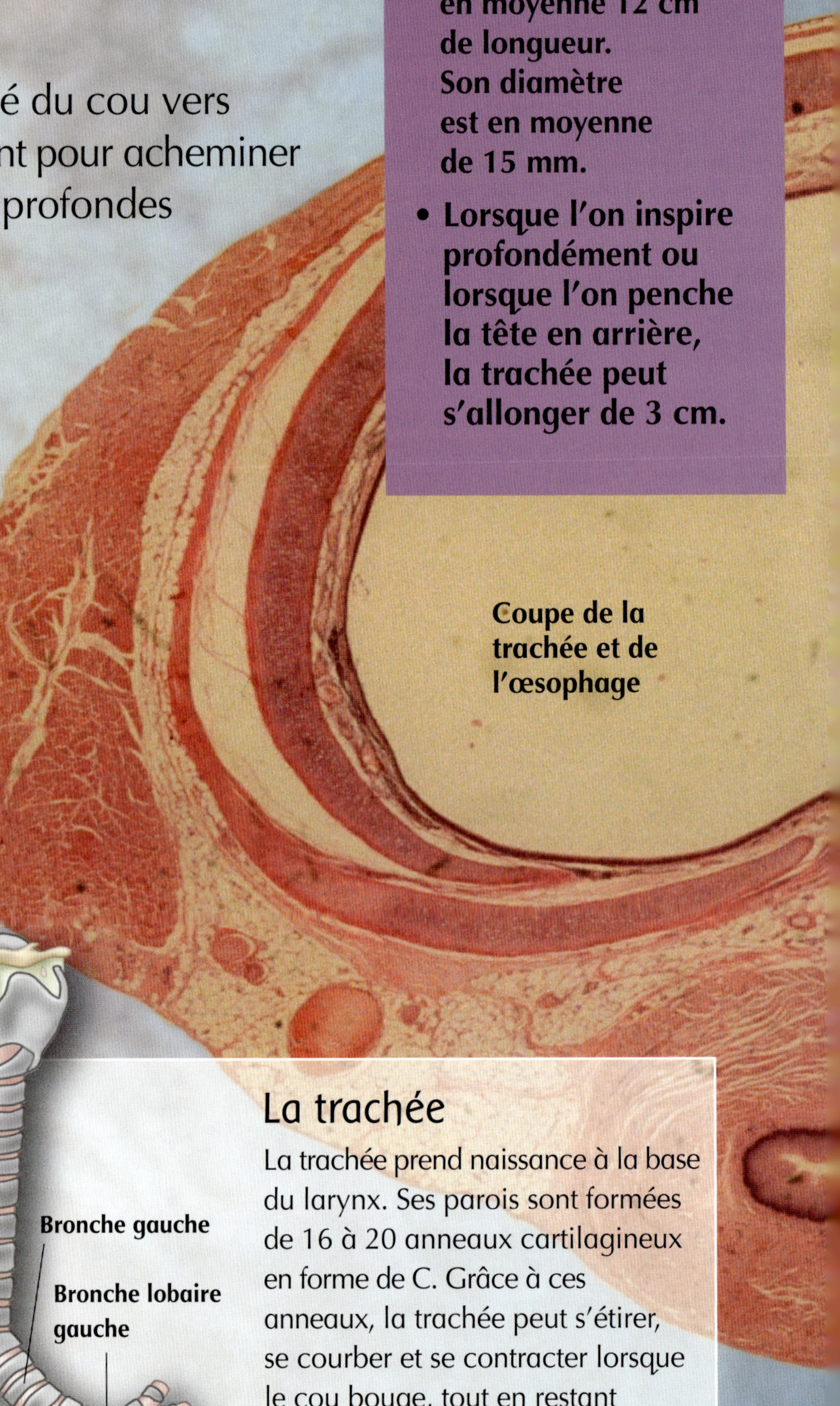

Coupe de la trachée et de l'œsophage

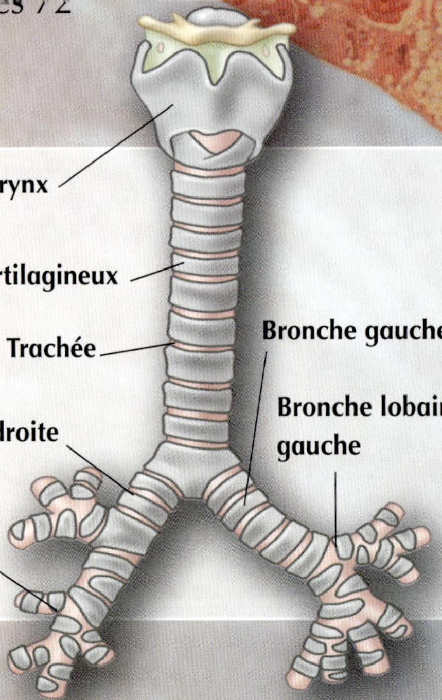

La trachée

La trachée prend naissance à la base du larynx. Ses parois sont formées de 16 à 20 anneaux cartilagineux en forme de C. Grâce à ces anneaux, la trachée peut s'étirer, se courber et se contracter lorsque le cou bouge, tout en restant ouverte pour le passage de l'air.

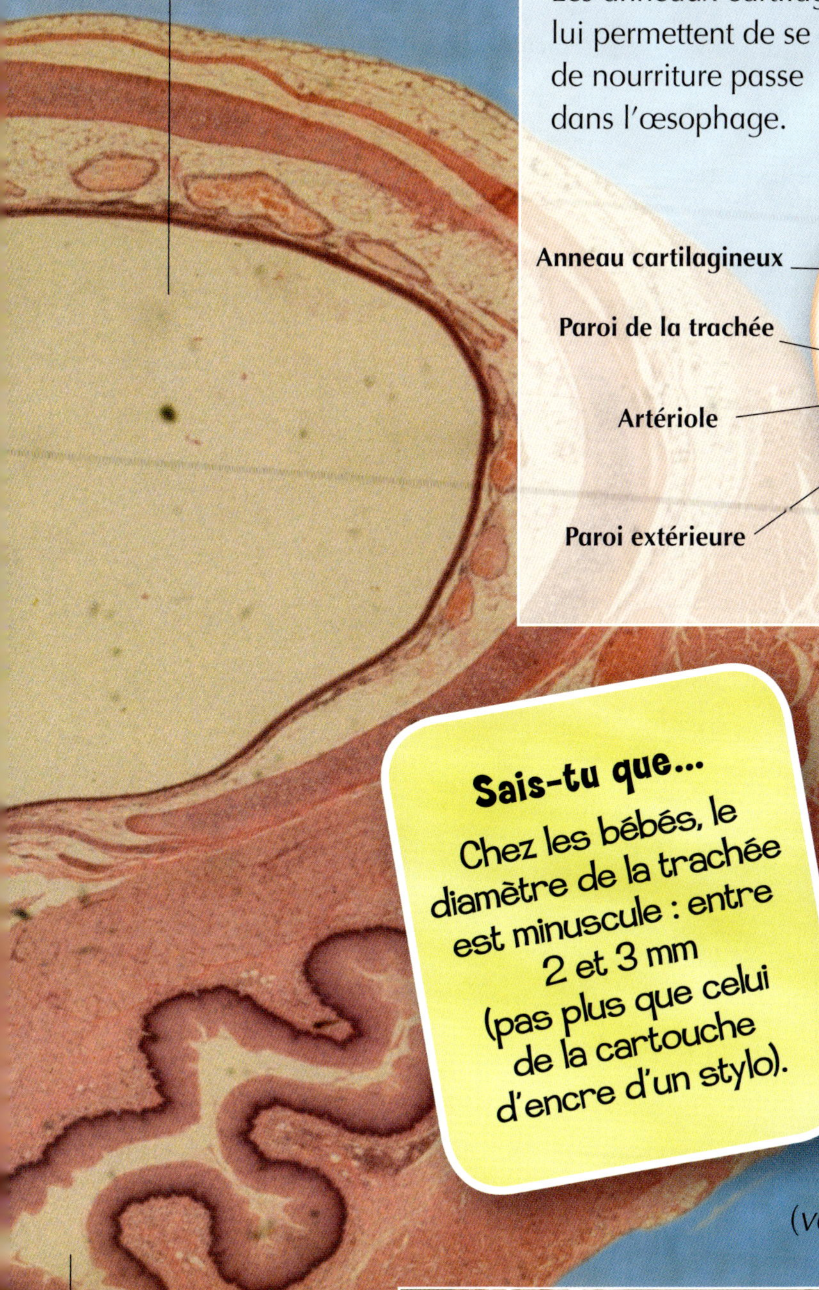

Dans la trachée

La trachée et l'œsophage sont adjacents dans le cou. Les anneaux cartilagineux en C qui entourent la trachée lui permettent de se contracter légèrement si un gros morceau de nourriture passe dans l'œsophage.

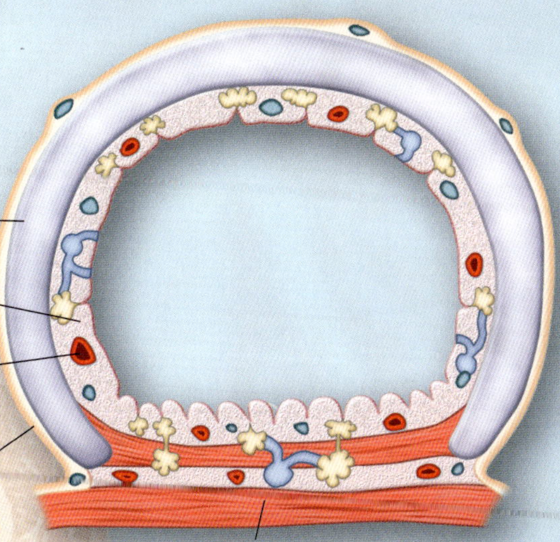

Sais-tu que...

Chez les bébés, le diamètre de la trachée est minuscule : entre 2 et 3 mm (pas plus que celui de la cartouche d'encre d'un stylo).

Propreté

Les parois de la trachée et des autres voies respiratoires sont enduites d'un liquide visqueux appelé mucus qui retient les poussières et les germes contenus dans l'air inspiré. Le mucus, produit continuellement par des cellules microscopiques (caliciformes) sur les parois de la trachée, est expulsé par la toux (*voir* page 79).

Des cils sur la paroi de la trachée

Cils

Des poils appelés les cils hérissent les parois des voies respiratoires. Ils ondulent pour faire remonter le mucus dans les voies respiratoires.

Les poumons

Les poumons sont comme des sacs remplis de millions de ballons. Dans les poumons, les voies respiratoires se ramifient en devenant plus fines et plus courtes jusqu'à être plus fines que des cheveux humains.

Les poumons

Chaque poumon est composé de lobes (*voir* page 62), et chaque lobe est relié à une bronche. Le poumon droit comprend trois lobes (supérieur, moyen et inférieur). Le poumon gauche, plus petit, n'a que deux lobes (supérieur et inférieur) pour laisser de la place au cœur. L'œsophage et les principaux vaisseaux sanguins passent entre les deux poumons.

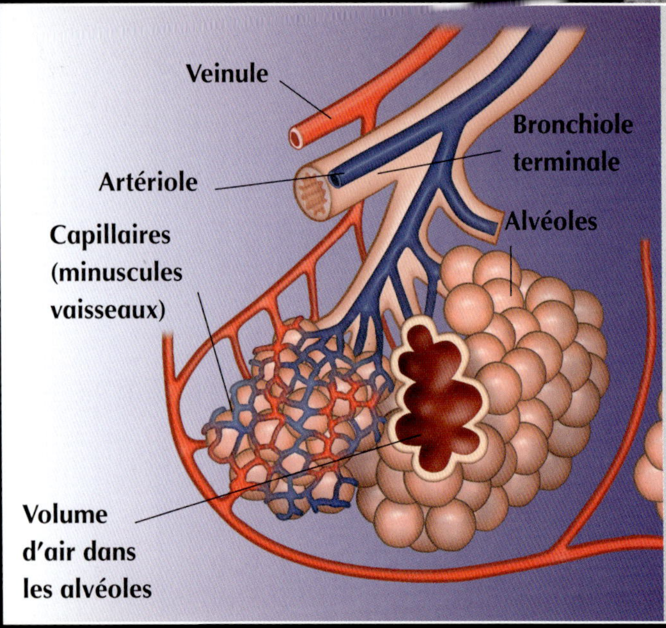

Dans le sang

Les plus petites voies respiratoires, appelées bronchioles terminales, transportent l'air vers des groupes de sacs à air microscopiques, appelés alvéoles, entourés de nombreux vaisseaux sanguins afin de faciliter le passage de l'oxygène des poumons dans le sang (*voir* page 74).

Moulage en résine des ramifications des voies respiratoires dans les poumons

À savoir

- Un poumon contient 300 millions d'alvéoles.
- Une alvéole mesure 0,1 mm de diamètre.
- Le terme alvéole vient du latin *alveolus* qui signifie « petite cavité ».
- Aplatis, les millions d'alvéoles contenus dans deux poumons représenteraient la surface d'un terrain de tennis.

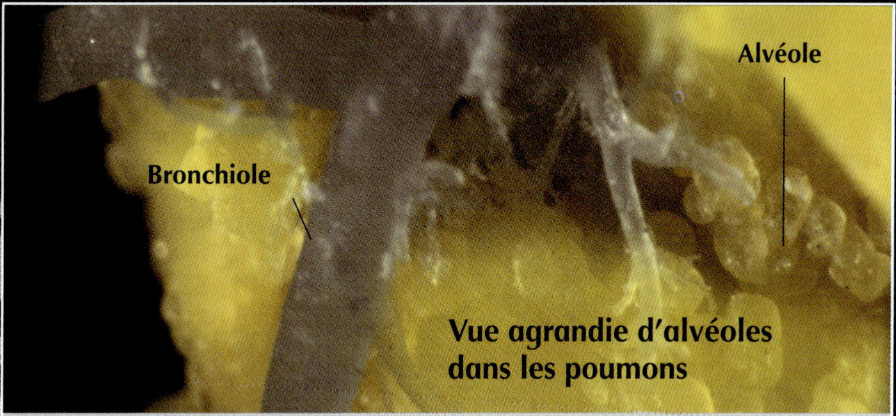

Vue agrandie d'alvéoles dans les poumons

Les alvéoles

Observés au microscope, les alvéoles ressemblent à de petits ballons transparents. Les alvéoles sont généralement regroupés entre eux comme des grappes de raisin. Ainsi fusionnés, ils se partagent un même grand volume d'air.

Dans le sang

L'oxygène de l'air passe dans le sang par le biais des alvéoles. Il passe de l'air des alvéoles au sang des microscopiques vaisseaux sanguins (capillaires) situés autour des alvéoles. C'est aussi là que le dioxyde de carbone – déchet gazeux – passe du sang dans les alvéoles pour être ensuite expiré.

Sais-tu que...

Les poumons sont la seule partie du corps qui pourrait flotter dans l'eau. D'ailleurs, on flotte plus facilement si l'on inspire profondément, puis si l'on respire doucement, pour garder beaucoup d'air dans les poumons.

Une relation d'échange

La respiration implique un échange : l'oxygène vital qui entre dans le corps est échangé contre le dioxyde de carbone, déchet qui sort du corps. On appelle cela les échanges gazeux respiratoires.

Une fine barrière

Une très fine barrière sépare l'air contenu dans les alvéoles des capillaires sanguins qui les entourent. Cette barrière est constituée de la paroi de chaque alvéole et de celle de chaque capillaire. Le sang des capillaires contient peu d'oxygène ; l'oxygène passe ainsi à travers la barrière pour atteindre le sang. Lorsque les globules rouges absorbent l'oxygène, le sang qui était d'un rouge bleuté devient rouge vif.

Sais-tu que...

La barrière formée par les parois des capillaires et des alvéoles est environ 100 fois plus fine que le papier de cette page.

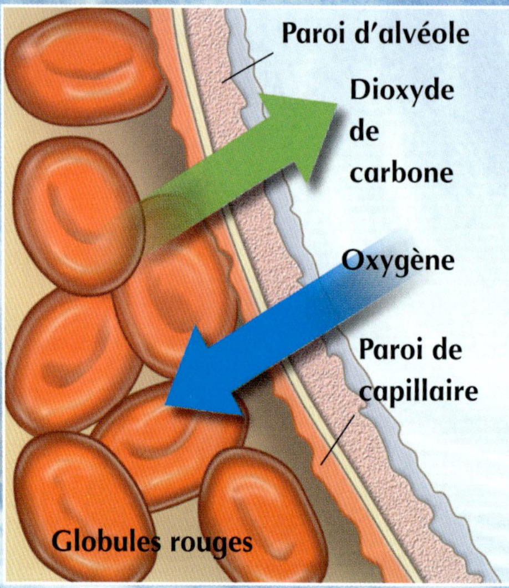

Échange gazeux

Lorsque l'oxygène passe dans le sang, il est absorbé par des milliards de globules rouges. Ceux-ci transportent l'oxygène dans le corps là où c'est nécessaire. Dans le même temps, le dioxyde de carbone passe du sang dans l'air des poumons.

Sous l'eau

L'oxygène est dissous dans l'eau. Les voies respiratoires et les poumons humains peuvent absorber l'oxygène de l'air mais non de l'eau. Ainsi, lorsque l'on va sous l'eau, il faut retenir notre respiration et survivre aussi longtemps que possible grâce à l'oxygène contenu dans les poumons. Lorsque le corps est actif, il a besoin de plus d'oxygène et rejette plus de dioxyde de carbone ; la respiration est alors plus rapide et plus profonde. C'est pourquoi nous avons moins de souffle quand nous nageons sous l'eau.

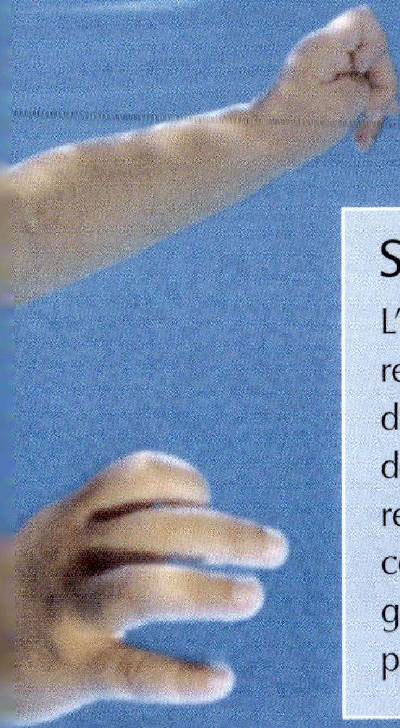

Les bébés retiennent naturellement leur respiration lorsqu'ils nagent sous l'eau.

À première vue

Avant l'invention du microscope, les alvéoles et les capillaires ne pouvaient pas être vus. En 1661, le savant italien Marcello Malpighi observa des images agrandies de poumons et put voir les capillaires. Sa découverte permit de comprendre le passage de l'oxygène de l'air dans le sang.

Sous-marin

L'équipage d'un sous-marin respire le même air pendant des jours. Des épurateurs, des filtres et des rafraîchisseurs rejettent le dioxyde de carbone et les autres déchets gazeux pour les remplacer par de l'oxygène neuf.

Un sous-marin en surface, sur le point de plonger.

Le périophtalme semble capable de respirer en dehors de l'eau.

Le périophtalme

Les poissons absorbent l'oxygène de l'eau par les branchies. Le périophtalme passe du temps en dehors de l'eau et semble respirer dans l'air. En réalité, ses branchies stockent de l'eau et en absorbent l'oxygène. Il retourne ensuite dans l'eau.

Les mouvements de la respiration

L'action des muscles respiratoires – les intercostaux et le diaphragme – est automatique. Ainsi, tu n'as pas besoin de penser à respirer.

Sais-tu que...

Au repos, l'air inspiré représente environ 500 ml à chaque inspiration. Après un effort, la respiration est plus rapide, et la quantité d'air inspiré et expiré est alors environ 20 fois supérieure.

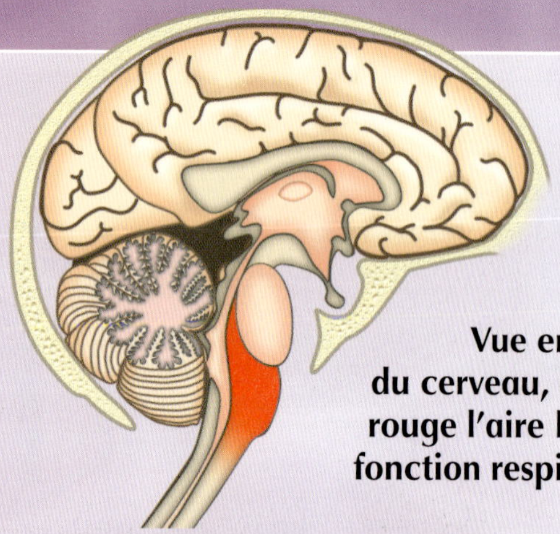

Vue en coupe du cerveau, avec en rouge l'aire liée à la fonction respiratoire.

Le contrôle de la respiration

Les muscles respiratoires sont contrôlés par une partie du cerveau appelée le centre respiratoire. Cette partie évalue la quantité d'oxygène et de dioxyde de carbone dans le sang. Quand le niveau du dioxyde de carbone augmente et que le niveau d'oxygène diminue, le cerveau « dit » aux muscles respiratoires de travailler plus.

L'inspiration

Lors de l'inspiration, le diaphragme se contracte et s'aplatit. Cela fait descendre les poumons. En même temps, les muscles intercostaux se contractent, ce qui provoque un mouvement des côtes vers l'avant et vers le haut. Les poumons sont ainsi étirés. Ils se remplissent alors de l'air entré par le nez et la trachée.

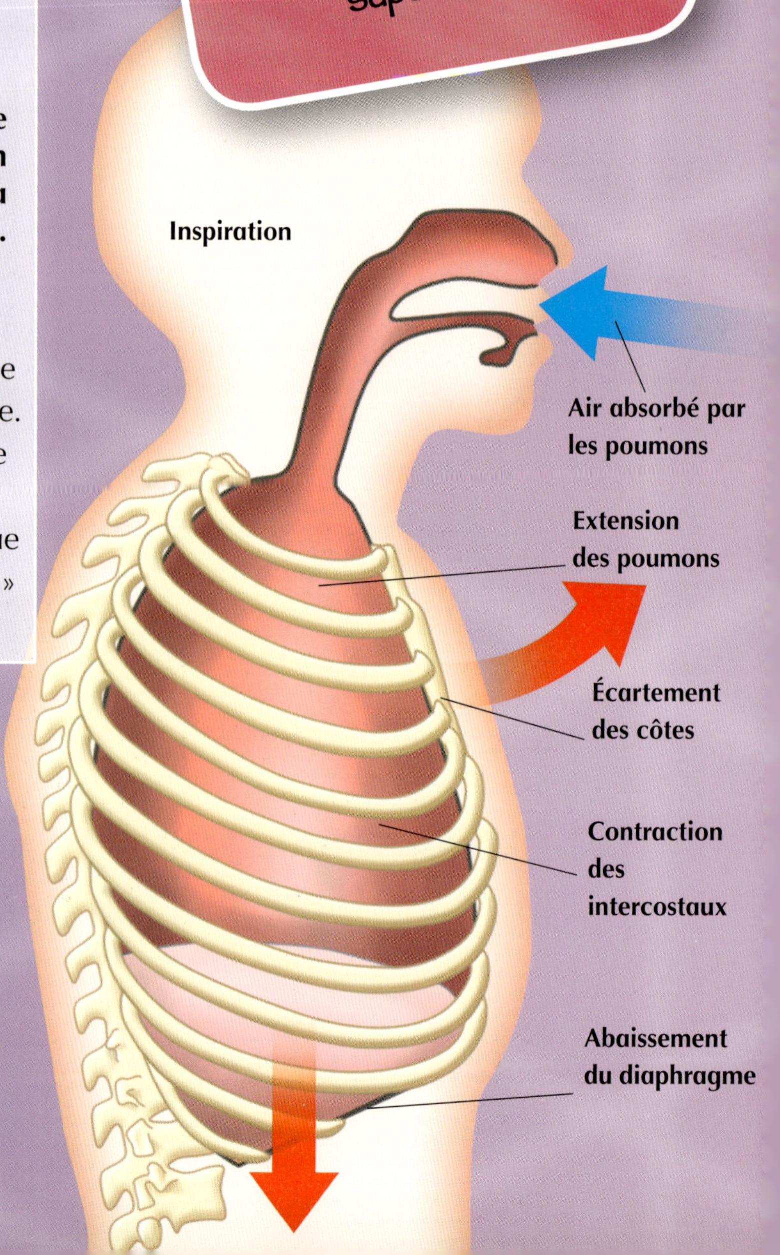

Le rythme respiratoire

- Repose-toi quelques minutes, puis compte le nombre d'inspirations que tu prends en une minute. Ensuite, cours trois minutes et compte tes inspirations.
- Repose-toi à nouveau, puis compte tes inspirations. Ton rythme respiratoire devrait augmenter juste après l'effort, puis revenir à sa vitesse de repos.

Un garçon retient sa respiration en sautant dans l'eau.

Blocage de la respiration

Il faut arrêter de respirer pour sauter dans l'eau. Le cerveau essaie de nous faire respirer mais nous pouvons nous retenir quelque temps afin que nos poumons ne s'emplissent pas d'eau.

L'expiration

Lors de l'expiration, le diaphragme et les intercostaux se détendent. Les poumons, étendus comme un élastique, reprennent leur forme normale. Le diaphragme reprend sa forme arrondie et les côtés reviennent vers l'arrière et vers le bas. En rétrécissant, les poumons expulsent l'air via la trachée et le nez.

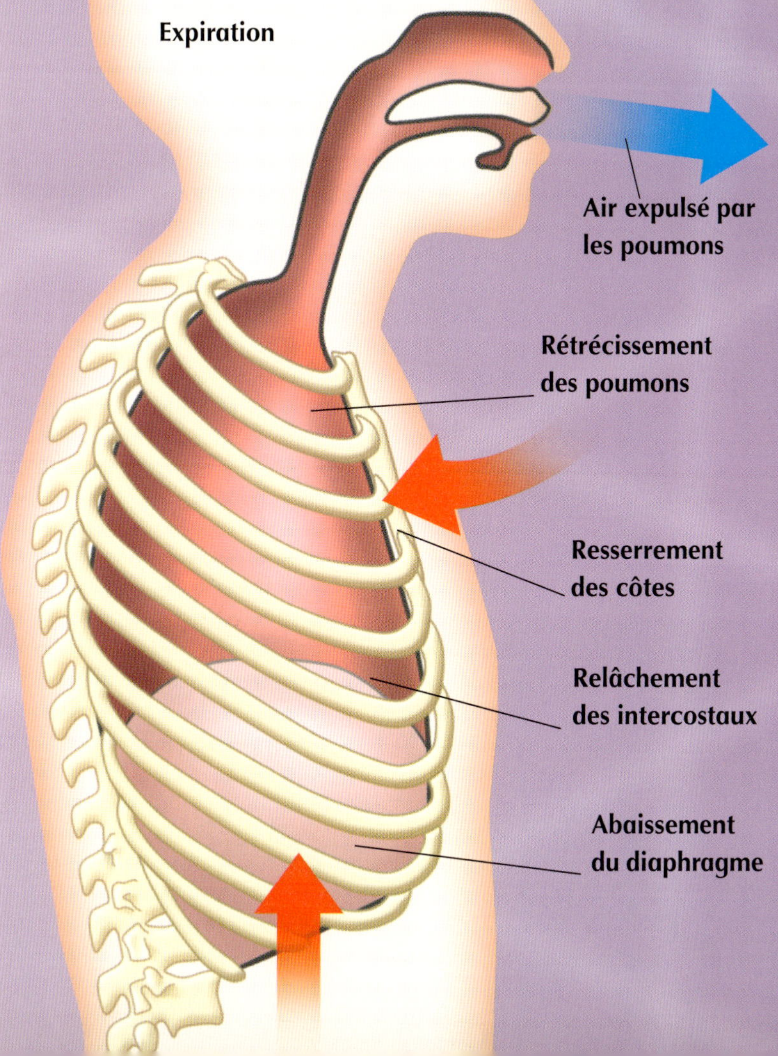

Le bouche-à-bouche

L'air expiré contient encore un petit peu d'oxygène. Il peut être soufflé dans les poumons de quelqu'un d'autre en cas d'urgence, si la personne a cessé de respirer. On appelle cela la respiration artificielle.

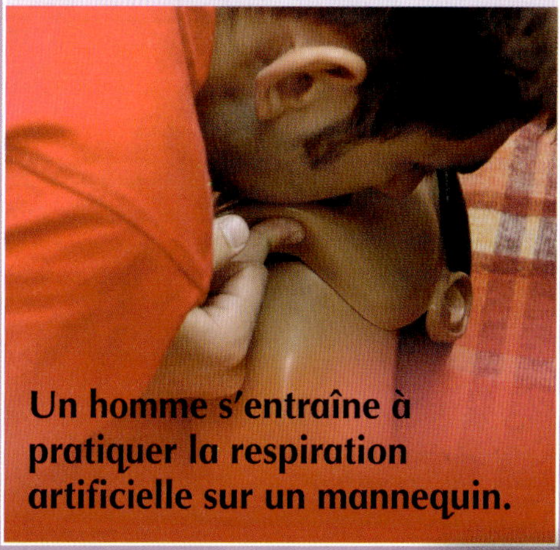
Un homme s'entraîne à pratiquer la respiration artificielle sur un mannequin.

Toux et éternuement

Des substances potentiellement dangereuses de l'air sont parfois inspirées. Heureusement, le corps a des moyens de se protéger contre ces envahisseurs et peut ainsi s'en débarrasser très rapidement.

Des particules de plantes, le pollen, provoquent parfois des éternuements. C'est le rhume des foins (*voir* page 82).

Éternuement

Les particules de l'air qui entrent dans notre nez peuvent irriter nos cloisons nasales. Nous avons alors le réflexe de l'éternuement. Les muscles de la poitrine, le diaphragme (*voir* page 76) et la gorge se contractent – ou se resserrent – très rapidement. Cela expulse par le nez de l'air qui entraîne avec lui la cause de l'irritation et du mucus.

À savoir

- **Tu fermes les yeux lorsque tu éternues.**
- **Un éternuement expulse en moyenne 40 000 gouttelettes de mucus et de salive.**
- **Les gouttelettes expulsées peuvent contenir des bactéries. C'est pour cela qu'il faut mettre sa main devant sa bouche et son nez.**

Irritation des voies respiratoires

Lorsqu'une irritation se produit dans les voies respiratoires inférieures, telles que la trachée ou les poumons, le corps produit une toux pour l'éliminer. L'irritation peut être due à de petites particules de poussière ou à une maladie qui enflamme les parois des voies respiratoires inférieures.

Un pompier portant un masque à oxygène

Protections

Ceux qui travaillent dans des environnements poussiéreux ou enfumés portent des protections pour empêcher les particules dangereuses d'entrer dans leur système respiratoire. Parfois, cette protection peut n'être qu'un masque qui bloque les grosses particules de poussière (*voir* page 65), mais dans les environnements très enfumés, tels qu'un incendie, l'usage d'une bouteille d'oxygène peut être nécessaire.

Mets toujours ta main devant ta bouche lorsque tu tousses pour que les bactéries ne se dispersent pas.

La toux

Pour empêcher une irritation des voies respiratoires, leurs parois sécrètent plus de mucus. Le corps tousse pour se débarrasser de ce mucus excessif. Comme lors de l'éternuement, la toux est provoquée par une contraction soudaine des muscles de la poitrine. Cela expulse l'air, le surplus de mucus et la cause de l'irritation.

Sais-tu que...

L'éternuement expulse l'air du nez à une vitesse de 150 km/h.

Le nez et les problèmes de gorge

Les difficultés respiratoires peuvent être dues à une malformation de la structure du système respiratoire. Cela peut entraîner divers problèmes de santé, tels que le ronflement.

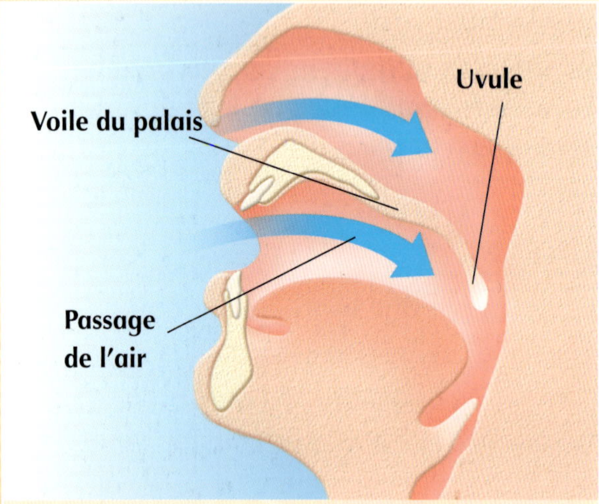

Le ronflement

Le ronflement est dû à la vibration des parties molles situées au fond de la gorge, telles que le voile du palais et la boule qui pend dans le fond de la bouche, appelée uvule ou luette. Ces parties vibrent lorsqu'elles sont traversées par de l'air pendant le sommeil. Cette vibration est parfois si bruyante qu'elle peut empêcher les autres de dormir. Le ronflement est lié à divers problèmes, tels qu'un amas de graisse autour de la gorge, une obstruction du nez ou une faiblesse des muscles de la gorge.

Agrandissement d'un virus de grippe

Les substances dangereuses

Le système respiratoire peut être abîmé par des substances qui sont dans l'air. Il peut s'agir de petits organismes, tels que les virus ou les bactéries responsables de maladies. Les problèmes peuvent aussi être dus à des substances chimiques qui abîment les tissus du corps et dont celui-ci ne peut se débarrasser à l'aide d'une simple toux.

Sais-tu que...

Le plus fort éternuement enregistré mesurait 93 décibels – soit plus fort que le bruit d'un marteau – piqueur perçant du béton.

Vue microscopique de fibres d'amiante

L'amiante

L'amiante est un matériau ininflammable utilisé jusqu'en 1980 pour construire des bâtiments. On a ensuite découvert que les fibres d'amiante pouvaient causer des cancers quand elles étaient inhalées. L'amiante est donc désormais bannies dans de nombreux pays. Toute trace dans les anciens bâtiments doit être éliminée avec précaution.

Le smog

Le smog est un nuage de gaz qui se forme lorsque la lumière du soleil réagit aux gaz polluants rejetés par les voitures et les usines. Le smog peut provoquer des douleurs et des irritations du nez et de la gorge, ainsi que des problèmes respiratoires tels que l'asthme.

Le smog au-dessus de la ville de Los Angeles, en Californie.

Les problèmes pulmonaires et les allergies

Les problèmes respiratoires du bas du système respiratoire peuvent être dus à des malformations ou à une réaction excessivement protectrice du corps, appelée allergie.

Sais-tu que...

Chaque jour une personne perd 1,5 g de cellules cutanées. Cela peut nourrir des millions d'acariens.

Trop protecteur ?

Les réactions allergiques sont un réponse du corps aux allergènes, des étrangers pourtant inoffensifs. Lorsque le corps détecte un allergène, il libère des substances chimiques, qui réagissent pour protéger le corps. Certaines réactions, telles que l'éternuement ou le nez qui coule, sont gênantes, d'autres, dangereuses.

Le rhume des foins

Le rhume des foins est une réaction allergique déclenchée par des graines de pollen produites par les plantes au printemps et en été. Lorsqu'elles sont inspirées, elles peuvent conduire le corps à relâcher une substance chimique appelée l'histamine. Celle-ci irrite les parois du système respiratoire, ce qui fait couler le nez, pleurer les yeux et éternuer.

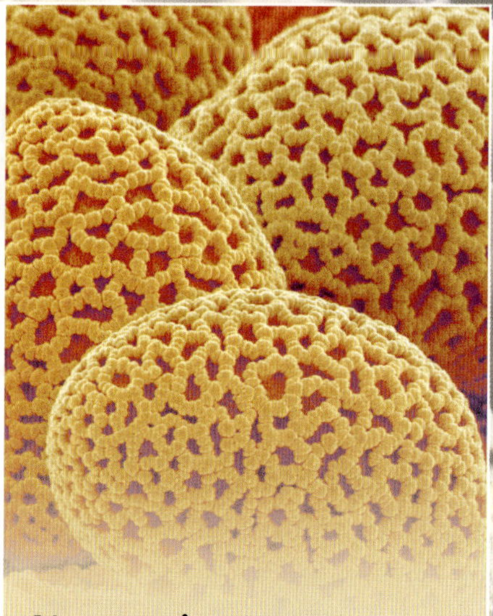

Vue au microscope de graines de pollen

À savoir

- **Certaines réactions allergiques sont soignées à l'aide de médicaments appelés les anti-histaminiques.**
- **Le mot asthme vient d'un mot grec qui signifie « respiration brusque ».**

Les problèmes respiratoires

De nombreuses personnes ont des difficultés de respiration. Certaines sont génétiques, transmises par les parents. Parmi celles-ci, on compte notamment la mucoviscidose, qui provoque la formation de mucus très épais dans les poumons, des infections des sinus et l'affaiblissement du système immunitaire (*voir* pages 106 et 107).

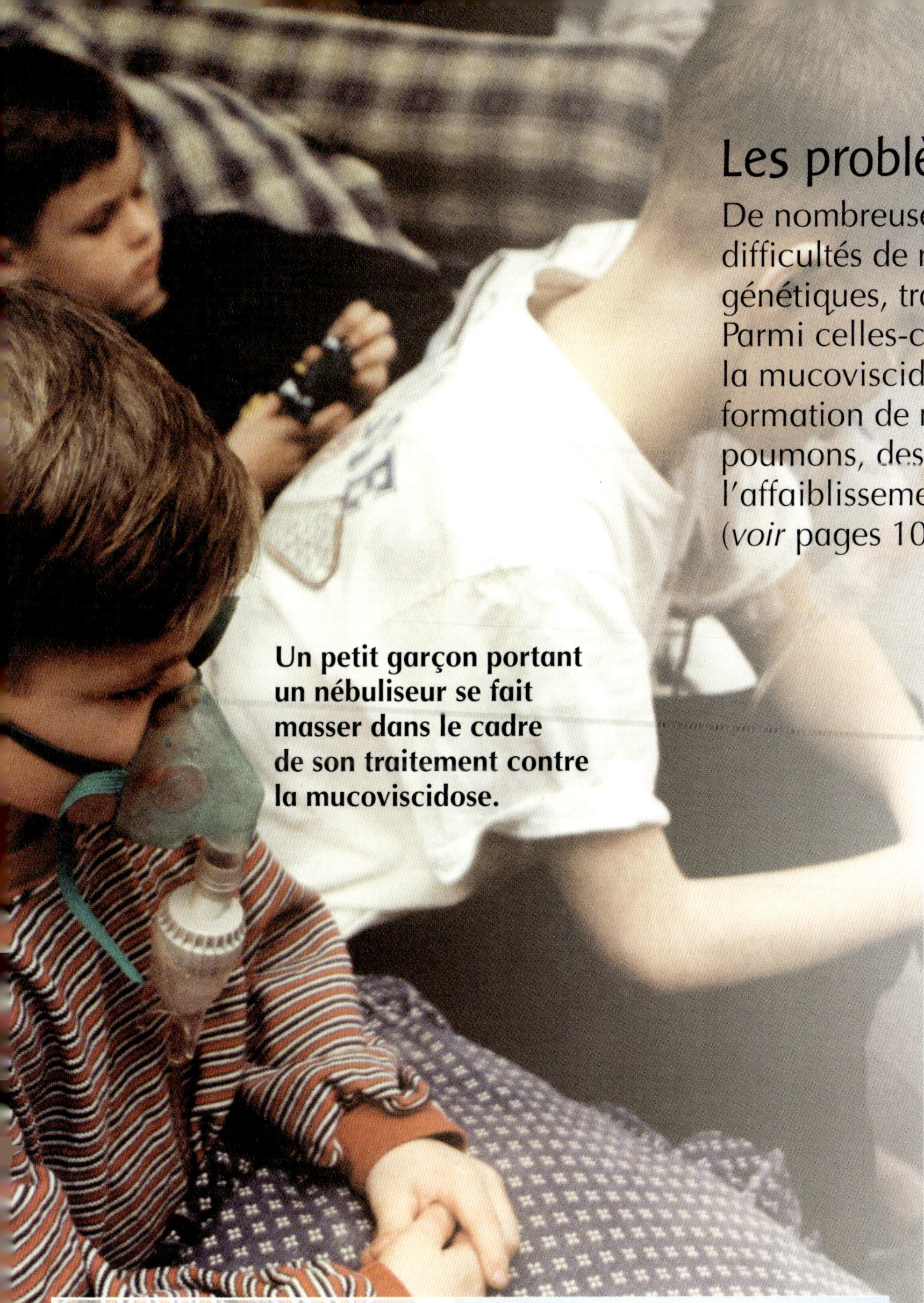

Un petit garçon portant un nébuliseur se fait masser dans le cadre de son traitement contre la mucoviscidose.

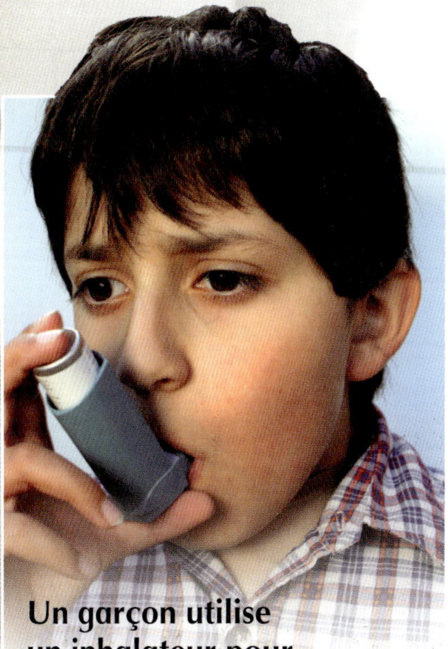

Un garçon utilise un inhalateur pour traiter son asthme.

L'asthme

L'asthme est une maladie qui se traduit par une inflammation et un rétrécissement des voies respiratoires, rendant la respiration difficile. L'asthme peut être dû à de nombreux facteurs, notamment les allergènes, l'air froid, l'effort ou le stress.

Acariens

Les acariens sont de petites bêtes qui se nourrissent des poussières de notre maison et de notre bureau. Leurs déchets sont une des principales causes des réactions allergiques chez les humains, comme l'asthme.

Vue microscopique d'un acarien

Des poumons en bonne santé

La bonne santé et la propreté des voies respiratoires sont vitales pour notre bien-être. L'entrée d'oxygène dans notre corps est indispensable et toute réduction de la quantité de ce gaz peut avoir des conséquences très graves.

Un cycliste porte un masque pour réduire la quantité de gaz d'échappement inhalée.

Profonde respiration

Comme tous les muscles, les intercostaux et le diaphragme (*voir* pages 76 et 77) ont besoin d'exercice. Cela les renforce et consolide le système respiratoire.

Nuage de gouttelettes d'eau expirées par un marcheur un jour très froid

Une respiration humide

L'air que tu expires contient plus de vapeur d'eau que l'air que tu inspires – tu peux voir un nuage de vapeur d'eau quand tu expires lorsqu'il fait très froid. Cela révèle l'un des moyens utilisés par le corps pour perdre de l'eau (*voir* page 133). Il est important de ne pas perdre trop d'eau. Nous devons donc boire beaucoup tout au long de la journée.

Sais-tu que...

Un individu respire en moyenne 21 600 fois par jour. Il y a donc environ 8 000 litres d'air dans les poumons par 24 heures.

Le fait de marcher ou de courir longtemps renforce le système respiratoire.

En pleine forme

La pratique d'un exercice est importante pour la santé du système respiratoire. Les longues périodes d'effort (exercice cardiovasculaire) comprennent la marche, la course, le cyclisme et la natation. Tu respires alors plus fort, ce qui entraîne tes muscles respiratoires et les renforce.

L'eau de la respiration

- Mets un petit miroir dans le réfrigérateur pendant une heure.
- Récupère le miroir et souffle dessus.
- Tu verras que de la buée apparaît là où tu as soufflé. Cette buée sur le miroir est due à la grande quantité de vapeur d'eau présente dans l'air que tu expires.

Substances nocives

Chaque jour, tu respires des substances mauvaises pour ton corps. Il sait s'en débarrasser, en toussant ou en éternuant par exemple. Toutefois, l'exposition à une trop grande quantité de substances chimiques nocives, telles que la fumée de cigarette ou les gaz d'échappement, peut avoir des effets dangereux, notamment provoquer des maladies.

Même si tu ne fumes pas, il est nocif d'inhaler la fumée de cigarette des autres.

Fumer tue

La fumée abîme les cils des parois des voies respiratoires, ce qui rend difficile l'élimination de l'amas de mucus et de substances dangereuses. La fumée de cigarette contient plus de 4 000 substances chimiques, dont 69 sont connues pour leur rôle dans l'apparition de cancers.

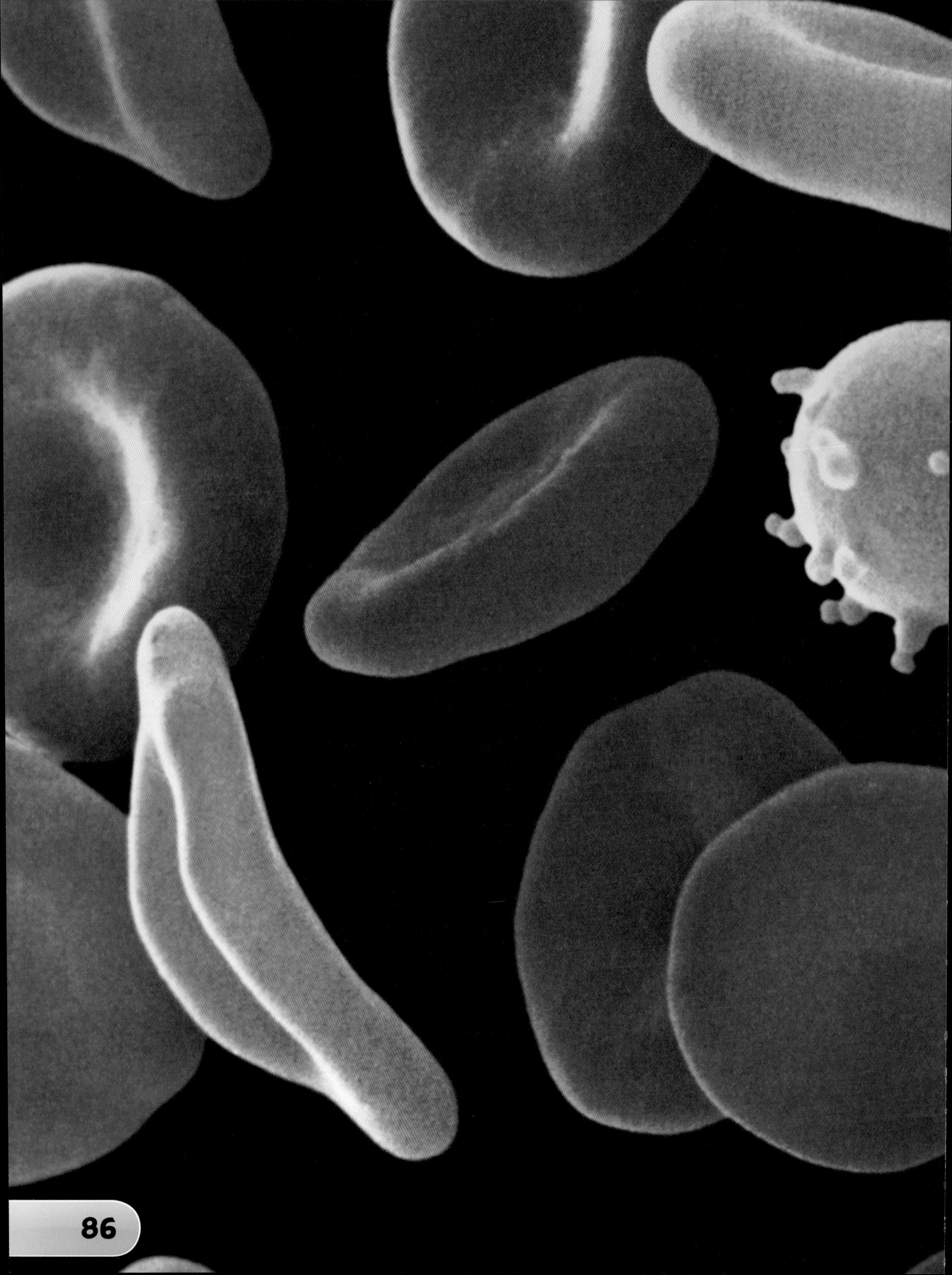

CŒUR ET SANG

Le cœur est une pompe qui ne s'arrête jamais. À chaque battement, il envoie du sang qui transporte à la fois des substances vitales (telles que l'oxygène) et les déchets de l'organisme (tels que le dioxyde de carbone). Ces substances en provenance et à destination de tout le corps transitent par le réseau de vaisseaux sanguins. Le cœur, le sang et les vaisseaux forment le système circulatoire ou cardiovasculaire.

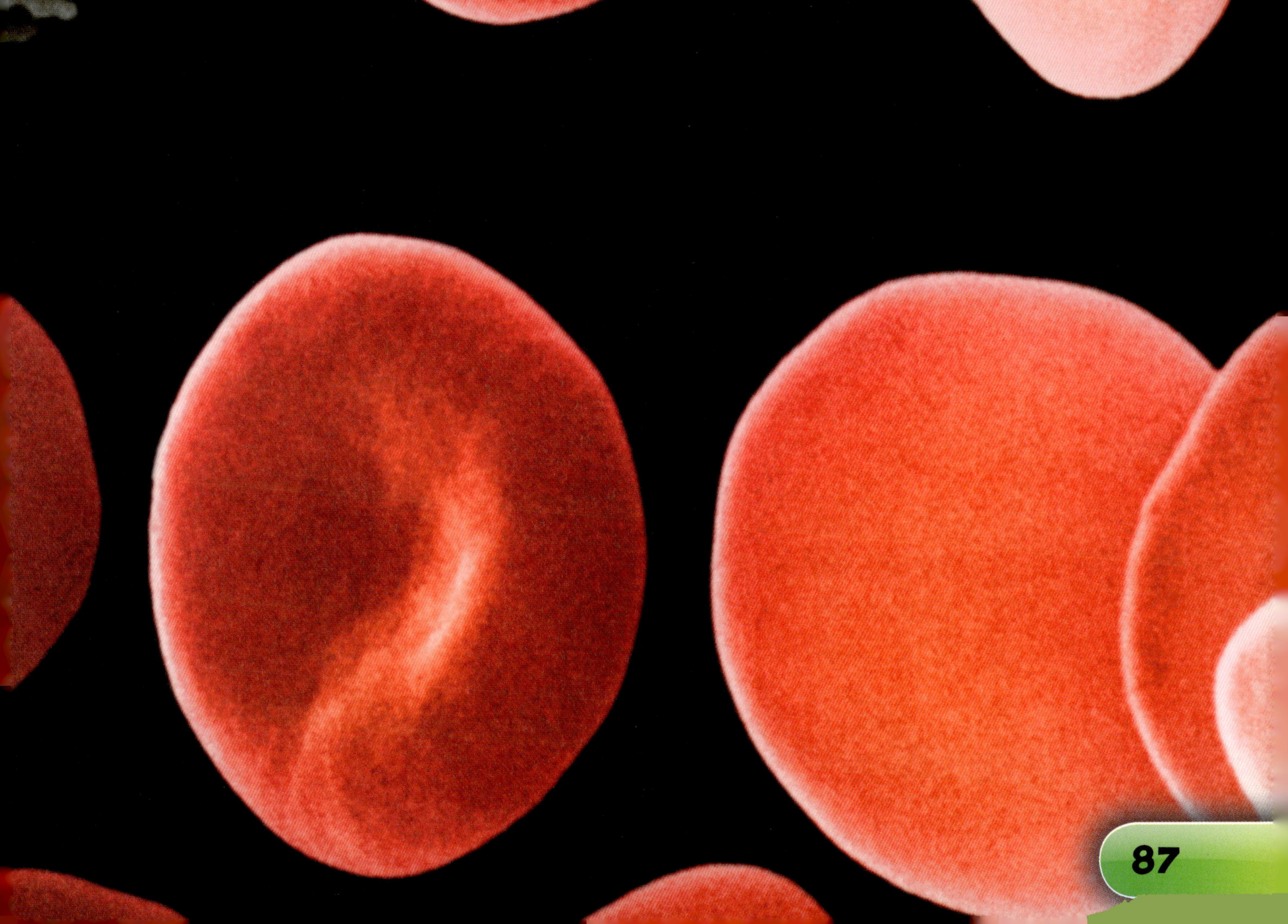

Une pompe qui ne s'arrête jamais

Le cœur est une pompe musculaire qui envoie le sang vers les artères. Celles-ci apportent le sang à tout le corps, tandis que les veines le ramènent au cœur.

La pompe mécanique de cette fontaine fait jaillir de l'eau avec force.

Une pompe très puissante

Comme la fontaine qui projette de l'eau, le muscle cardiaque se contracte pour envoyer du sang dans les artères à très grande vitesse. Ton cœur fera cela environ 2,5 milliards de fois dans ta vie.

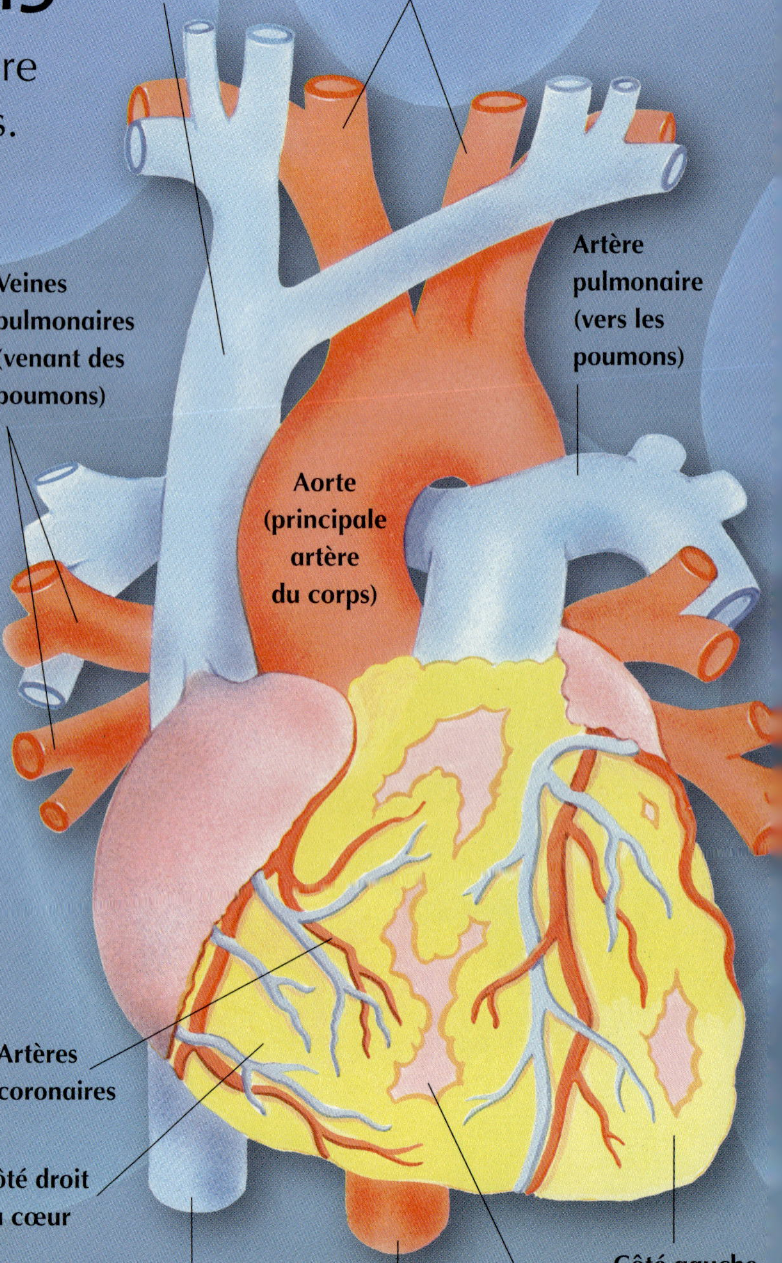

Vue de l'extérieur du cœur et principaux vaisseaux sanguins

La pompe droite

Le cœur est constitué de deux pompes. La pompe droite envoie le sang aux poumons – où il absorbe l'oxygène – par les artères pulmonaires. Le sang revient ensuite dans la partie gauche du cœur par les veines pulmonaires pour être pompé vers le reste du corps (*voir* ci-contre).

Des valves empêchent le sang de couler dans le mauvais sens dans les veines.

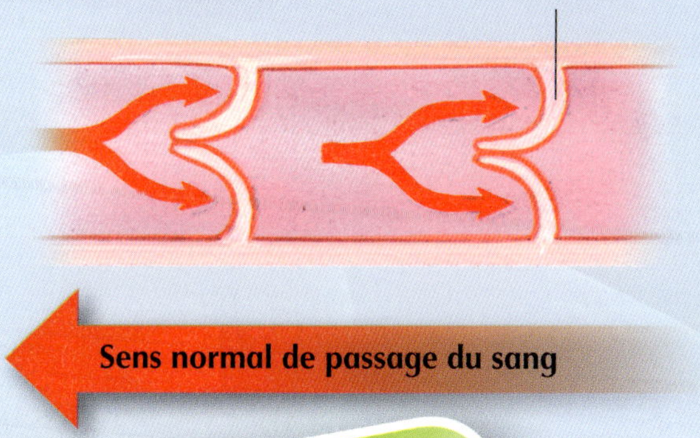

Les veines

À certains endroits, les veines sont situées juste en dessous de la peau ; elles forment des lignes foncées. Le sang ne passe pas avec autant de pression dans les veines que lorsqu'il est envoyé par le cœur dans les artères. En raison de la faible pression du sang dans les veines, il existe un risque que le sang coule dans le mauvais sens. C'est pourquoi les grosses veines contiennent des valves qui se ferment pour empêcher le sang de couler dans le mauvais sens.

Sais-tu que...

Le sang est envoyé vers les principales artères à une vitesse de 40 cm/s. À cette vitesse et avec cette pression, s'il passait dans un trou de la taille d'une tête d'épingle, il giclerait à plus de 3 m de haut.

La pompe gauche

La partie gauche du cœur est plus grosse et plus puissante que la partie droite. La partie droite pompe le sang vers les poumons tandis que la partie gauche pompe le sang vers tout le corps pour fournir de l'oxygène, de l'énergie et des nutriments provenant de la nourriture à tout le corps. Le sang, alors pauvre en oxygène, revient par les veines de toutes les parties du corps vers la partie droite du cœur. Il reprend alors son voyage sans fin vers les poumons puis à nouveau dans tout le corps.

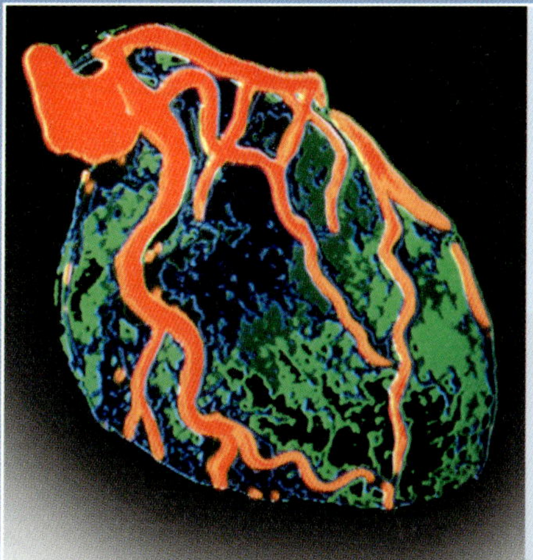

Image du cœur avec les artères coronaires en rouge

Approvisionnement

Le muscle cardiaque (myocarde) est approvisionné en sang par les artères coronaires. Le sang passe par ces artères vers le muscle cardiaque puis en ressort par les veines coronaires. Si les artères coronaires sont bouchées, le myocarde peut mourir (forme de crise cardiaque).

La découverte de Harvey

Pendant des siècles, les gens pensaient que le sang coulait dans le corps où il était consommé. En 1628, le physicien anglais William Harvey réalisa des expériences qui révélèrent que le sang circule dans le corps par les vaisseaux sanguins et retourne au cœur à la fin du cycle.

Dans le cœur

Le cœur n'est pas un bloc massif ; il comporte quatre chambres appelées cavités cardiaques. Quatre valves assurent la circulation du sang dans la bonne direction dans ces chambres.

Les flèches montrent le passage du sang venant du corps et allant dans la partie droite du cœur, puis le passage du sang venant des poumons et allant dans la partie gauche du cœur.

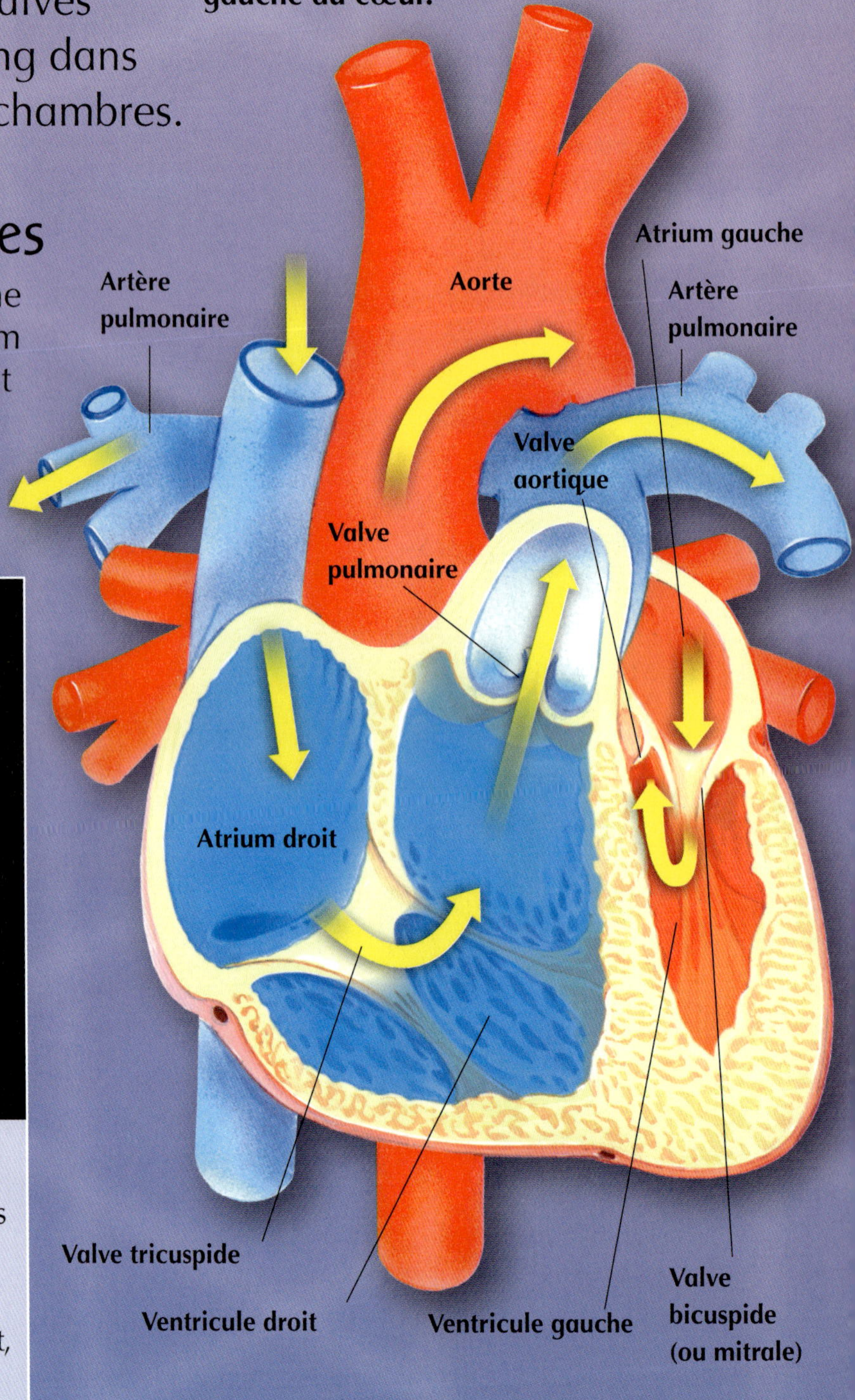

Vue intérieure du cœur montrant les quatre chambres et les valves

Les chambres supérieures

Chaque côté du cœur comporte une chambre supérieure, appelée atrium ou oreillette. L'atrium gauche reçoit le sang qui arrive des poumons. L'atrium droit reçoit le sang qui vient de tout le corps.

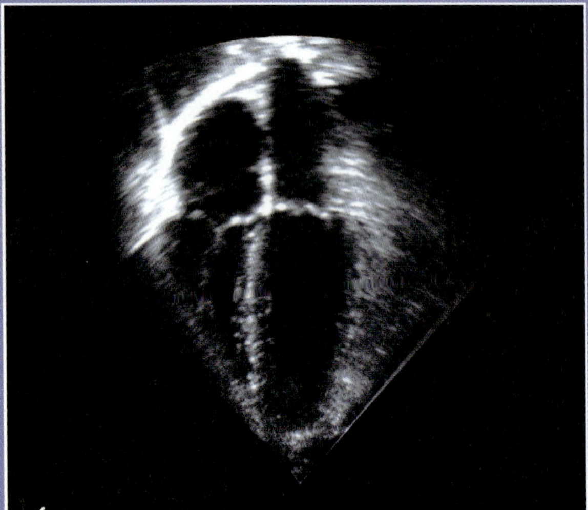

Échographie du cœur

L'échocardiogramme

Des ondes sonores peuvent être envoyées au cœur, où elles touchent différentes parties puis renvoient un écho. Ces échos forment une image en mouvement, appelée un échocardiogramme, qui permet de voir les cavités cardiaques.

Sais-tu que...

Un jour normal, le cœur d'un adulte pompe en moyenne 8 000 litres de sang (ce qui remplirait plus de 25 baignoires).

Les cavités inférieures

Chaque partie du cœur comporte aussi une chambre inférieure, appelée ventricule. Chaque ventricule reçoit du sang de l'atrium qui est au-dessus par le biais d'une valve en entonnoir. En se resserrant, les ventricules expulsent le sang dans l'une des principales artères par des valves à sens unique.

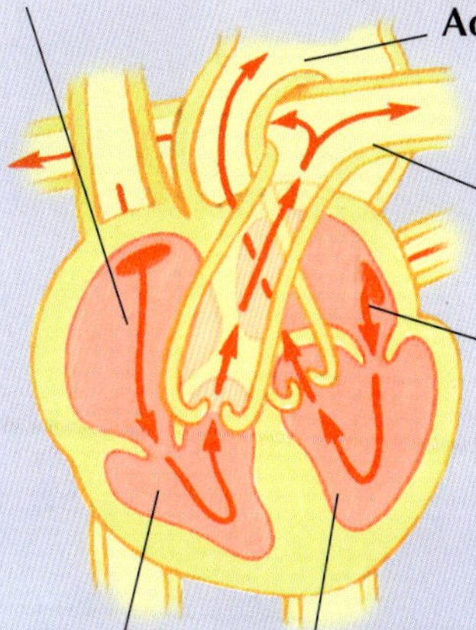

1. Passage normal du sang dans le cœur

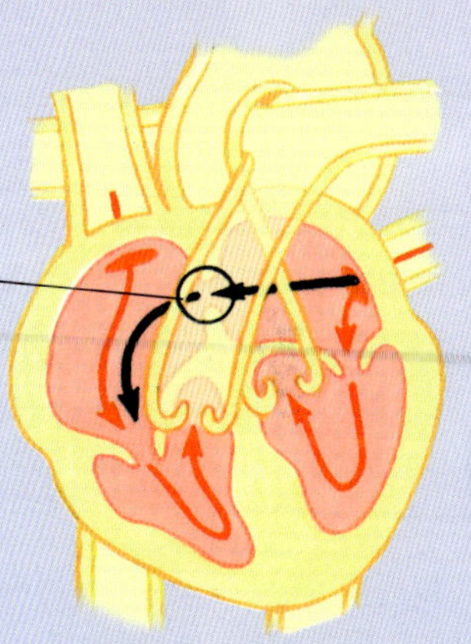

2. Le sang passe par un trou dans la paroi qui sépare les atriums gauche et droit.

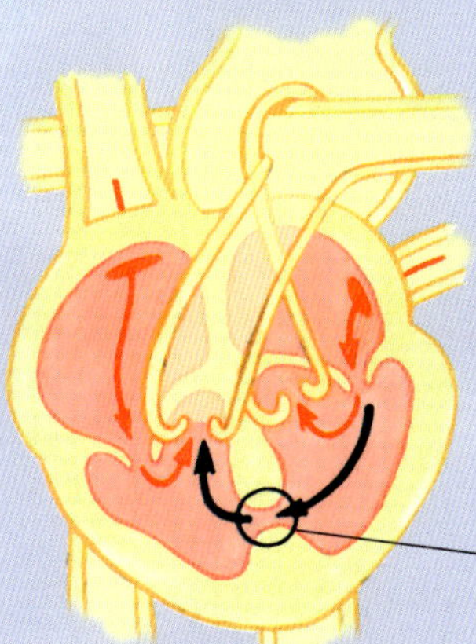

3. Le sang passe par un trou dans la paroi qui sépare les ventricules gauche et droit.

À savoir

- **Chez un adulte, le cœur pompe en moyenne 70 fois par minute et envoie environ 7 cl de sang par battement.**
- **Le cœur pompe environ 5 litres par minute, ce qui est le volume total du sang dans le corps d'un adulte. Lorsque le cœur pompe plus vite, il envoie quatre fois ce volume.**

L'enfant bleu

Certains bébés naissent avec la maladie dite de « l'enfant bleu » : le sang d'un côté du cœur se mélange avec le sang de l'autre côté du cœur. L'oxygène et les nutriments n'atteignent pas les cellules de l'organisme en assez grand nombre, ce qui provoque des difficultés respiratoires, de la fatigue, des insuffisances cardiaques voire des accidents vasculaires cérébraux. Parfois, ces orifices anormaux se rebouchent tout seuls ; dans d'autres cas, une opération est nécessaire.

Battements de cœur

Un battement cardiaque est une suite d'actions qui font passer le sang par les cavités et les valves du cœur, dans l'organisme puis à nouveau dans le cœur.

Automatisme cardiaque

Un battement de cœur commence dans la paroi supérieure de l'atrium droit, le nœud sinusal. Il s'agit du stimulateur naturel du cœur, qui envoie des signaux électriques grâce au muscle de la paroi du cœur. Les signaux font rétrécir les fibres musculaires cardiaques, provoquant la contraction du cœur entier.

Un médecin consulte un électrocardiogramme afin de surveiller les effets de l'effort physique sur le cœur d'un homme.

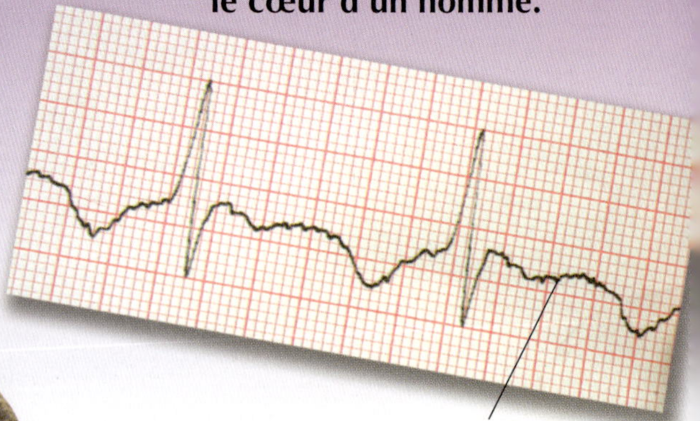

Les pics (vers le haut ou vers le bas) traduisent l'activité électrique du cœur.

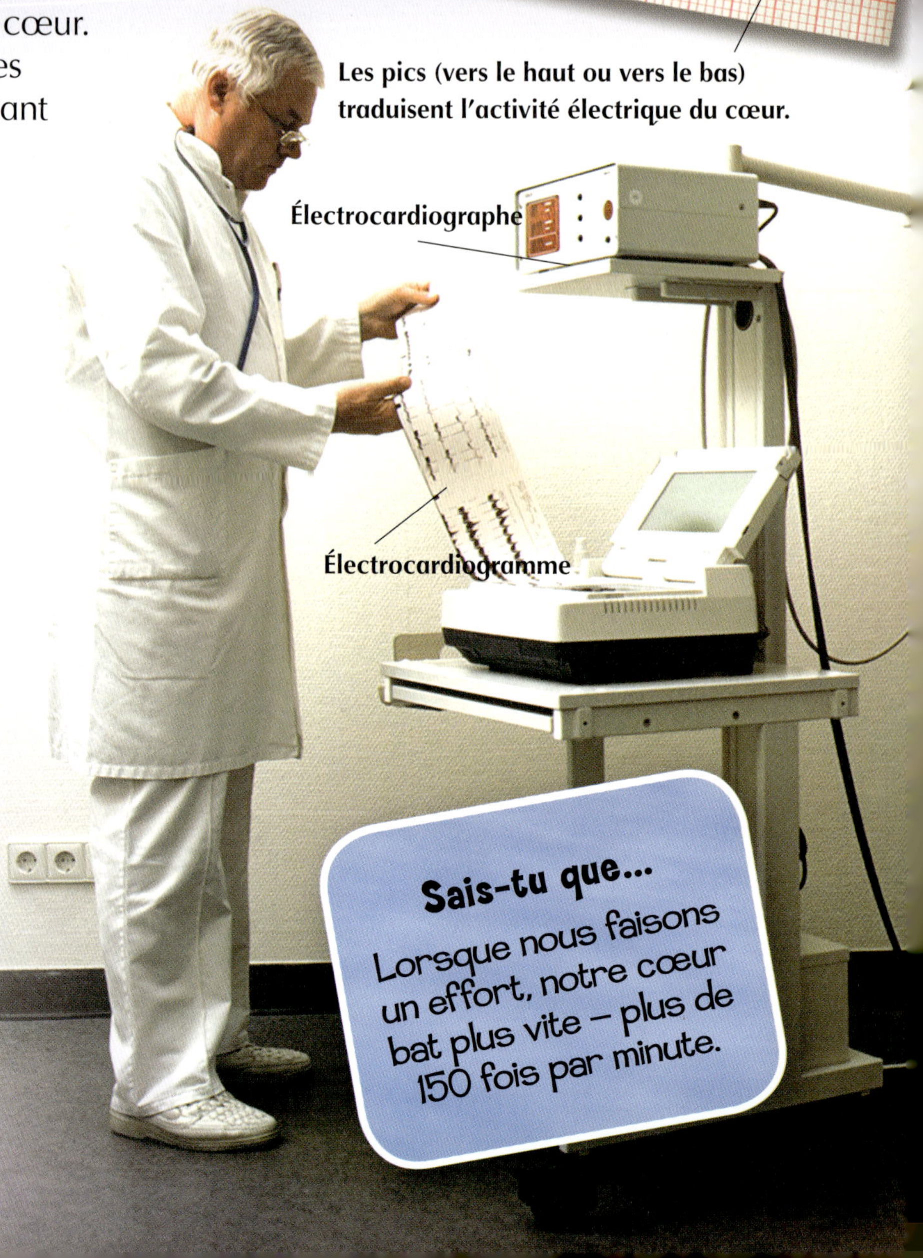

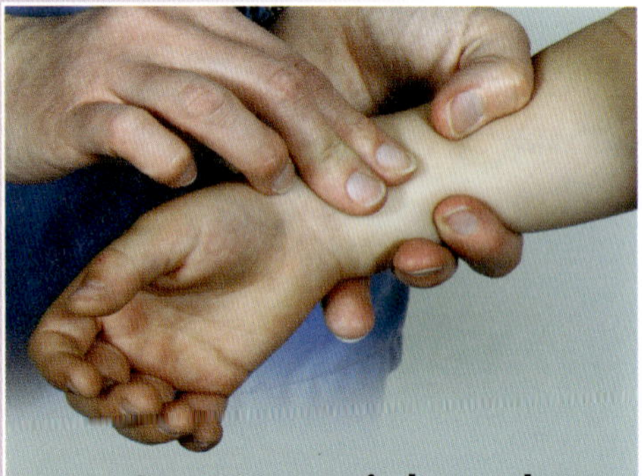

On peut sentir le pouls en mettant les doigts sur le poignet, au-dessus du pouce.

Le pouls

En quittant le cœur à chaque battement, le sang entre dans les artères et les fait battre. Ce battement s'appelle le pouls. Les veines ne battent pas car la pression sanguine y est trop faible.

Sais-tu que...

Lorsque nous faisons un effort, notre cœur bat plus vite – plus de 150 fois par minute.

Un battement

Le bruit du cœur est produit par ses valves lorsqu'elles se resserrent. À chaque battement, les muscles cardiaques se contractent pour envoyer le sang dans le corps, puis ils se relâchent et du sang arrive alors dans le cœur en provenance des veines.

1. Au début du battement, le sang passe à faible pression de la veine principale aux atriums.

2. Les atriums se contractent pour envoyer le sang par les valves dans les ventricules.

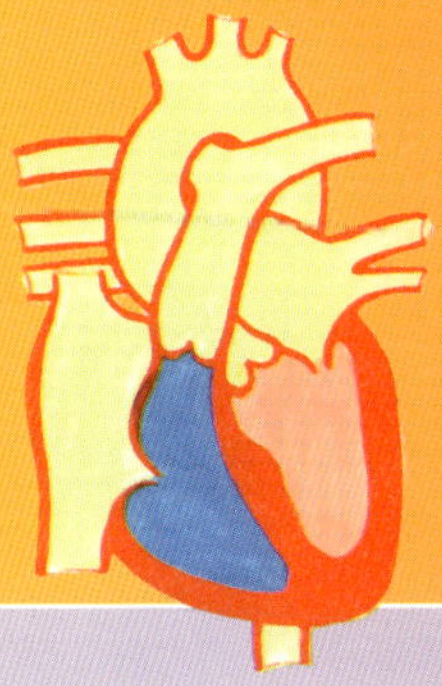

3. Les parois des ventricules se contractent pour donner de la pression au sang.

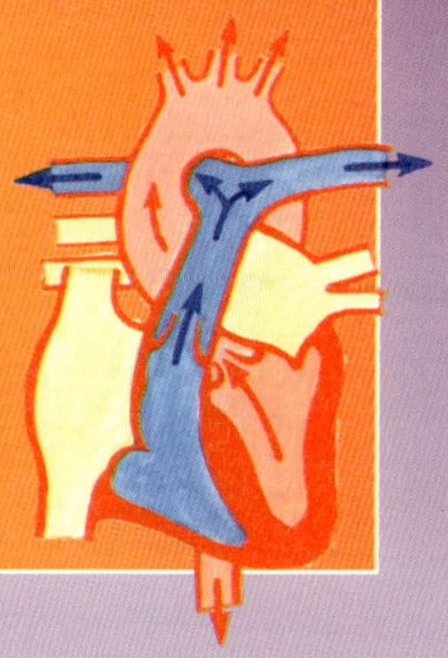

4. Le sang est envoyé par les valves dans les artères principales.

Capteurs

Sous contrôle

L'automatisme cardiaque donne un rythme régulier (en moyenne 70 battements par minute) qui peut être modifié en fonction des besoins du corps. Les nerfs transmettent les messages électriques émis par le centre cardiaque du bulbe rachidien qui font accélérer ou ralentir le rythme cardiaque. Une hormone messagère, l'adrénaline (*voir* pages 158 et 159), détermine également la vitesse et la puissance des pulsations du cœur.

Stimulateur

Parfois, le cœur bat de façon irrégulière : c'est l'arythmie cardiaque. Le cœur peut battre trop vite (tachycardie), trop lentement (bradycardie), ou palpiter (fibrillation). Un stimulateur électronique (pacemaker) peut être implanté dans l'organisme pour redonner au cœur un rythme régulier.

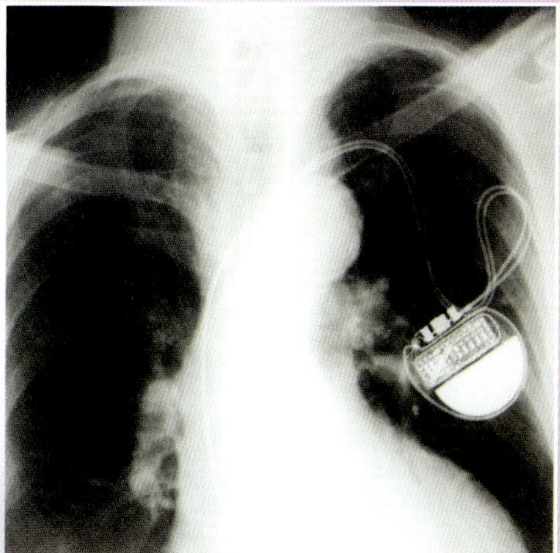

Radiographie montrant un pacemaker connecté au cœur

La circulation

Le sang circule dans le corps au long d'un réseau de vaisseaux sanguins : le système vasculaire. Le sang sort du cœur par les artères et y est ramené par les veines, tandis que de petits vaisseaux, les capillaires sanguins, relient les artères et les veines.

Deux systèmes

La circulation sanguine est divisée en deux – comme le cœur avec ses deux pompes. Les artères et les veines qui entrent et sortent du côté gauche du cœur constituent la circulation systémique. Les artères systémiques fournissent de l'oxygène, de l'énergie, des nutriments et d'autres substances vitales aux cellules du corps. Les veines récupèrent ensuite les déchets.

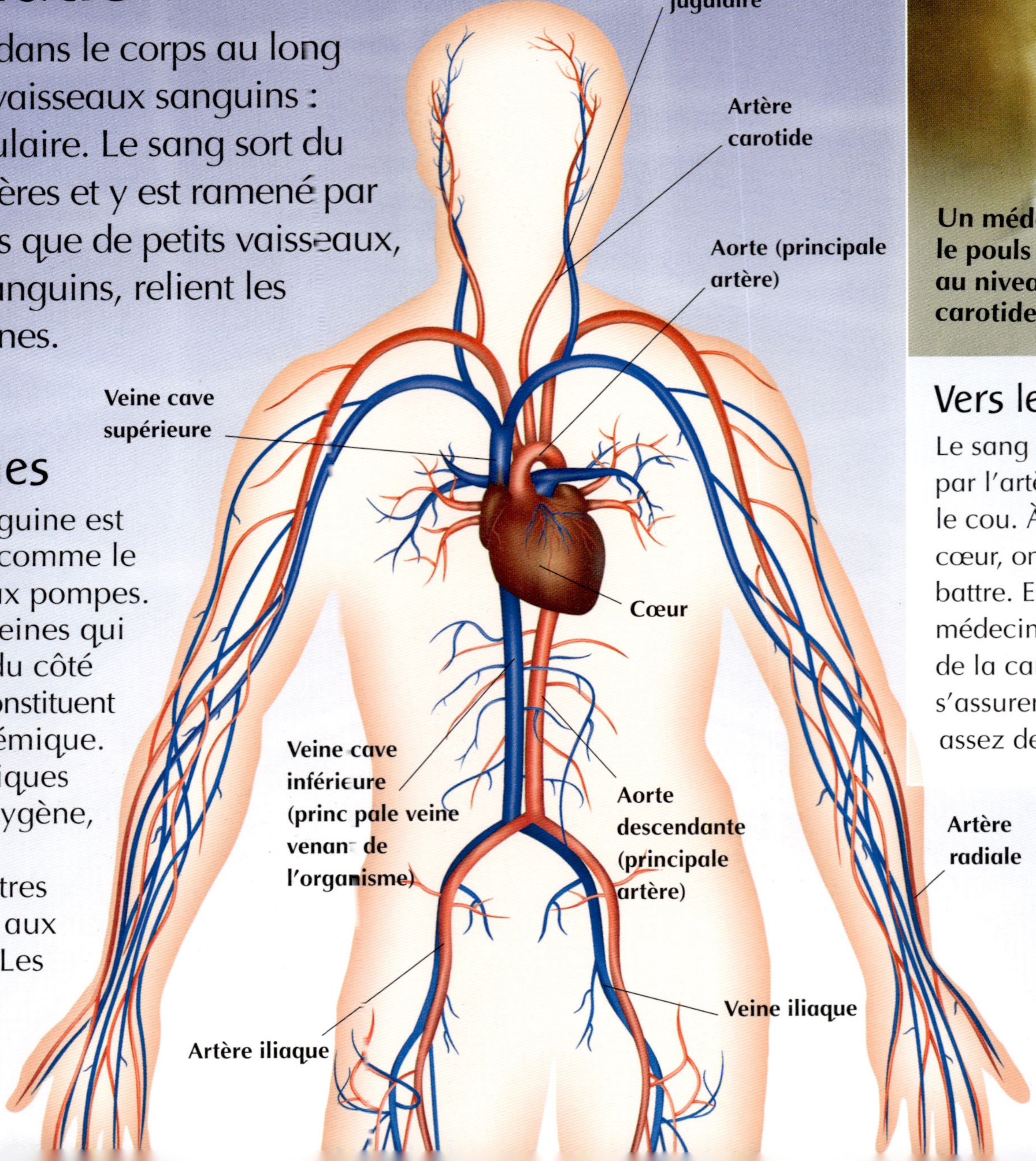

Les principaux vaisseaux sanguins. Les capillaires sont trop petits pour être représentés sur ce schéma de la circulation.

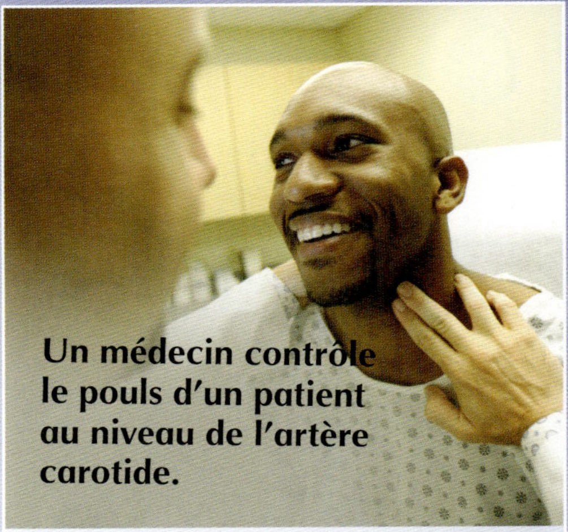

Un médecin contrôle le pouls d'un patient au niveau de l'artère carotide.

Vers le cerveau

Le sang circule vers le cerveau par l'artère carotide située dans le cou. À chaque battement du cœur, on peut sentir cette artère battre. En cas d'urgence, un médecin contrôle les pulsations de la carotide (le pouls) pour s'assurer que le cerveau reçoit assez de sang.

Les poumons et l'oxygène

Le deuxième système d'artères et de veines transporte le sang du côté droit du cœur vers les poumons, où il se remplit d'oxygène. Ce système s'appelle la circulation pulmonaire. Lorsqu'il quitte le cœur, le sang est bleuté et pauvre en oxygène. Dans les poumons, il absorbe de l'oxygène, devient rouge vif et retourne au côté gauche du cœur.

Après un effort physique violent, il faut s'arrêter pour récupérer.

Épuisé

Pendant l'effort, les muscles ont besoin de plus d'énergie et d'oxygène pour que le cœur batte plus fort et fournisse plus de sang. Après un certain temps d'effort, la circulation ne peut plus tenir le rythme. Il faut alors ralentir et respirer plus fort et plus profondément pour absorber plus d'oxygène, ce qui permet à la circulation de se rétablir.

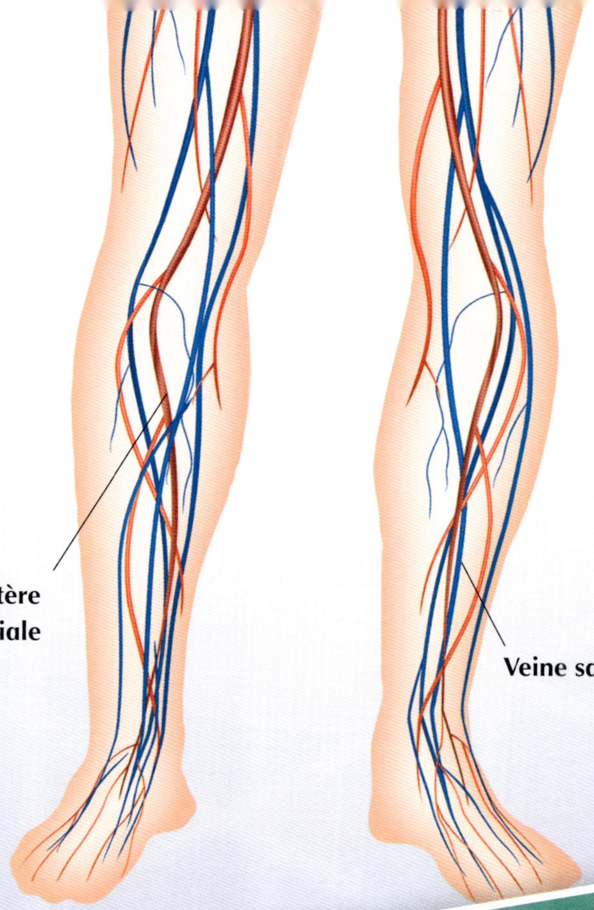

Sais-tu que...

Si tous tes vaisseaux sanguins pouvaient être étendus bout à bout, ils mesureraient près de 100 000 km, soit deux fois et demie la circonférence de la Terre !

À savoir

- Il ne faut qu'une minute à une goutte de sang pour parcourir la totalité du système circulatoire.
- Il faut 10 secondes à une goutte de sang pour traverser la circulation pulmonaire.
- Dans la circulation systémique (grande circulation), les artères transportent du sang riche en oxygène.
- Dans la circulation pulmonaire (petite circulation), les artères transportent du sang pauvre en oxygène.

Les cellules sanguines

Un adulte a environ 5 litres de sang dans le corps. Cet épais liquide rouge et visqueux est indispensable à la vie – sans lui, nous mourrions. Le sang accomplit maintes fonctions vitales, telles que la fourniture d'oxygène au corps, l'élimination des déchets et la lutte contre les maladies.

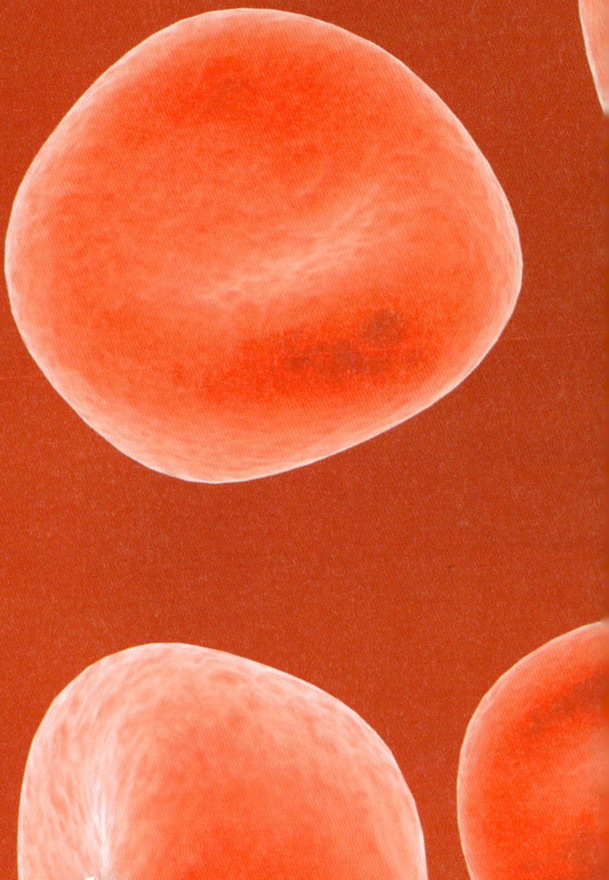

Globules rouges vus au microscope

Les globules rouges

Le sang est composé de milliards de cellules microscopiques qui flottent dans un liquide appelé plasma. Il existe trois sortes de cellules : les plus nombreuses sont les globules rouges, ou hématies, qui ressemblent à des beignets aplatis et dont la tâche principale est de se charger d'oxygène dans les poumons pour le fournir aux organes et aux tissus.

Sais-tu que...

Une petite goutte de sang contient environ cinq millions de globules rouges, 10 000 globules blancs et 300 000 plaquettes.

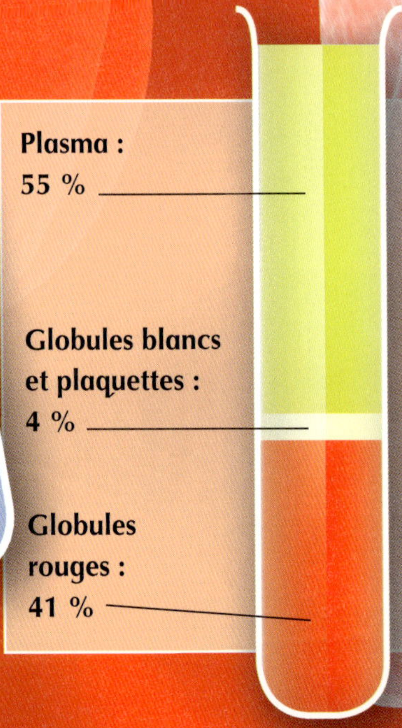

Composition du sang

Plus de la moitié du sang est du plasma, principalement composé d'eau. Le plasma contient aussi des nutriments, du glucose, des hormones et bien d'autres substances. Les globules blancs et rouges ainsi que les plaquettes se déplacent dans le plasma (*voir* page 97).

Les globules blancs et les plaquettes

Les globules blancs ou leucocytes (*voir* pages 106 et 107) luttent contre les microbes et les maladies, et éliminent les déchets de l'organisme. Les plaquettes (*voir* pages 102 et 103), ou thrombocytes, ressemblent à des fragments de cellules ; leur tâche principale est d'aider le sang à coaguler dans les blessures pour former une croûte.

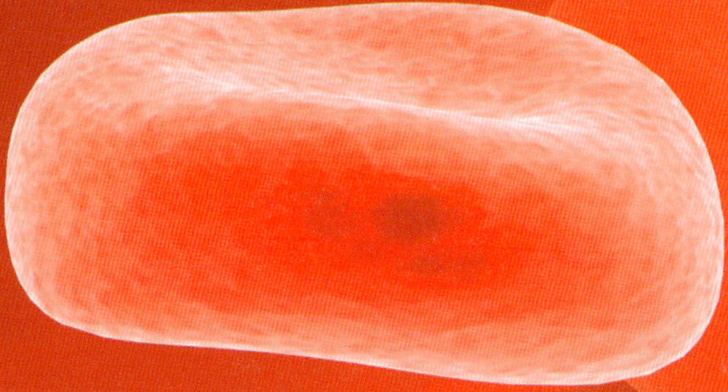

Le sang du bras coule dans un tube relié à une poche.

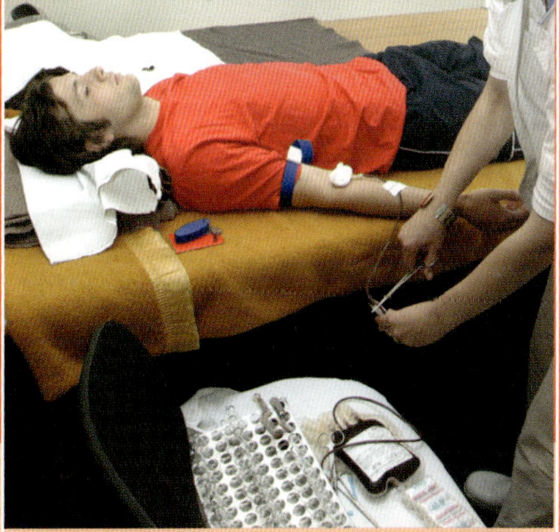

Don du sang

Quand on donne son sang, l'organisme reconstitue le sang donné en quelques jours. Le don de sang permet de sauver des millions de vie chaque année.

Les groupes sanguins

En 1901, l'Autrichien Karl Landsteiner découvrit que le sang n'est pas toujours le même. Il existe différents groupes sanguins désignés par les lettres A, B, AB et O. Si le sang d'un groupe incompatible est donné à une personne, cela peut la tuer.

Des poches de sang collecté sont étiquetées en fonction du groupe sanguin.

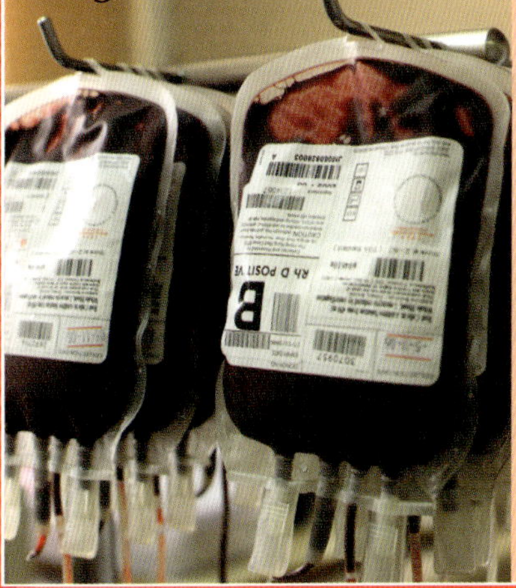

Stockage du sang

Le sang collecté, analysé pour détecter les infections et le groupe sanguin, est ensuite stocké dans une banque du sang, prêt à être utilisé en cas de besoin lors d'une opération ou d'un accident. Le sang est transfusé, ou donné au patient à l'aide d'un tube relié à une veine.

Les vaisseaux sanguins

En quittant le cœur, le sang passe par de solides artères aux parois épaisses qui se ramifient à de nombreuses reprises pour former de petits capillaires (*voir* pages 100 et 101). Ceux-ci sont reliés aux veines, qui conduisent le sang au cœur.

Vers le cœur

La pression sanguine est faible dans les veines. Celles-ci, en se rapprochant du cœur, s'élargissent jusqu'à devenir deux très grosses veines : la veine cave supérieure, qui draine le sang venant de la tête et des bras et la veine cave inférieure, qui draine le sang venant des jambes et du tronc (*voir* pages 94 et 95).

Les varices

Les varices sont des veines apparaissant sous forme de gonflements sous la peau, causées par l'amincissement des parois et une dilatation des veines. Cela entrave le fonctionnement des valves, qui permettent alors au sang de couler dans le mauvais sens. Compare ce schéma à celui d'une veine saine (page 89). En coulant dans le mauvais sens, le sang fait gonfler la veine et forme une bosse sur la peau.

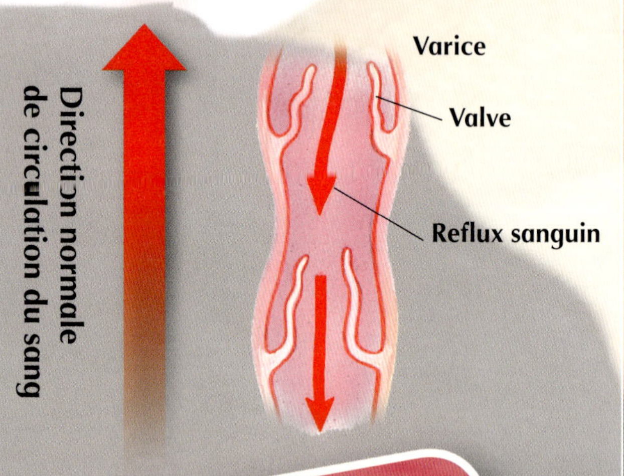

Coupe d'une veine

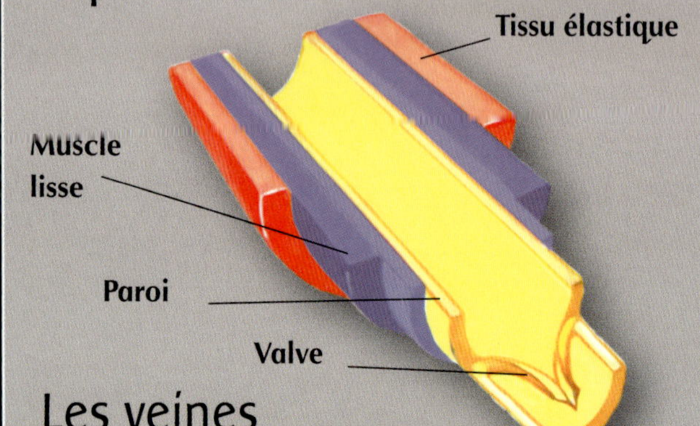

Les veines

Les parois des veines sont formées de fines couches de muscles lisses qui se contractent pour assurer l'écoulement du sang vers le cœur. Dans les grosses veines, les parois intérieures présentent des valves empêchant le sang de couler dans le mauvais sens.

Sais-tu que...

À tout moment, le sang est à plus de 70 % dans les veines, à environ 20 % dans les artères et à moins de 10 % dans les capillaires sanguins.

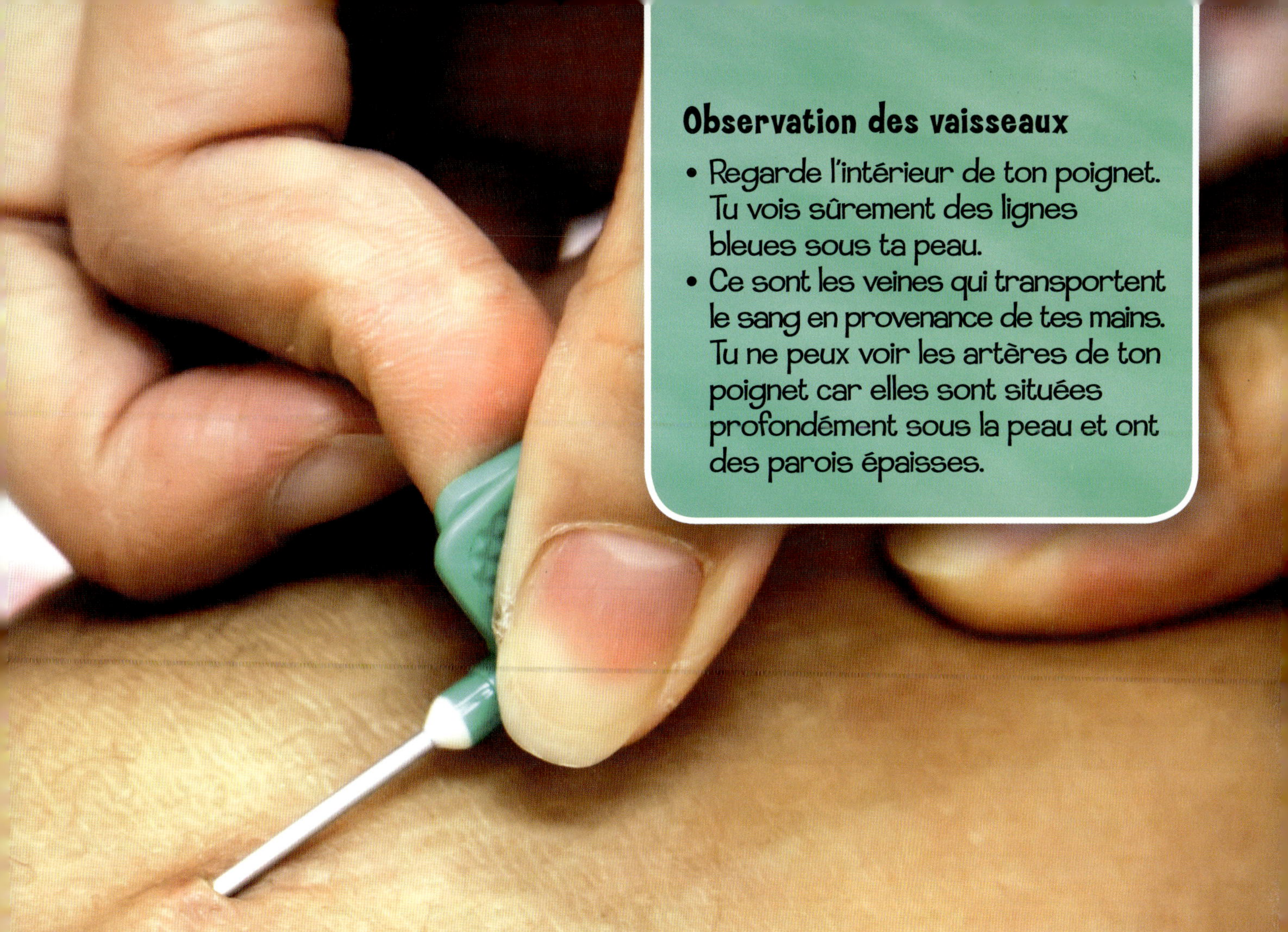

Observation des vaisseaux

- Regarde l'intérieur de ton poignet. Tu vois sûrement des lignes bleues sous ta peau.
- Ce sont les veines qui transportent le sang en provenance de tes mains. Tu ne peux voir les artères de ton poignet car elles sont situées profondément sous la peau et ont des parois épaisses.

Une infirmière prélève du sang dans une veine à l'aide d'une aiguille creuse.

Coupe d'une artère

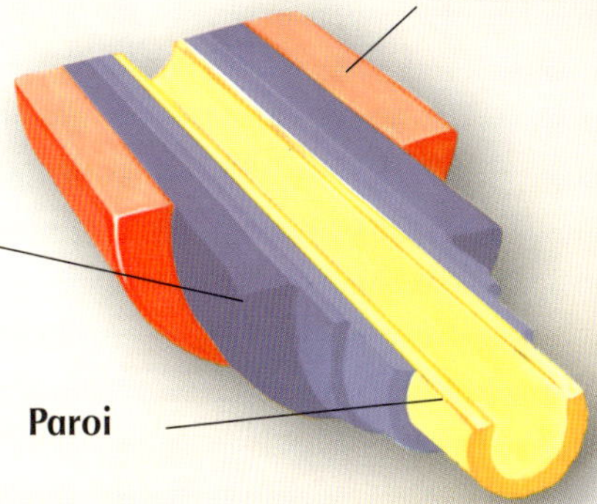

Artères

Les parois des artères présentent plusieurs couches : intérieure (une paroi lisse le long de laquelle coule le sang), intermédiaire (un muscle) et extérieure (composée de tissu élastique). Les muscles en se contractant resserrent l'artère et font circuler le sang.

En provenance du cœur

Le sang est pompé du cœur sous une forte pression, que les artères supportent sans éclater car leurs parois sont plus épaisses que celles des veines. Une artère est composée de couches de muscles qui lui permettent de se resserrer. Le cerveau contrôle le diamètre des artères pour adapter la quantité de sang qui circule vers chaque partie du corps.

Les plus petits vaisseaux sanguins

Les plus petits vaisseaux sanguins, les capillaires, sont beaucoup trop petits pour être observés sans microscope. Ils forment un réseau dense qui transporte des nutriments importants vers presque toutes les cellules de notre corps et élimine tous les déchets potentiellement dangereux.

Un réseau capillaire

Les capillaires sont le résultat de la ramification des artères. Dans presque toutes les parties de notre corps, un réseau de capillaires relie les cellules et les tissus. Seules quelques parties du corps, telles que le cristallin de notre œil, sont dépourvues de capillaires. Les plus petits capillaires du corps se trouvent dans le cerveau et les intestins, les plus gros dans la moelle osseuse et dans la peau.

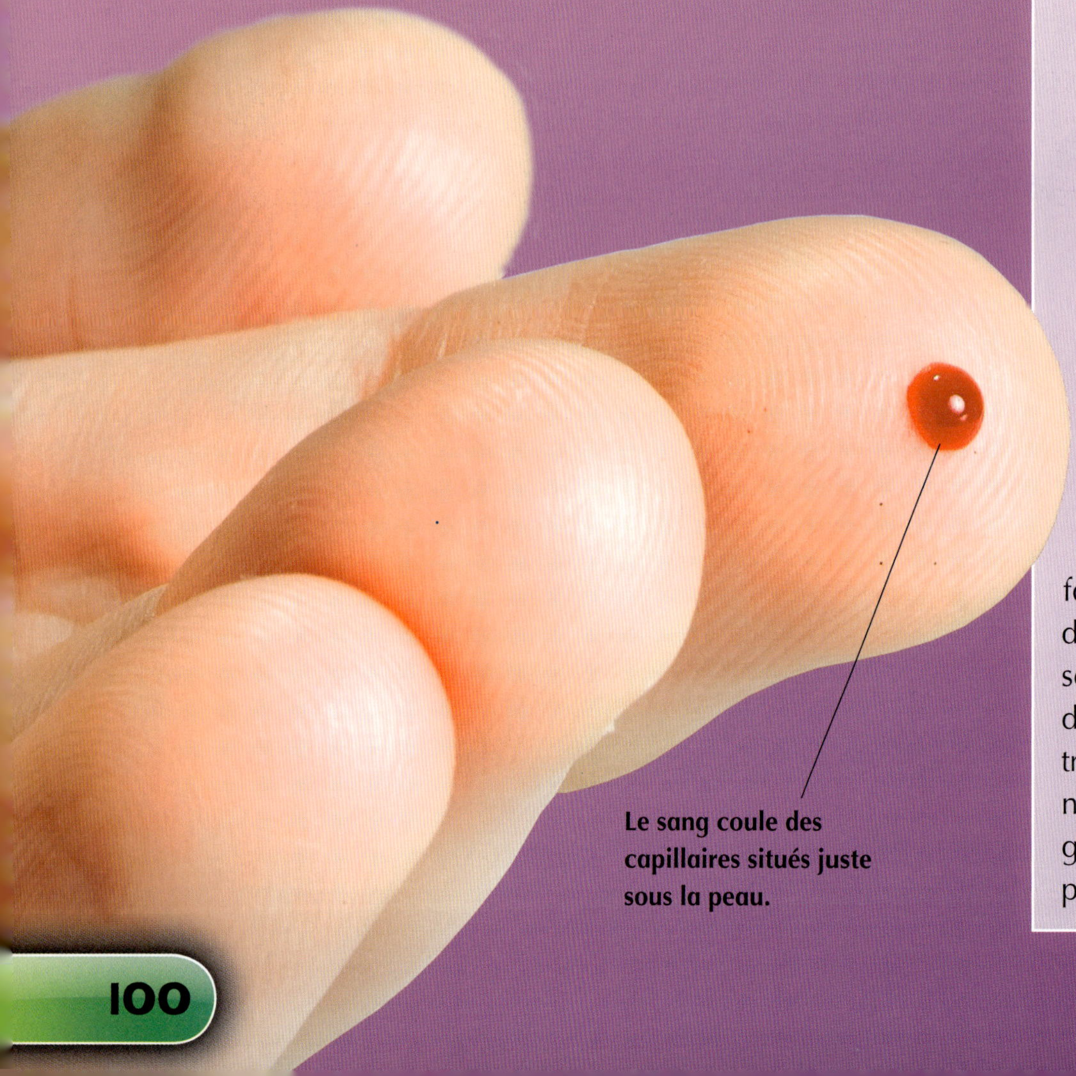

Le sang coule des capillaires situés juste sous la peau.

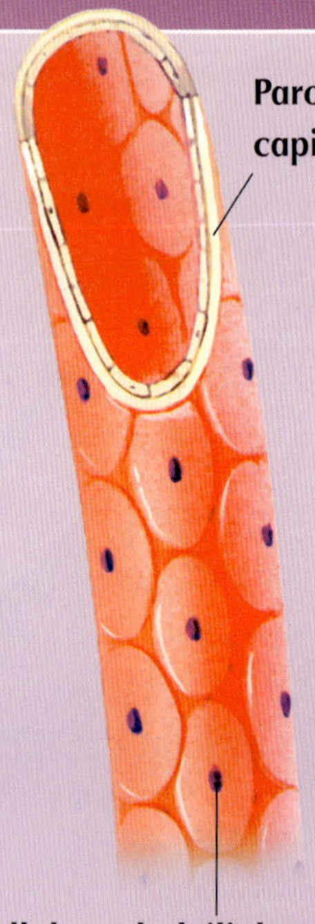

Vue interne d'un capillaire

De minces parois

Les parois des capillaires, faites d'une seule couche de cellules endothéliales, sont si fines que la plupart des substances peuvent les traverser. Les globules rouges ne passent pas mais les globules blancs s'y infiltrent pour attaquer les germes.

Passage serré

Les plus petits capillaires ne sont guère plus larges que des globules rouges, eux-mêmes minuscules : ils tiendraient à 70, côte à côte, sur le point qui conclut cette phrase. Ils doivent se mettre en file indienne pour passer dans les capillaires les plus fins.

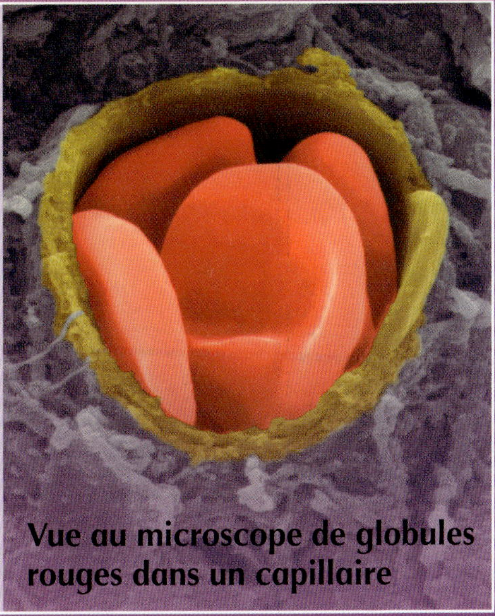

Vue au microscope de globules rouges dans un capillaire

À savoir

- Le diamètre d'un capillaire sanguin va de 5 à 30 microns, sa longueur est de 0,1 mm.
- Le diamètre d'une artère est de 1 cm, la longueur de 15 cm.
- Le diamètre d'une veine est de 1 cm, la longueur de 20 cm.
- La plus grosse artère, l'aorte, a un diamètre de 2,5 cm environ.
- Les plus grosses veines, les veines caves, ont un diamètre de plus de 2,5 cm.

Déchets et chaleur

Dans les poumons, l'oxygène passe par le réseau de capillaires dans le sang, tandis que le dioxyde de carbone suit le chemin inverse. D'autres déchets passent par les capillaires du sang aux reins et aux intestins, où ils sont éliminés. Le corps élimine aussi l'excès de chaleur par les capillaires ; elle passe par les capillaires du sang à la peau, où elle est évacuée.

Incroyable !

Il y a plus de 10 milliards de capillaires dans l'ensemble du corps. Placés côte à côte, ils couvriraient environ 5 000 m^2.

Tension artérielle

Le sang exerce une pression sur les vaisseaux sanguins en les traversant ; cette force, la tension, se mesure à l'aide d'un tensiomètre. Deux mesures sont généralement enregistrées : la tension systolique (haute) lorsque le cœur pompe le sang et la tension diastolique (basse) lorsque le cœur se relâche.

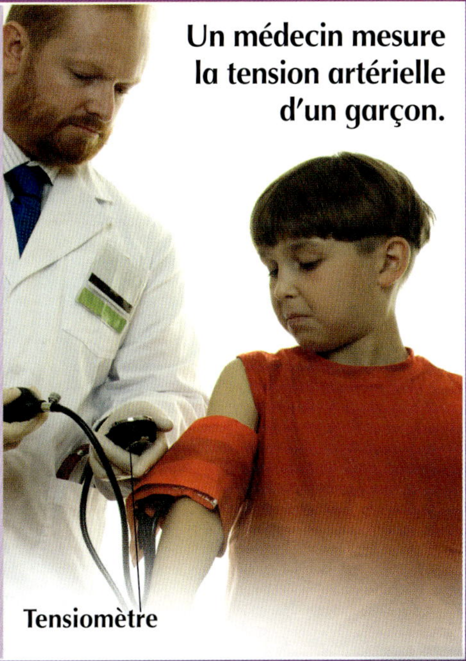

Un médecin mesure la tension artérielle d'un garçon.

La coagulation du sang

L'une des fonctions vitales du sang est de reboucher les blessures en formant un caillot. Si le sang ne coagulait pas, à la moindre coupure on perdrait du sang jusqu'à en mourir.

Coagulation interne

Tout comme il le fait à la surface de la peau pour cicatriser une blessure (*voir* pages 20 et 21), le sang coagule à l'intérieur du corps pour arrêter tout écoulement. De petits écoulements se produisent sans arrêt dans ton corps. Si ton sang ne coagulait pas, tu mourrais d'hémorragie interne.

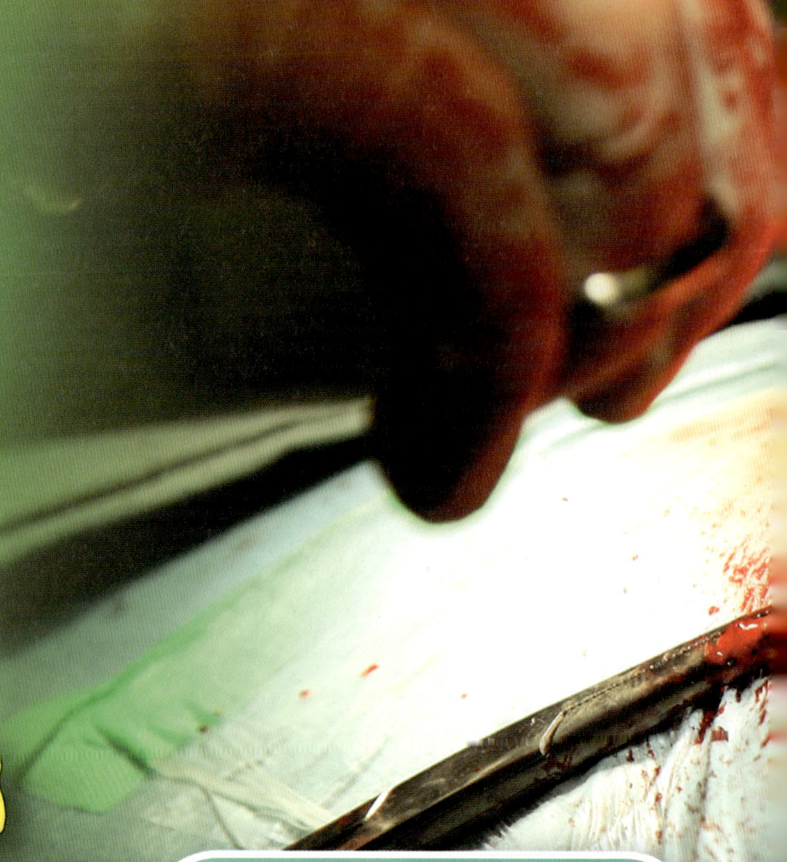

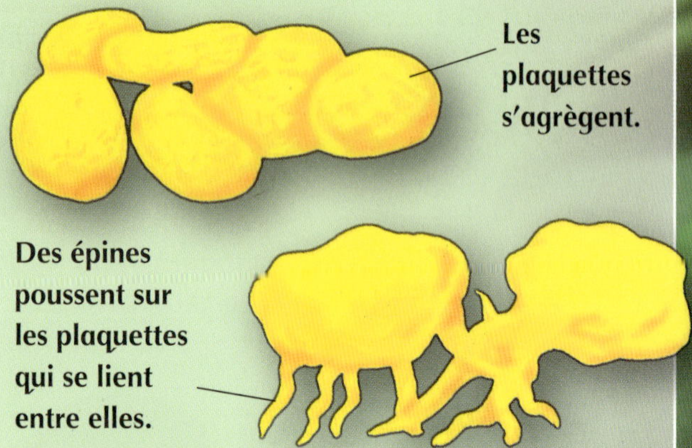

Le bouchon des plaquettes

Quelques secondes après la rupture d'un vaisseau sanguin, des plaquettes du sang se réunissent près de la blessure. Elles gonflent, deviennent collantes et s'agrègent pour former un bouchon qui empêche le sang de couler de la plaie. Le caillot se constitue ensuite sur le bouchon.

Expérience

- Verse de l'eau dans une passoire : elle doit s'écouler facilement. Recommence en mettant une serviette en papier dans la passoire.
- Les fibres du papier gonflent et ralentissent le passage de l'eau, comme les fibres d'un caillot de sang.

Caillots voyageurs

Un embole est un amas de matière dans la circulation sanguine qui peut obstruer un vaisseau sanguin, surtout là où celui-ci se ramifie. En effet, un caillot formé à un endroit du système circulatoire, dans une veine par exemple, peut se déplacer dans le sang et bloquer une artère coronaire dans le cœur (provoquant une crise cardiaque) ou une artère dans le cerveau (provoquant une attaque cérébrale).

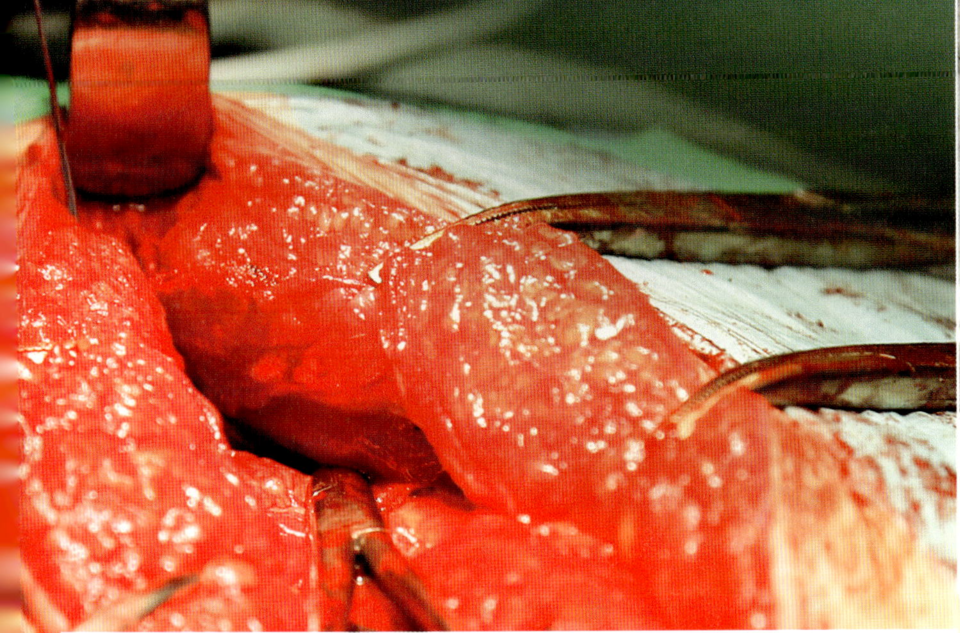

Plaie ouverte lors d'une opération. La plaie saigne peu car le sang a coagulé.

Embolie dans une artère du cerveau

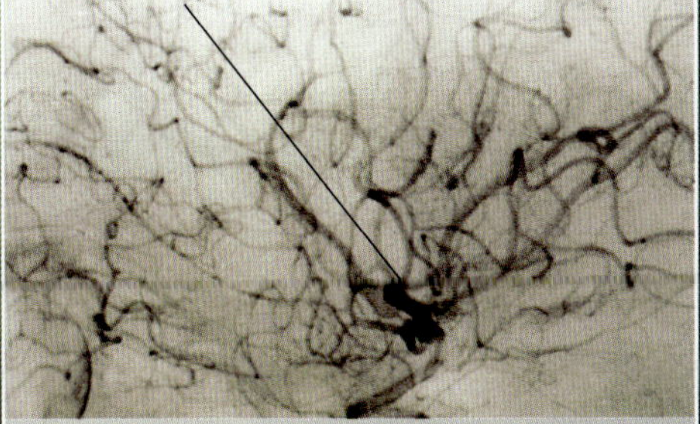

Les embolies

Parfois, des amas de graisse, ou athéromes, se forment sur les parois d'un vaisseau sanguin, ce qui réduit son diamètre et provoque un caillot. Celui-ci peut alors se détacher et devenir un embole qui se déplace dans le corps.

Les sangsues

Les sangsues se nourrissent de sang. Une substance de leur salive en empêche la coagulation. Certains chirurgiens utilisent encore des sangsues pour bloquer la coagulation du sang dans les plaies. Ainsi, le sang coule et accélère le rétablissement.

Sangsue

Sais-tu que...

La coagulation du sang est un processus extrêmement compliqué qui peut mettre en jeu plus de 30 substances chimiques.

Le système lymphatique

La lymphe circule dans le corps, dans les vaisseaux lymphatiques. Le long de ces vaisseaux, se trouvent de petits amas de tissus, les ganglions lymphatiques.

La lymphe

La lymphe est un liquide pâle qui baigne les cellules des tissus. Elle circule dans des vaisseaux lymphatiques pour finir dans de plus gros vaisseaux, les canaux lymphatiques, qui déversent la lymphe dans la circulation sanguine.

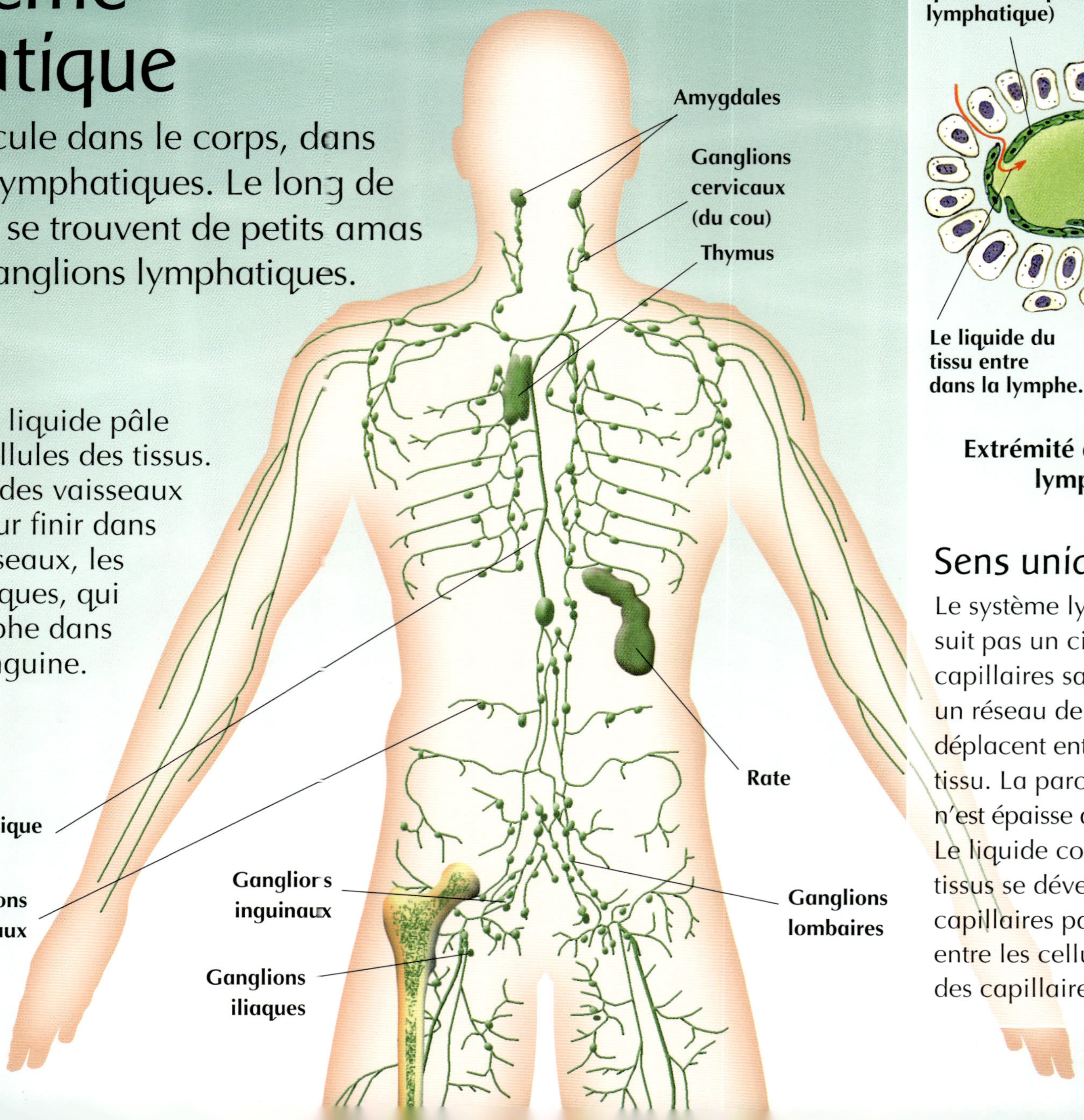

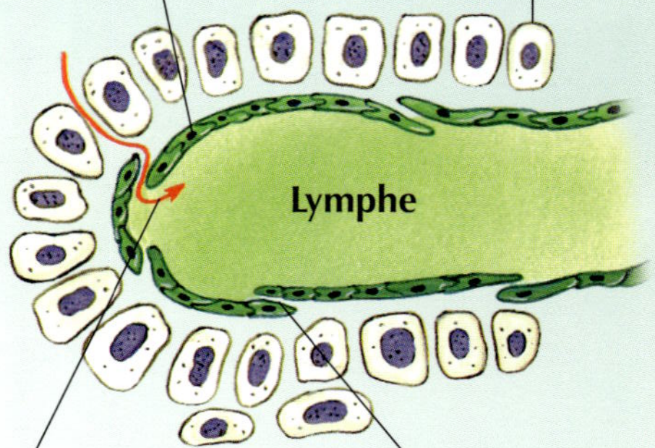

Extrémité d'un capillaire lymphatique

Sens unique

Le système lymphatique ne suit pas un circuit. Les petits capillaires sans issue forment un réseau de « tubes » qui se déplacent entre les cellules du tissu. La paroi des capillaires n'est épaisse que d'une cellule. Le liquide contenu dans les tissus se déverse dans les capillaires par des ouvertures entre les cellules de la paroi des capillaires lymphatiques.

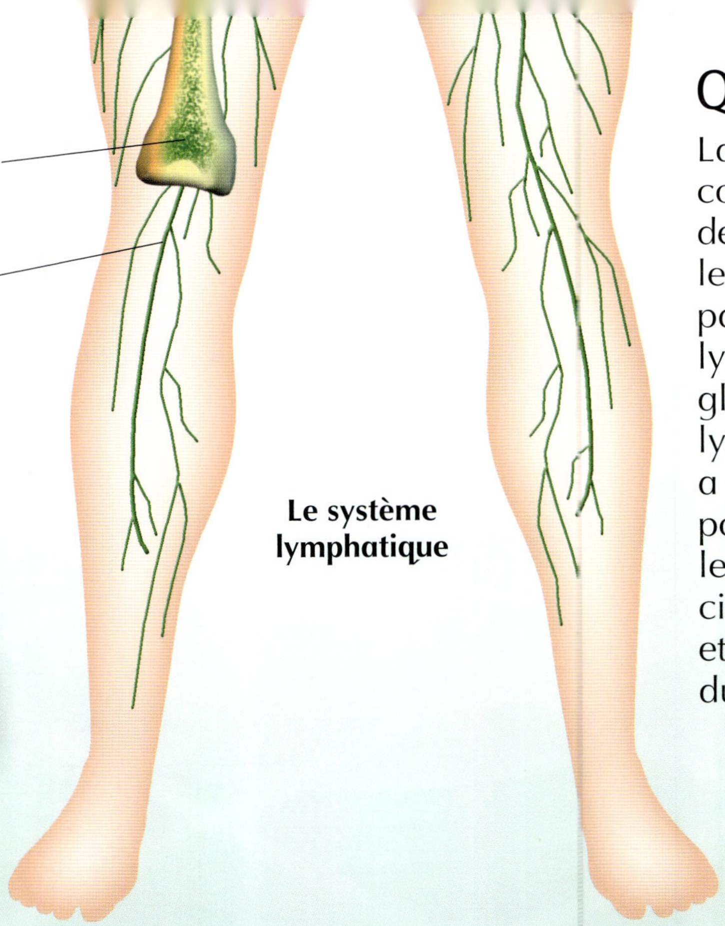

Le système lymphatique

Sais-tu que...

Le liquide lymphatique se déplace lentement, mais lors d'un effort intense, il coule 10 ou même 20 fois plus vite qu'au repos.

Que fait la lymphe ?

La lymphe fournit des nutriments, collecte les déchets et transporte des globules blancs qui combattent les germes et les maladies (*voir* pages 106 et 107). Les ganglions lymphatiques sont remplis de globules blancs qui nettoient la lymphe et tuent les germes. Il n'y a pas de pompe comme le cœur pour faire circuler la lymphe dans le corps. Seuls les muscles la font circuler. Elle circule donc lentement, et seulement lorsque les muscles du corps sont actifs.

À savoir

- **En moyenne, le corps d'un adulte contient de 2 à 3 litres de liquide lymphatique.**
- **Les ganglions lymphatiques mesurent généralement moins de 1 cm.**
- **Les ganglions sont parfois appelés nœuds lymphatiques, car ils ressemblent à des nœuds sur une corde.**

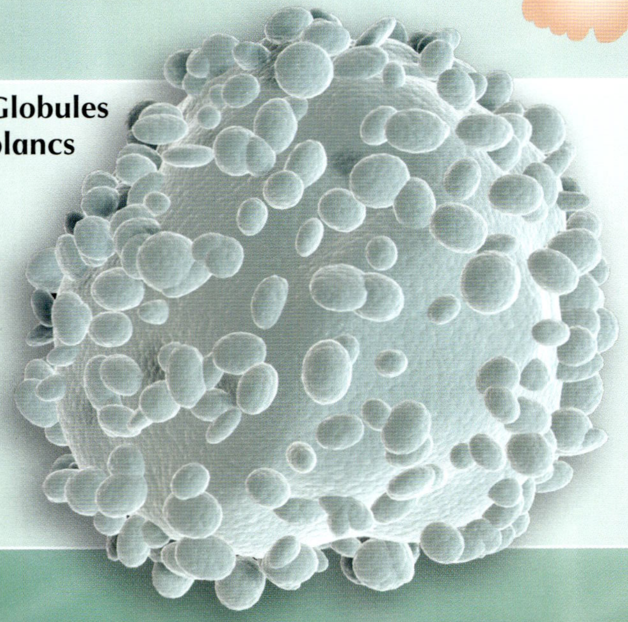

Globules blancs

Les globules blancs

Des milliards de globules blancs se déplacent dans le corps par le système lymphatique et le sang. Ils sont produits dans la moelle osseuse des plus grands os du corps. Lorsque l'on est malade, leur nombre est multiplié par plus de 10 car ils combattent les germes.

Lutter contre les maladies

Lorsqu'un germe entre dans notre corps, il peut nous rendre malade. Notre organisme contient une armée de globules blancs – des lymphocytes, des neutrophiles et des macrophages – et des organes (tels que la rate) prêts à combattre les germes. Il s'agit du système immunitaire.

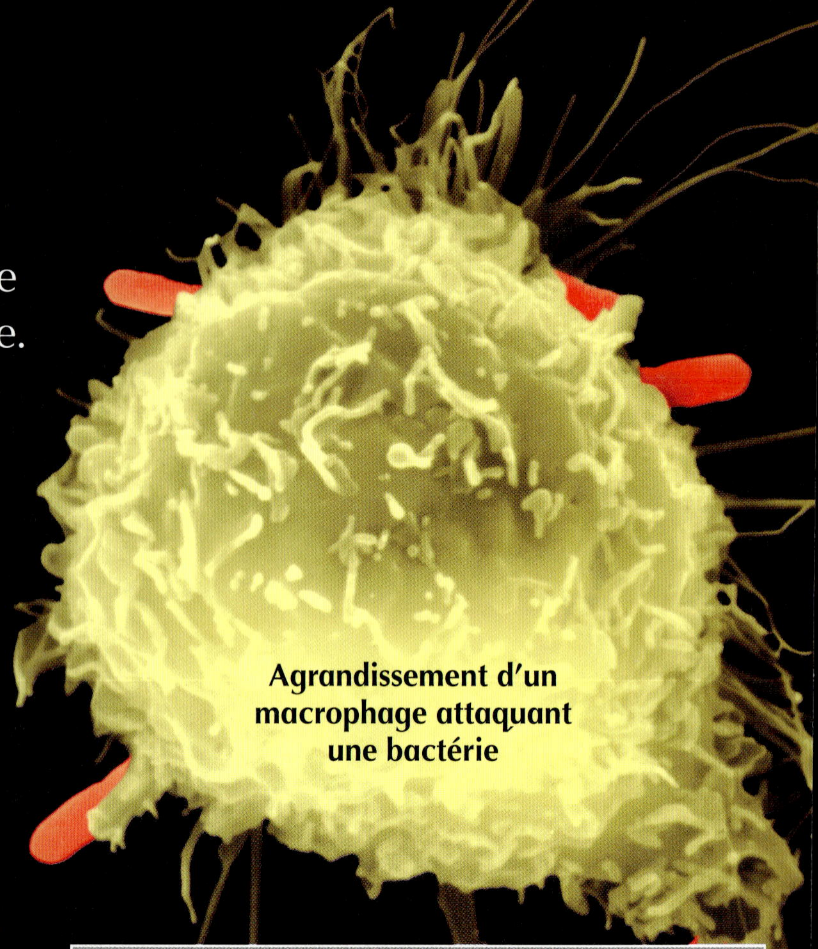

Agrandissement d'un macrophage attaquant une bactérie

En première ligne

Les germes qui entrent dans le corps sont attaqués par des globules blancs, les macrophages. Chaque macrophage entoure un germe et l'entraîne dans la lymphe jusqu'à un ganglion lymphatique. C'est là que d'autres globules blancs, les lymphocytes, se mettent au travail.

Les globules blancs

Les globules blancs ont été découverts au XVIIIe siècle à l'aide d'un microscope. Le rôle de ces cellules était alors inconnu. On pensait qu'ils contenaient du pus.

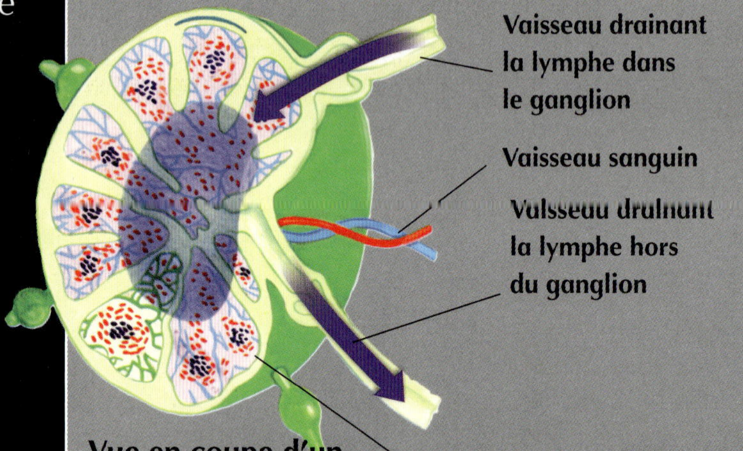

Vue en coupe d'un ganglion lymphatique

Les ganglions lymphatiques

Les lymphocytes se multiplient et sont stockés dans les ganglions lymphatiques. La lymphe entre dans le ganglion, où elle rapporte les germes et autres substances nocives vers ces amas de globules blancs.

Tueurs de germes

Les macrophages peuvent détruire des éléments que le corps ne reconnaît pas, notamment les bactéries. Ils encerclent l'envahisseur et le digèrent selon le processus de phagocytose.

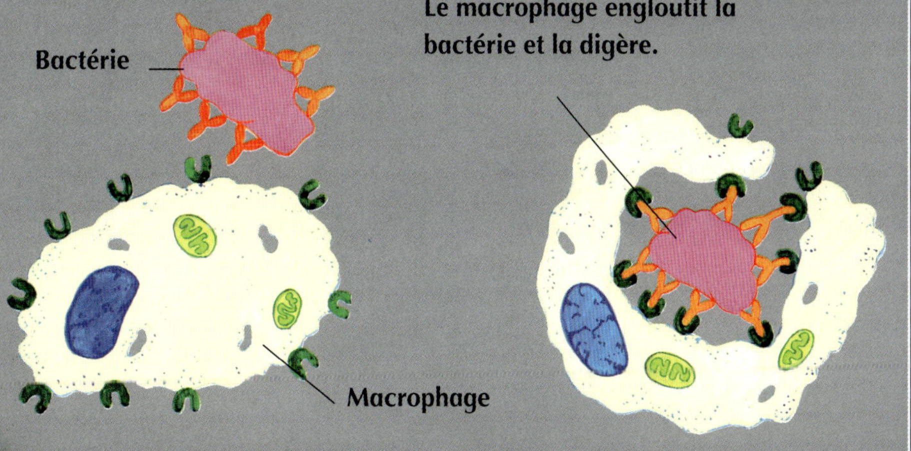

Sais-tu que...

Lors de certaines maladies, les globules blancs se multiplient tant que les ganglions lymphatiques qui les contiennent peuvent atteindre la taille d'un poing.

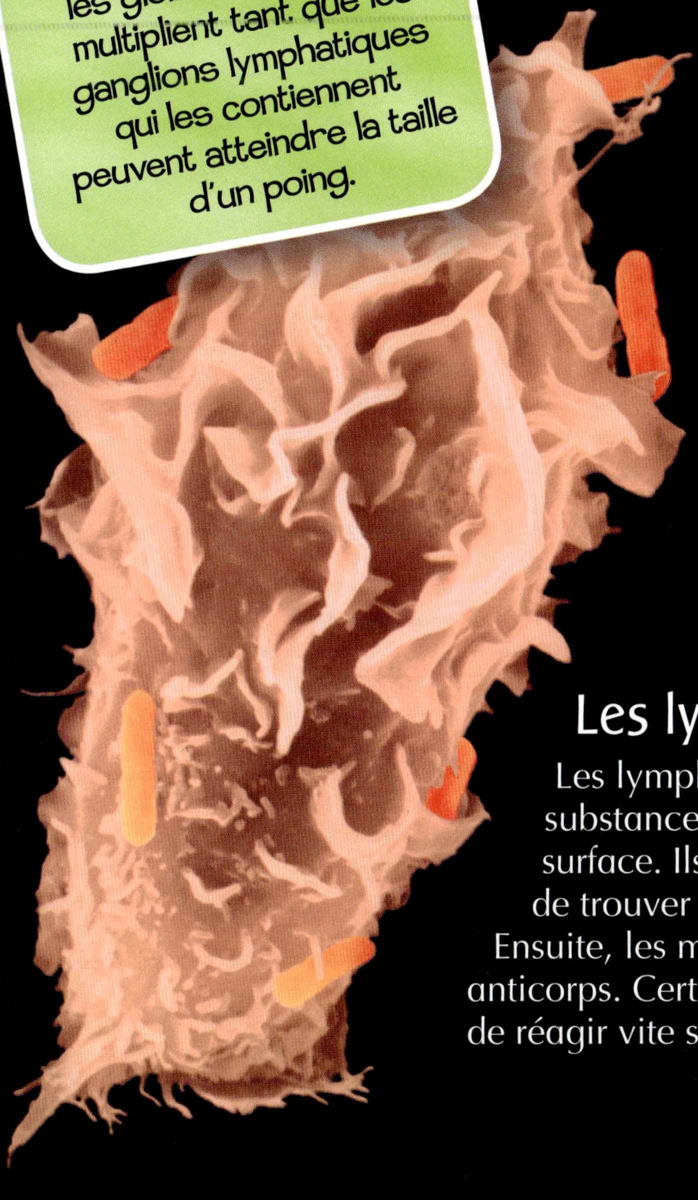

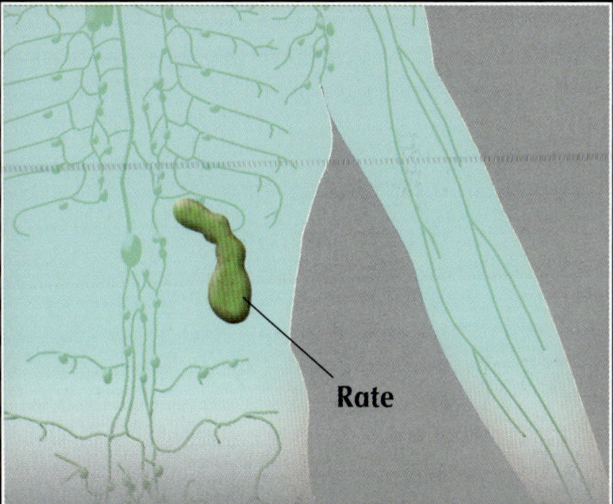

La rate

La rate est un organe qui filtre les substances du sang et de la lymphe. De plus, elle stocke des globules blancs et rouges au cas où le corps perdrait brusquement beaucoup de sang.

Les lymphocytes

Les lymphocytes identifient les germes grâce aux substances étrangères, les antigènes, situées à leur surface. Ils produisent alors des anticorps chargés de trouver d'autres germes de ce type et de s'y fixer. Ensuite, les macrophages détruisent germes et anticorps. Certains anticorps restent dans le corps afin de réagir vite si un nouveau germe s'y introduit.

Les problèmes sanguins et cardiaques

Le cœur et le sang sont si importants que le moindre problème les concernant est grave. Toutefois, il existe de nombreux traitements modernes pour les soigner.

L'évanouissement

Parfois, le cœur ne parvient pas à pomper assez de sang pour alimenter le cerveau. Cela peut arriver lorsqu'une personne est debout trop longtemps, surtout par temps chaud. La réaction du corps est l'évanouissement, qui place ainsi le cerveau au niveau du cœur pour faciliter l'envoi de sang au cerveau.

Ce soldat s'est évanoui car il est resté trop longtemps debout.

Ce médecin ausculte le cœur d'un enfant à l'aide d'un stéthoscope.

À l'écoute du cœur

Les médecins écoutent le bruit des battements de cœur pour s'assurer qu'il fonctionne bien. Des bruits inhabituels, appelés souffles, peuvent être révélateurs d'une anomalie du flux sanguin.

La crise cardiaque

Une crise cardiaque se produit lorsque le sang ne parvient plus au cœur. Cela peut être dû à l'obstruction d'une artère par un caillot de sang (*voir* pages 102 et 103). Le muscle cardiaque ne peut battre normalement sans oxygène ou sans énergie. Cela entraîne des douleurs thoraciques, un manque de souffle, des sueurs et des vertiges.

Mauvais sang

Jusqu'à la fin du XIXe siècle, les médecins soignaient de nombreuses maladies en pratiquant la saignée, qui consistait à évacuer le « mauvais sang » du patient, avec la conviction que cela éviterait que la maladie n'empire.

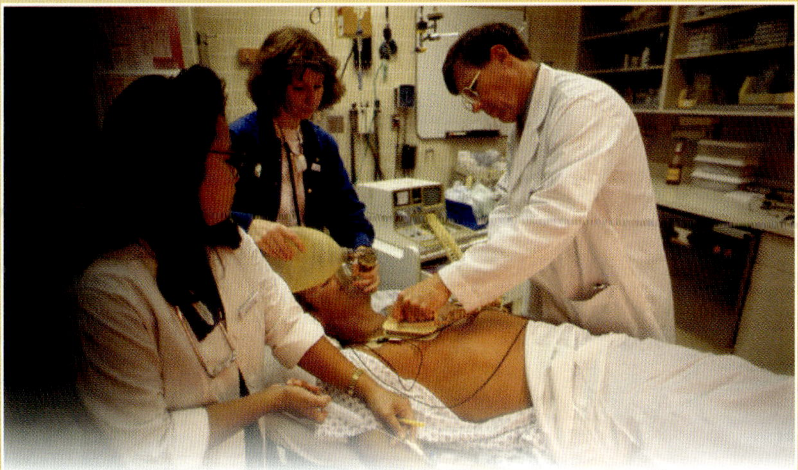

Les médecins utilisent un défibrillateur en cas d'urgence.

Quel choc !

Lorsqu'un cœur ne bat pas normalement, on peut lui administrer un choc électrique au moyen d'un appareil appelé défibrillateur dont deux électrodes sont posées sur la poitrine.

Sais-tu que...

Grâce aux traitements d'urgence modernes tels que la défibrillation, les chances de survivre à une crise cardiaque sont deux fois plus grandes qu'il y a 50 ans.

Trop étroit

Un régime trop gras (*voir* pages 116 et 117) suivi pendant plusieurs années peut provoquer la formation d'une substance graisseuse sur les parois des artères. Ce problème, appelé athérosclérose, rétrécit et durcit les artères, diminue le passage du sang et favorise la formation de caillots.

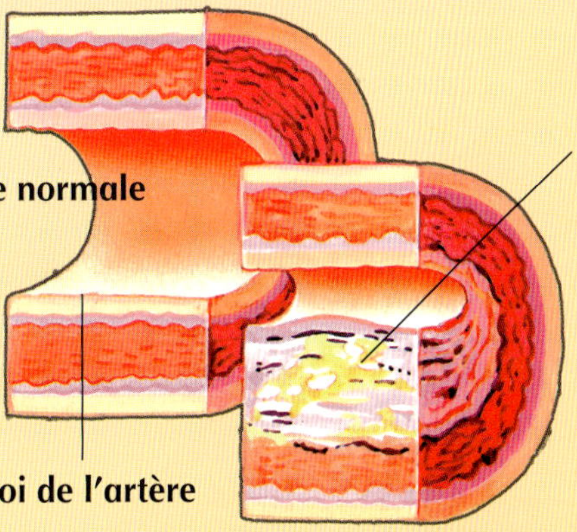

Un sang et un cœur sains

Tous les muscles ont besoin d'exercice pour ne pas s'affaiblir et s'atrophier. Le cœur est presque complètement fait de muscles ; comme tout muscle, il se renforce s'il est entraîné régulièrement.

Exercice quotidien

L'exercice maintient les poumons, les os, les articulations et bien d'autres parties du corps en bonne santé. Il n'est pas nécessaire de pratiquer tous les jours un sport : l'exercice peut faire partie de la vie quotidienne (il peut s'agir de marcher ou de faire du vélo au lieu de s'asseoir dans une voiture, ou d'utiliser les escaliers plutôt que l'ascenseur).

Sais-tu que...

Un cœur bat plus de 100 000 fois par jour, soit 40 millions de fois par an. Cela représente plus de trois milliards de battements au cours de la vie.

La pratique d'un sport, tel que le football, est un excellent moyen d'entraîner le cœur à pomper rapidement.

À savoir

Pour maintenir ton système circulatoire en bonne santé :

- **Fais de l'exercice – au moins deux ou trois fois 20 minutes par semaine.**
- **Mange équilibré – peu de graisses, de sel et de plats en sauce… ou de hamburgers !**
- **Maintiens ton poids à un niveau sain.**
- **Ne fume pas.**
- **Essaie de réduire les causes de stress.**

Stop au tabac

La cigarette abîme les poumons, augmente les risques de rétrécissement des vaisseaux sanguins et réduit la capacité du sang à transporter l'oxygène.

Fumer accroît le risque de maladies cardiaques.

L'importance d'un régime équilibré

Ce que nous mangeons a de grandes conséquences sur notre cœur et notre sang. Les aliments riches en fer (*voir* ci-dessous) aident à garder des globules rouges sains. À l'inverse, un excès de sel accroît la tension artérielle et sollicite davantage le cœur et les vaisseaux sanguins.

Aliments riches en fer	Teneur en fer pour 100 g	% des AJR
Foie	9 mg	50 %
Terrine de poisson	9 mg	50 %
Rognons	8 mg	44 %
Gibier	7,8 mg	43 %
Moules cuites	7 mg	39 %
Pâté de foie	7 mg	39 %
Saucisse de foie	6,4 mg	36 %
Oie	5 mg	28 %
Crevettes	5 mg	28 %
Sardines	4,5 mg	27 %
Anchois	4 mg	22 %
Bœuf	2,5 mg	16 %

Les apports journaliers recommandés (AJR) sont la quantité de nutriments que les experts conseillent de consommer chaque jour.

Une bonne alimentation

Une alimentation équilibrée favorise le fonctionnement du système digestif et procure tous les minéraux et vitamines nécessaires à la bonne santé du sang.

Une salade de légumes variés constitue un mets très sain.

ALIMENTATION ET DIGESTION

Nous avons besoin de nourriture car c'est elle qui apporte de l'énergie à nos muscles et à tous les processus qui se produisent dans notre organisme. La nourriture fournit les matières premières nécessaires à la croissance et à la guérison des petits maux du quotidien. Les aliments, grâce à leur goût, procurent le plaisir de manger. Les organes du corps en relation avec l'alimentation – de la première bouchée à l'évacuation des déchets – constituent le système digestif.

Le trajet des aliments

Pour la nourriture, la déglutition est le point de départ d'un voyage de 24 heures dans un tube sombre de près de 10 m de long plein de substances chimiques très puissantes.

L'appareil digestif

L'appareil digestif est un long tube qui s'étire de la bouche à l'anus. Les aliments sont mâchés dans la bouche, avalés dans la gorge et poussés vers l'estomac en passant par l'œsophage. Puis ils suivent l'intestin grêle et le gros intestin jusqu'à l'anus, qui évacue les déchets.

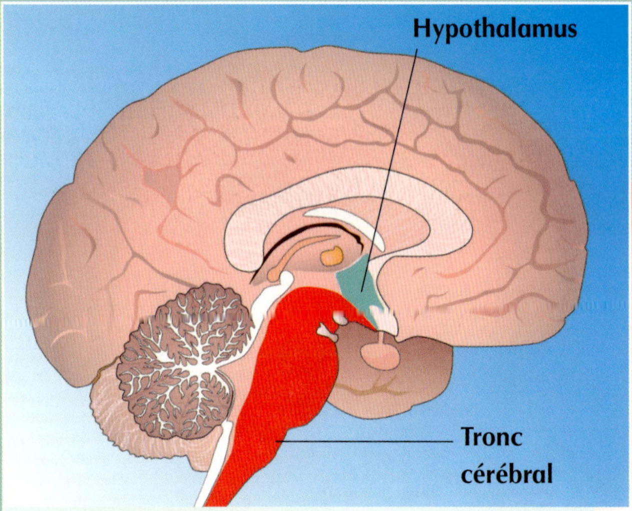

Cerveau et nourriture

Le cerveau joue un rôle vital dans la digestion. L'hypothalamus provoque les sensations de faim et de soif. Le tronc cérébral, situé entre la moelle épinière et le cerveau, contrôle les mouvements automatiques des intestins et l'évacuation des déchets alimentaires.

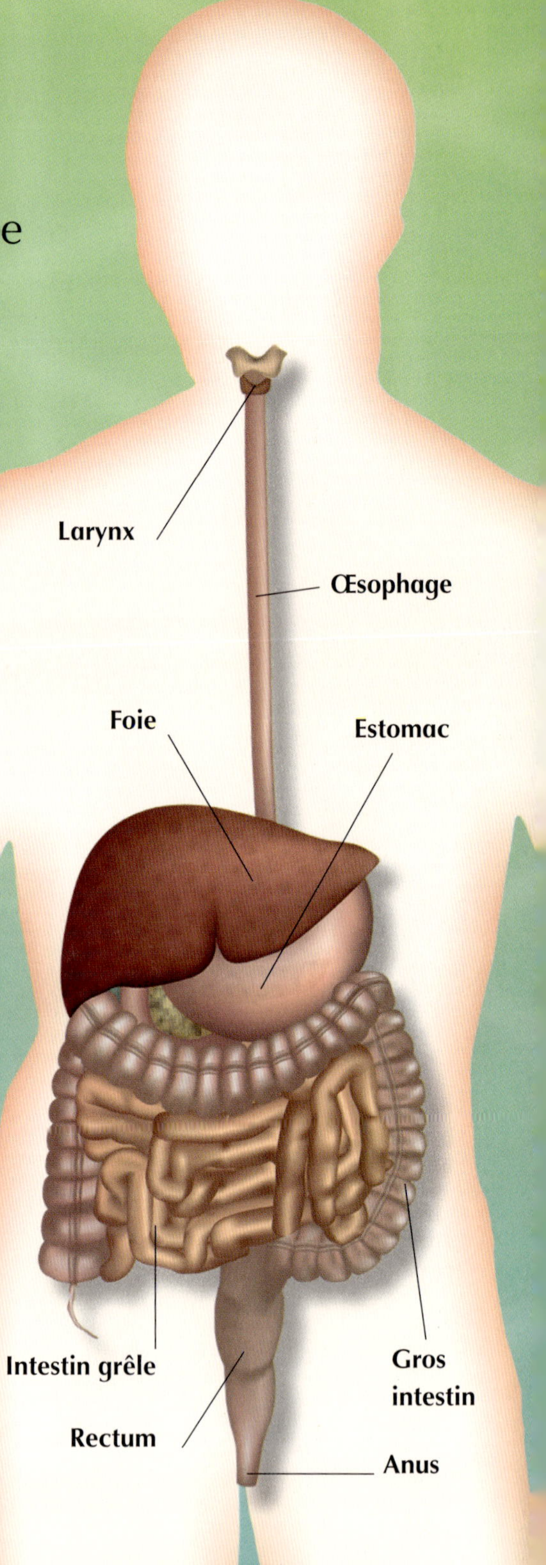

La plupart des organes du système digestif se trouvent dans la partie inférieure du corps – l'abdomen.

Indigeste !

En 1822, le médecin américain William Beaumont soigna un patient blessé par balle à l'estomac. Le trou, maintenu ouvert, offrait la possibilité d'étudier ce qui se passait dans l'estomac. Beaumont put ainsi collecter des échantillons des substances chimiques produites par l'estomac après un repas.

Le broyage des aliments

Dans le tube digestif, la nourriture est digérée, désintégrée et absorbée par l'organisme. Tout ce qui n'est pas absorbé est expulsé sous forme de déchets. D'autres organes du corps participent à la digestion, notamment le foie et le pancréas. Ils fabriquent des substances chimiques nécessaires au broyage et à l'absorption des aliments.

De l'eau, de l'eau

Outre les aliments, le corps a besoin d'eau. L'eau est essentielle pour presque tous les processus – de la digestion à la transpiration. Les aliments contiennent de l'eau, mais il faut aussi beaucoup boire.

Le corps a besoin d'eau pour vivre.

Gros mangeur

Les éléphants ont un corps énorme qui a besoin de beaucoup d'énergie. Or, ils mangent des aliments à faible valeur nutritionnelle, tels que de l'herbe, des feuilles et d'autres plantes. Ainsi, pour tirer assez d'énergie de son alimentation, un éléphant adulte consacre de 18 à 20 heures par jour à manger – plus de 200 kg de plantes par jour, soit le poids de trois adultes.

Un éléphant saisit ses aliments avec sa trompe et les mastique avec ses énormes dents.

Sais-tu que...

En un an, un adulte doit consommer plus d'une demi-tonne de nourriture, soit la moitié du poids d'une petite voiture. Un adulte doit boire environ 850 litres d'eau par an, ce qui représente environ cinq baignoires.

Que contient la nourriture ?

La nourriture ne sert pas juste à calmer la faim. Elle contient des centaines de substances nécessaires pour que notre corps soit en bonne santé et fonctionne bien.

Le bon équilibre

Le corps a besoin d'un équilibre entre les différents types d'aliments. Consommer trop d'un aliment nuit à la santé. Une alimentation équilibrée comprend des fruits et des légumes, des céréales (pain, pâtes, riz), du poisson, des produits laitiers, de la viande en quantité modérée – en particulier la viande rouge. Les aliments riches en sucres et en graisses ne devraient être consommés qu'en faible quantité.

Sais-tu que...

Les régimes alimentaires à la mode se succèdent très rapidement, alors que la base d'une alimentation saine est la même depuis l'homme des cavernes !

Cette pyramide alimentaire indique la proportion quotidienne conseillée pour chaque type d'aliments.

L'apport en énergie

Les différents aliments contiennent diverses substances qui ont toutes un rôle distinct après leur absorption par l'organisme. Par exemple, les vitamines et les minéraux favorisent le bon fonctionnement du corps. Les protéines participent au renouvellement et à la réparation des cellules et des tissus. Les glucides fournissent l'énergie dont nous avons besoin pour vivre.

À savoir

- **Les fibres, que l'organisme ne digère pas, jouent pourtant un rôle important dans l'alimentation. Elles maintiennent les intestins en bonne santé. Les fruits, les légumes et les céréales complètes sont riches en fibres.**
- **Les aliments transformés ont été si modifiés qu'ils perdent une partie de leurs qualités naturelles. Le pain blanc, par exemple, ne contient que très peu de fibres.**

Les fruits contiennent beaucoup de vitamines et de minéraux.

Les vitamines et les minéraux

De nombreux minéraux et vitamines sont importants pour notre corps. La vitamine C, par exemple, maintient les gencives en bonne santé, tandis que la vitamine D renforce nos os. Le fer est essentiel pour le sang.

Les protéines

La viande, le poisson, les œufs, les noix, les légumes et le fromage sont riches en protéines. Le corps transforme et simplifie les protéines que l'on mange en acides aminés. Ces substances chimiques servent à fabriquer de nouvelles protéines qui réparent les cellules du corps.

Viande et poisson sont riches en protéines.

Le pain est riche en glucides.

Les glucides

Les sucres et l'amidon sont riches en glucides. Bien qu'indispensables pour produire de l'énergie, les glucides doivent être consommés avec modération, sans quoi le corps les transforme en graisses et les stocke dans une couche (appelée tissu adipeux) située juste sous la peau.

Les dents et la mastication

Les dents déchiquettent, broient et mâchent la nourriture pour faciliter la déglutition et la digestion. Elles sont couvertes d'émail – la matière la plus dure du corps – afin de durer longtemps. En effet, tu n'auras que deux dentures au cours de ta vie !

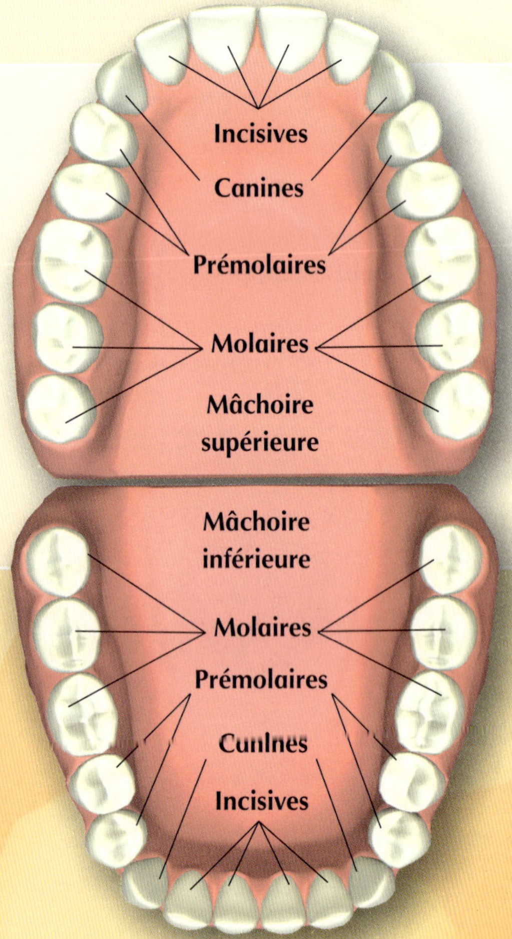

La denture

Un adulte possède trente-deux dents, de quatre sortes : huit incisives à l'avant, quatre canines à côté, huit prémolaires et douze molaires au fond de la bouche.

Il serait difficile de manger une pomme sans dents.

Les dents de lait

Le nombre de dents dépend de l'âge. Les bébés n'ont pas de dents. Puis, de petites « dents de lait » apparaissent. La plupart des enfants ont l'intégralité de leurs 20 dents de lait vers trois ou quatre ans. À partir de six ou sept ans, ces dents commencent à tomber pour être remplacées par les dents définitives.

Regarde ton empreinte dentaire

- Croque dans un fruit avec tes dents de devant pour en prendre un morceau.
- Regarde l'empreinte de tes dents là où tu as croqué. Vois-tu la marque de séparation de tes dents et la courbe de ta mâchoire ?
- Demande à tes amis de faire pareil et comparez vos empreintes dentaires.

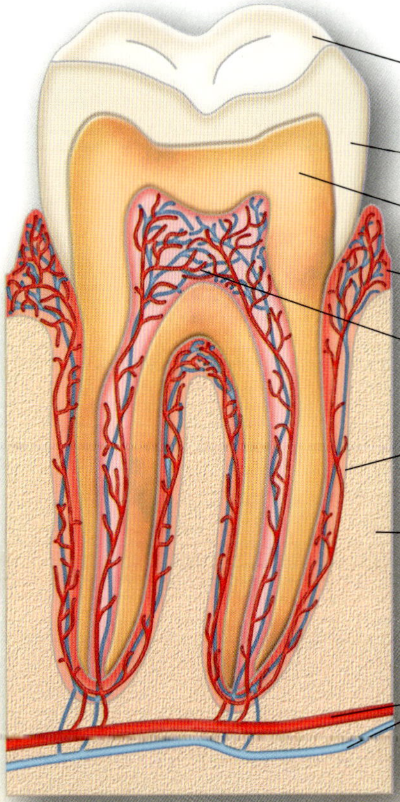

Les rôles des dents

Les dents sont comme des outils, aux formes différentes pour des usages divers. Les incisives, sur le devant, ont un bord droit et étroit qui tranche les aliments.

Les canines, à côté des incisives, sont longues et pointues, pour déchiqueter. Quant aux prémolaires et aux molaires, elles sont larges et plus plates, avec des bosses arrondies pour broyer.

Dans la dent

Une dent est composée de deux parties : la couronne au-dessus de la gencive et la racine dessous. La couche supérieure de la couronne est en émail. En dessous se trouve la dentine, très dure aussi, puis la chair, plus molle. Les vaisseaux sanguins approvisionnent les dents en nutriments.

Sais-tu que...

Les quatre molaires du fond de la bouche sont les dernières à apparaître, entre 17 et 20 ans. On les appelle les dents de sagesse car elles poussent à l'âge adulte. Chez certaines personnes, elles ne poussent jamais – peut-être parce qu'elles n'ont pas assez d'espace.

Les crocs

Les carnivores ont de grands crocs pointus qu'ils plantent dans leur proie pour en arracher la chair. Ils ont aussi des molaires tranchantes, ou carnassières, capables de couper des viandes dures.

Mâcher et avaler

Une fois que l'on a prélevé une bouchée à l'aide de nos incisives (*voir* pages 118 et 119), la langue pousse la nourriture pour qu'elle atteigne les molaires. Celles-ci réduisent la nourriture en bouillie afin qu'elle soit plus facile à avaler.

Une bouillie

Un liquide appelé salive humidifie et ramollit la nourriture pour la rendre encore plus pâteuse. La salive est fabriquée dans six glandes situées sur les côtés du visage, qui en libèrent jusqu'à 1,2 l par jour. Une faible quantité de salive est constamment sécrétée pour maintenir l'humidité de la bouche et des lèvres. Lors des repas, la quantité de salive sécrétée est beaucoup plus importante.

Cette petite fille apprend à manger en coordonnant les mouvements de ses lèvres, de sa langue et de ses mâchoires : ce n'est pas facile !

Les glandes salivaires

Les glandes salivaires, dont il existe trois sortes, sont situées de chaque côté du visage. La glande parotide est juste devant l'oreille. Les glandes sous-maxillaires sont à l'arrière de la mâchoire inférieure. La glande sublinguale se trouve sous la langue.

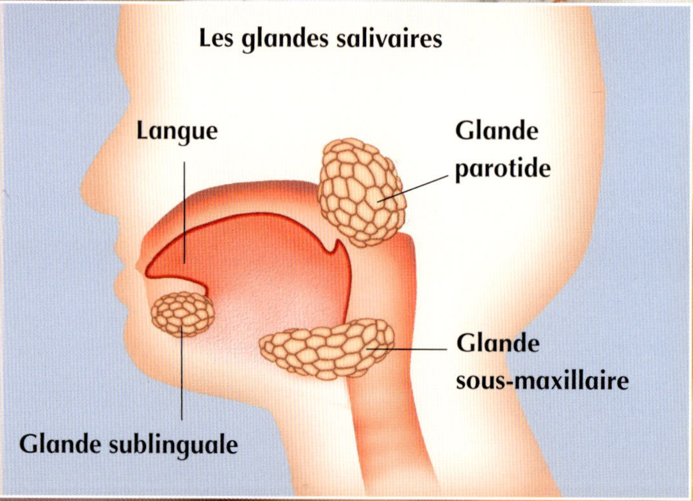

Regarde-toi avaler

- Mets-toi devant un miroir en touchant et en observant ton cou.
- Prépare-toi à avaler, tu sentiras les muscles de ton cou se tendre.
- En avalant, regarde le haut de ton cou se bomber.
- Puis touche le bas de ton cou lorsque le mouvement descend à la fin de la déglutition.

Des attaques chimiques

La salive contient des enzymes, substances qui attaquent la nourriture et la transforment en substances chimiques plus simples. L'amylase, enzyme de la salive, décompose la nourriture. C'est la première d'une série de substances chimiques qui interviennent dans la digestion.

Sais-tu que...

En moyenne, on mastique de la nourriture plus de 1 000 fois par jour. Cela permet aux muscles de la mâchoire de rester sains et forts.

1. Les aliments sont poussés à l'arrière de la bouche.

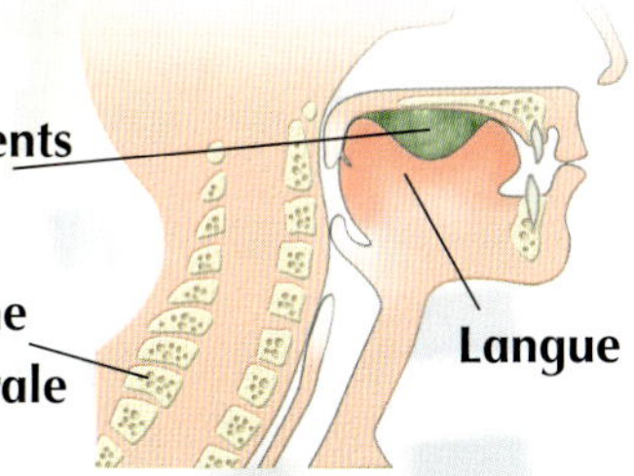

2. Les aliments atteignent la partie supérieure de la gorge.

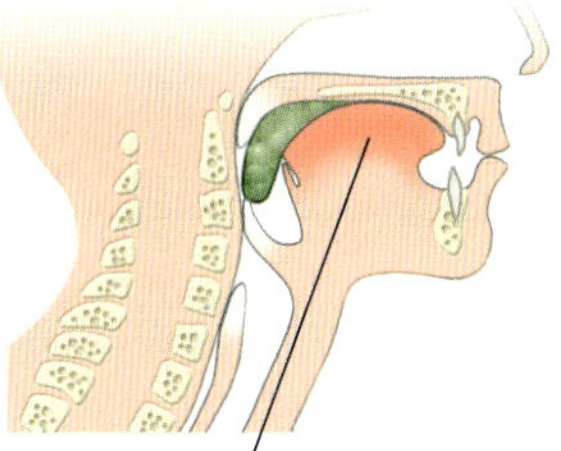

Pour avaler

(1) Au début de la déglutition, la langue isole une partie de la bouchée et la pousse vers l'arrière de la bouche. (2) L'arrière de la langue pousse les aliments vers la partie supérieure de la gorge. (3) La partie inférieure de la gorge se resserre tandis qu'un couvercle – l'épiglotte – se rabat sur le larynx. (4) Les muscles de l'œsophage « saisissent » les aliments lorsqu'ils passent sur l'épiglotte. (5) Les aliments commencent leur voyage vers l'estomac, au long de l'œsophage.

3. L'épiglotte se rabat sur la trachée.

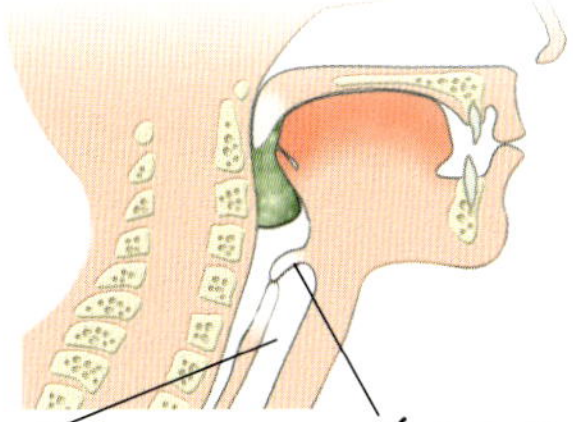

4. Les aliments entrent dans l'œsophage.

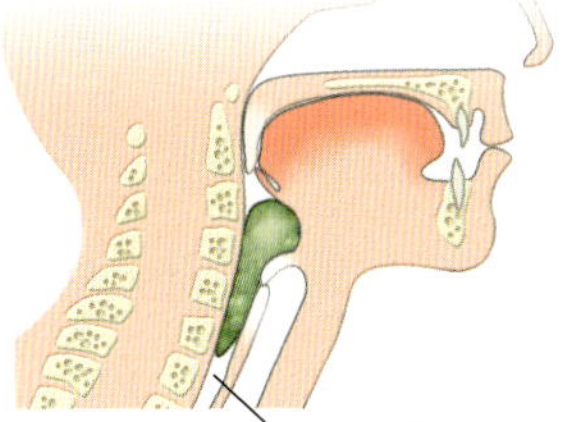

5. Les aliments sont avalés.

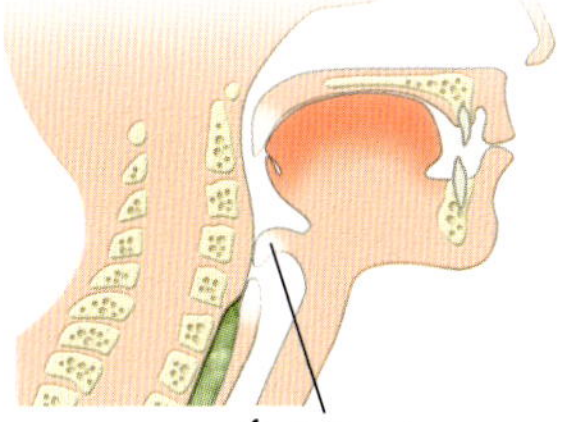

Dans l'estomac

Il faut quelques secondes aux aliments avalés pour parcourir l'œsophage. Ils sont poussés dans l'estomac, en forme de poche, qui les attaque avec de puissants acides, enzymes et autres substances chimiques.

Coupe de l'estomac

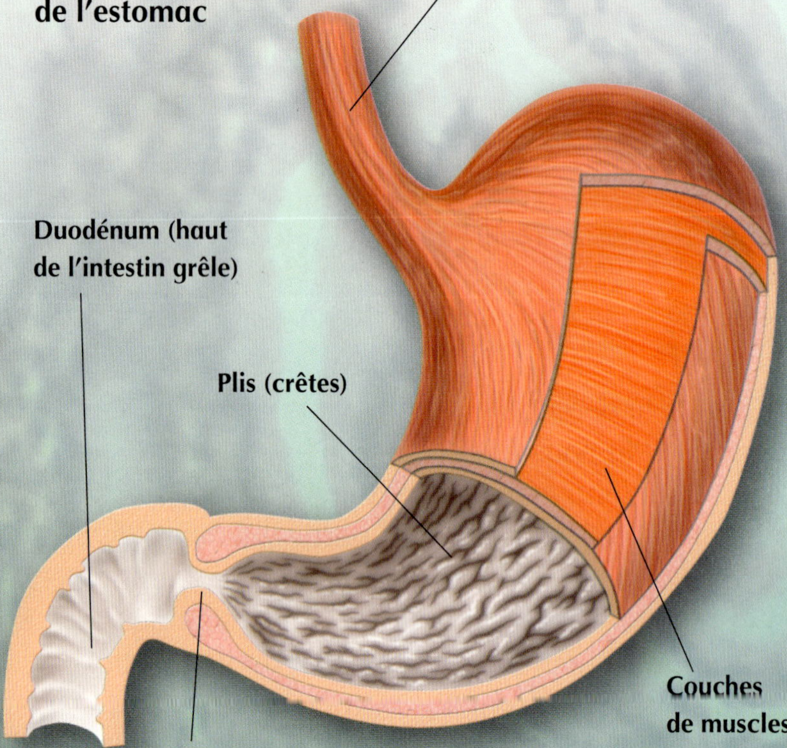

La paroi de l'estomac

L'estomac est une poche située juste en dessous du poumon gauche. Sa paroi est constituée de plusieurs couches, dont trois sont composées de fibres musculaires. Les muscles se tendent et contractent l'estomac pour écraser et mélanger les aliments qui s'y trouvent. L'estomac est situé entre l'œsophage et la partie de l'intestin appelée duodénum. À l'entrée et à la sortie de l'estomac se trouvent des fibres musculaires nommées sphincters qui conservent les aliments dans l'estomac jusqu'à ce qu'ils soient prêts à passer dans les intestins.

La paroi de l'estomac

L'intérieur de la paroi de l'estomac est plissé, ce qui permet à l'estomac de s'étirer. La couche interne de la paroi de l'estomac est une muqueuse. La couche qui se trouve au-dessus est la sous-muqueuse, solide et élastique ; viennent ensuite les trois couches musculaires, constituant l'extérieur de l'estomac.

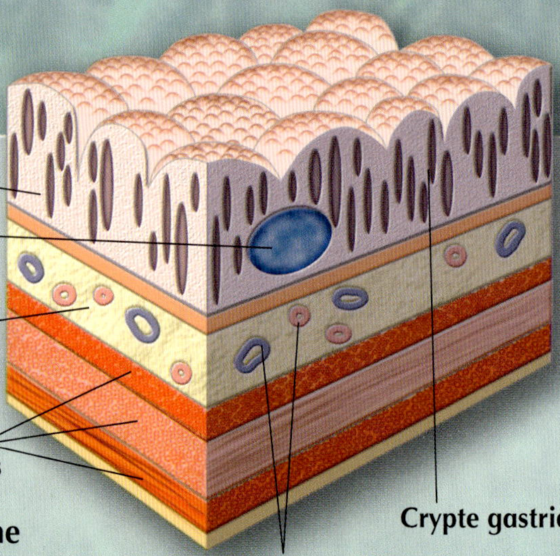

Coupe d'une paroi d'estomac

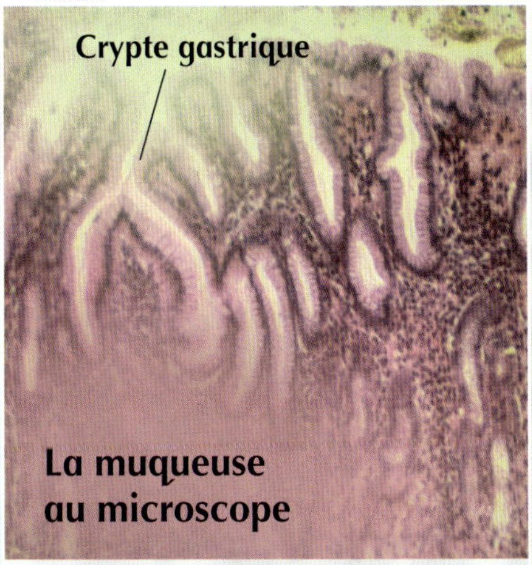

Crypte gastrique

La muqueuse est faite de cryptes (cavités) gastriques tapissées de cellules qui sécrètent des substances chimiques dont un mucus, l'acide chlorhydrique, et un enzyme, la pepsine.

Attention, acide !

L'acide chlorhydrique est une substance chimique très puissante, 10 fois plus puissante que les substances acides du vinaigre et du citron.

Les sucs gastriques

Non seulement l'estomac écrase les aliments, mais il les attaque aussi avec de puissantes substances chimiques. Sa paroi produit un acide très actif (acide chlorhydrique) ainsi que des enzymes. Celles-ci réduisent différentes parties des aliments en miettes.

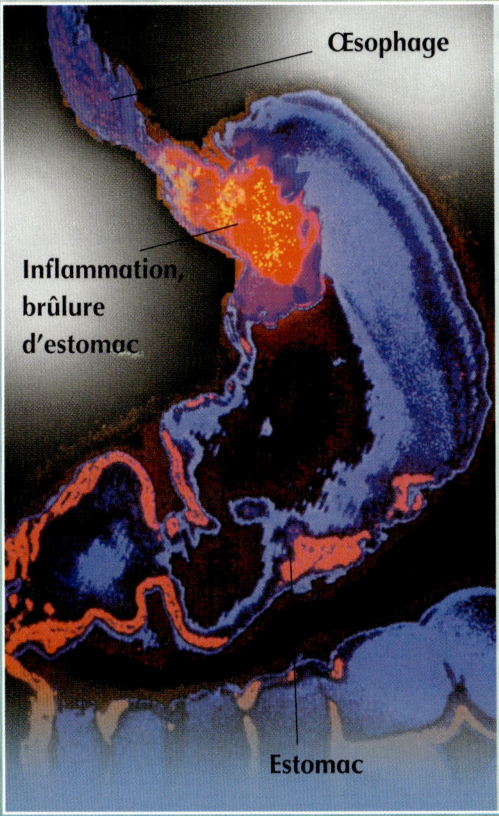

La brûlure d'estomac

Chez certaines personnes, le contenu de l'estomac remonte dans l'œsophage. Cela provoque une inflammation et des douleurs dans la poitrine, à l'endroit où l'acide attaque la paroi de l'œsophage. La douleur s'appelle une brûlure d'estomac.

Inflammation due au reflux du contenu de l'estomac dans l'œsophage.

À savoir

- **L'estomac commence à se contracter et à produire des sucs dès que tu vois ou sens de la nourriture.**
- **L'estomac d'un adulte peut contenir jusqu'à 4 litres d'aliments.**
- **Les aliments restent de une à quatre heures dans l'estomac.**
- **Les aliments contenant des graisses restent plus longtemps.**

De très longs intestins

Après quelques heures dans l'estomac, même les plats les plus appétissants ont l'apparence d'une épaisse « soupe » foncée. Mais la digestion continue dans la suite du tube digestif – l'intestin grêle.

Le pionnier des intestins

En 1780, l'Italien Lazzaro Spallanzani fit des expériences sur son système digestif – en avalant de la nourriture placée dans des filets accrochés à de longues ficelles puis en la faisant remonter pour voir ce qui s'était passé.

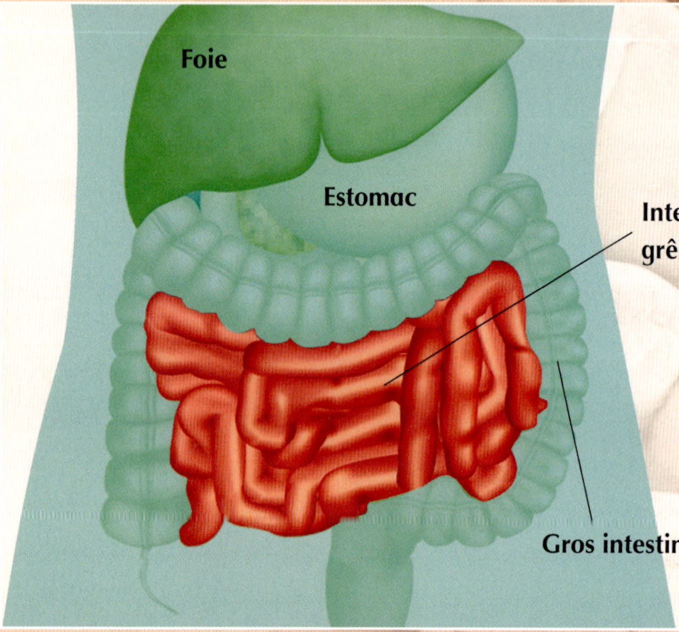

L'intestin grêle

L'intestin grêle est un tube étroit mais très long. Il est constitué de trois parties : en amont, la partie la plus courte, le duodénum ; puis le jéjunum ; enfin, la partie la plus longue, reliée au gros intestin, l'iléon. L'intestin grêle, situé au milieu de la partie inférieure du tronc, est sinueux et courbé, presque encerclé par la partie suivante du tube digestif qu'est le gros intestin.

Plus de digestion

L'intestin grêle contient encore quantité d'enzymes qui attaquent les aliments et continuent à les décomposer. La plupart de ces enzymes ne sont pas fabriquées dans l'intestin grêle mais viennent d'un autre organe du système digestif, appelé le pancréas, qui se situe sous l'estomac, dans la partie gauche du corps.

Vue au microscope des villosités de la paroi de l'intestin grêle

La paroi de l'intestin

La paroi de l'intestin grêle présente de nombreux replis constitués de millions de petits éléments, les villosités intestinales. Chaque villosité contient un réseau de petits vaisseaux – certains sont des vaisseaux sanguins, mais le plus important est un vaisseau lymphatique (*voir* pages 104 et 105). Les nutriments passent dans le sang et la lymphe. Replis et villosités offrent une très grande surface d'absorption des aliments.

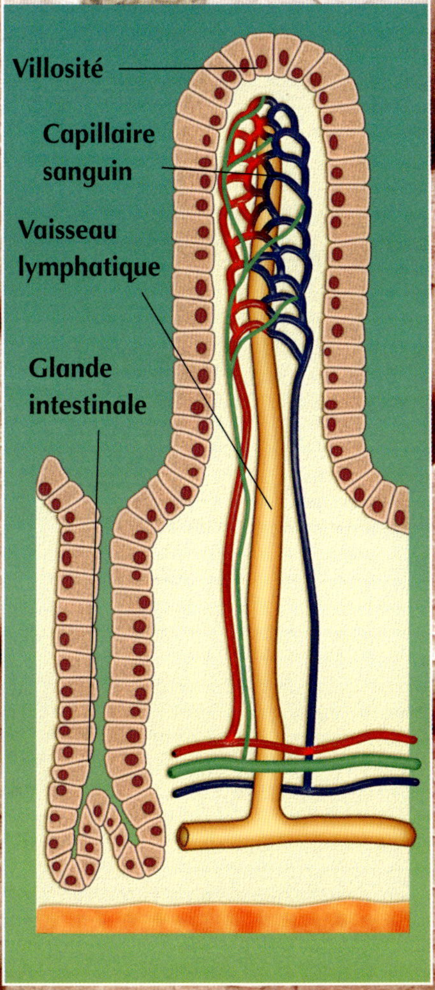

L'absorption

Lorsque les aliments atteignent la dernière étape de la digestion, l'intestin grêle a une nouvelle fonction qui consiste à assimiler, ou absorber, les nutriments. Ceux-ci sont assez petits pour traverser la paroi du petit intestin jusqu'au sang, qui les transporte alors vers le foie.

Sais-tu que...

L'intestin grêle, qui mesure 6 m, est la partie la plus longue du tube digestif. S'il n'était pas sinueux mais droit, un être humain devrait mesurer 8 m !

Le broyage

Ce schéma montre la durée de passage des aliments dans chaque partie du tube digestif. Au cours du voyage de la nourriture dans le tube digestif, les différents types d'aliments sont désagrégés par différentes enzymes. Par exemple, seuls les glucides sont attaqués dans la bouche. Ils le sont aussi dans l'estomac, ainsi que les protéines, tandis que les graisses sont surtout attaquées dans l'intestin grêle.

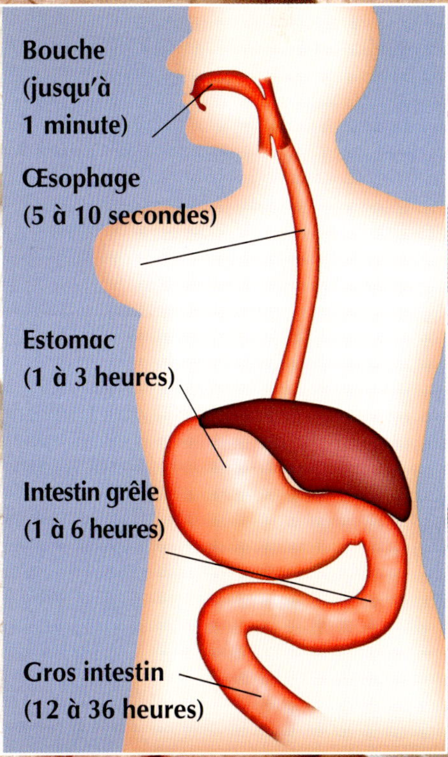

Vers la sortie

Dans le tube digestif, après l'intestin grêle, où les aliments sont digérés et absorbés, vient le gros intestin. Ses fonctions principales sont de récupérer quelques nutriments dans les restes d'aliments digérés et d'extraire l'eau dont le corps a besoin. Les déchets sont alors prêts à être évacués.

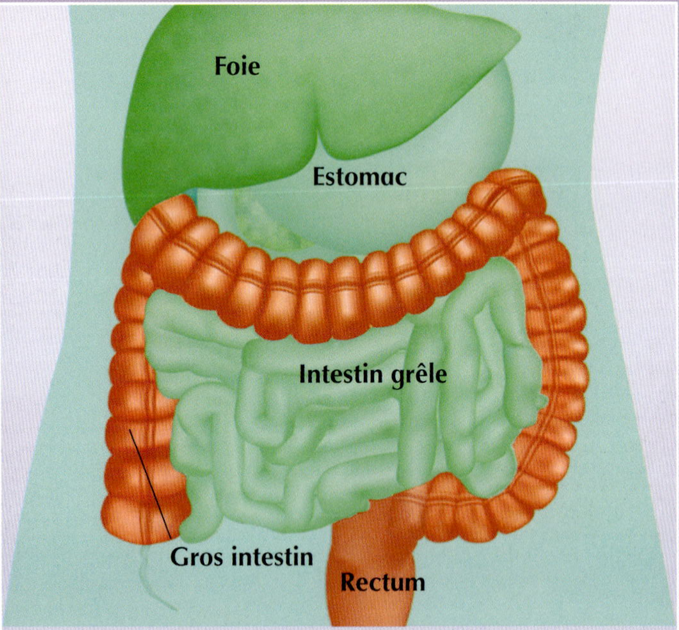

Le gros Intestin

Long de 1 m à 1,50 m, le gros intestin (également appelé côlon) est beaucoup plus court mais aussi plus gros que l'intestin grêle – son diamètre est de 4 à 8 cm. Il forme une sorte de cadre autour de l'intestin grêle dans l'abdomen. Ses muscles puissants font descendre les aliments partiellement digérés grâce à des contractions suivies de relâchements, créant ainsi un mouvement. La paroi du gros intestin est enduite de mucus qui lubrifie l'intérieur et permet aux aliments de se déplacer facilement.

De petits assistants

Le gros intestin contient des millions d'assistants – des organismes éphémères de différentes sortes, surtout des bactéries. Ces microorganismes sont bénéfiques, ils digèrent certains éléments que le corps ne peut digérer, tels que les légumes ; ils utilisent certains des produits digérés tandis que le corps absorbe le reste. L'intestin offre aux bactéries un endroit chaud et humide pour vivre, ainsi que de la nourriture.

À savoir

- **Les matières fécales sont composés de plus de 50 % d'eau. Le reste est constitué d'aliments non digérés, tels que les fibres.**
- **La couleur marron des matières fécales est due à une substance, la bilirubine, issue de la décomposition de globules rouges dans le foie.**

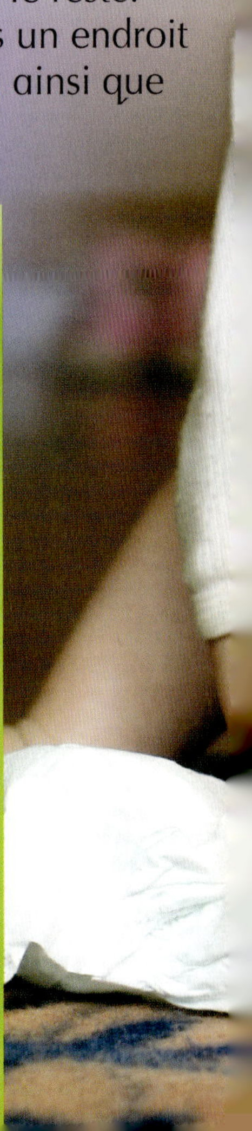

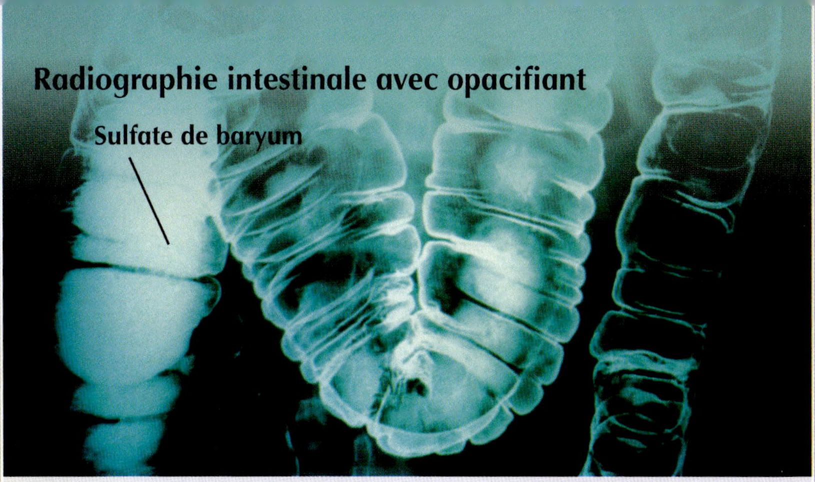

Radiographie intestinale avec opacifiant

Dans le gros intestin

Cette radiographie a été réalisée après injection dans l'intestin de sulfate de baryum, qui apparaît en blanc sur l'image et facilite ainsi l'observation du côlon.

La dernière étape

La dernière partie du gros intestin est un tube large et court, le rectum. Les matières fécales s'y rassemblent avant d'être finalement expulsées par l'anus. Ce double anneau de muscles se détend pour permettre aux excréments de sortir lors du vidage des intestins, appelé défécation.

Le traitement des déchets

Des toilettes, les déchets corporels circulent par les canalisations jusqu'à une usine de traitement des déchets. Ils ne sentent pas bon et peuvent provoquer des maladies. On les traite pour les rendre inoffensifs.

Réservoir à déchets dans une usine de traitement des déchets

Les jeunes enfants commencent par se soulager de façon inopinée, puis ils apprennent à se contrôler en grandissant.

Le foie et le pancréas

Le foie et le pancréas sont deux organes du système digestif (bien qu'ils ne fassent pas partie du tube digestif). Le foie est situé à droite dans la partie supérieure de l'abdomen et le pancréas est à sa gauche, sous et derrière l'estomac.

Sais-tu que...

Le foie est le plus gros organe du corps humain. Chez un adulte en bonne santé, il pèse en moyenne 1,5 kg. Il a l'incroyable possibilité de se réparer et de se reconstituer par lui-même s'il est endommagé.

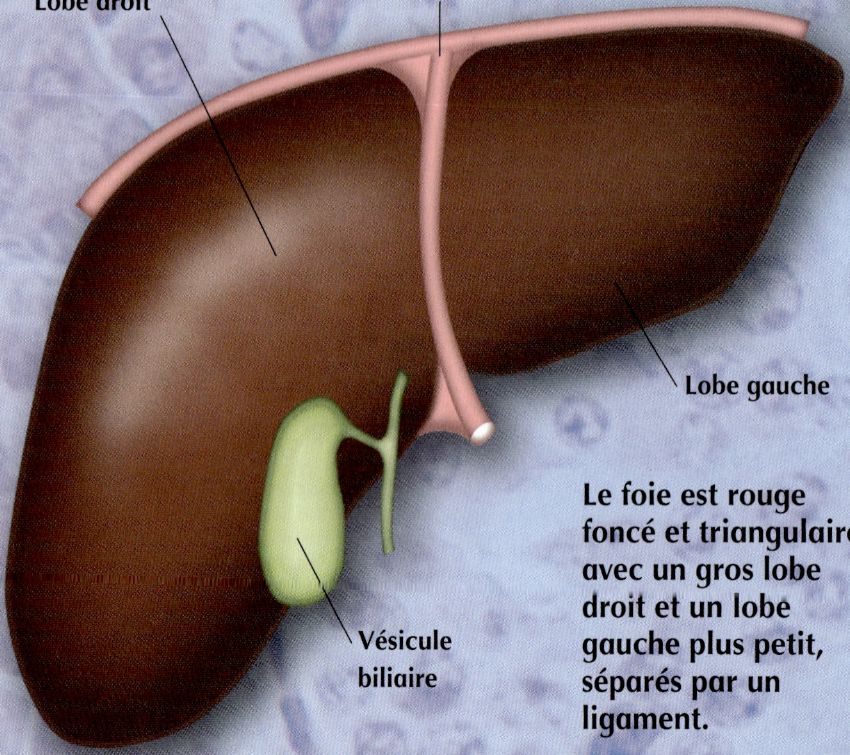

Le foie est rouge foncé et triangulaire, avec un gros lobe droit et un lobe gauche plus petit, séparés par un ligament.

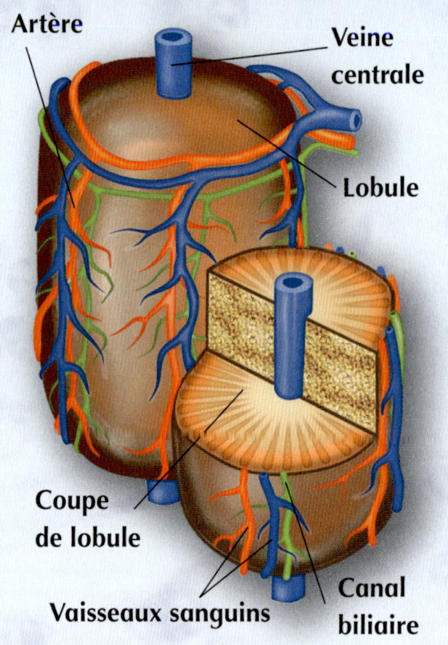

Le foie

Le foie fabrique la bile – liquide vert qui s'écoule jusqu'à une poche de stockage appelée vésicule biliaire. Lorsque la nourriture entre dans l'intestin grêle, la bile entre en jeu pour aider à décomposer les graisses. Après la digestion, les nutriments sont transportés par le sang jusqu'au foie où ils sont stockés, décomposés ou envoyés vers l'organisme dans le sang.

Les lobules

Le foie contient des milliers de lobules, composés d'une veine centrale entourée de groupes de cellules du foie. Ils absorbent des nutriments, neutralisent les poisons et produisent de la bile.

Le pancréas

Le pancréas fabrique des sucs qui coulent dans un canal jusqu'à l'intestin grêle. Ces sucs aident à neutraliser les acides gastriques, de sorte qu'ils ne brûlent pas les intestins. Ils contiennent également des enzymes qui aident à décomposer les protéines, l'amidon et les graisses des aliments afin qu'ils puissent être absorbés.

Vue au microscope des îlots de Langerhans, dans le pancréas

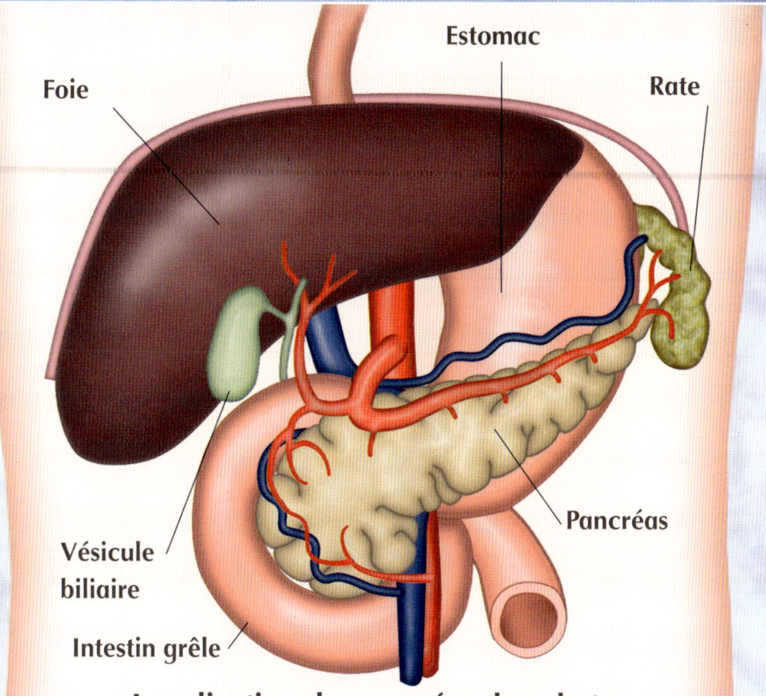

Localisation du pancréas dans le torse

Producteur d'hormones

Le pancréas, rose pâle, mesure environ 15 cm ; il se trouve à côté de l'estomac et est entouré de l'intestin. Le pancréas contient environ un million de petits groupes de cellules appelés îlots de Langerhans. Ces îlots produisent des substances chimiques messagères, des hormones (notamment l'insuline et le glucagon) qui aident à régler le niveau de glucose (sucre) dans le sang. Le glucose sanguin est la principale source d'énergie du corps. Autour des îlots de Langerhans, des groupes cellulaires appelés acini fabriquent les sucs digestifs.

LE TEST DU PANCRÉAS

L'un des premiers savants à étudier le pancréas fut le Néerlandais Reinier de Graaf. En 1664, il publia un rapport présentant ses expériences, surtout effectuées sur des chiens. Il prélevait et testait des sucs pancréatiques, de la salive et de la bile de chien.

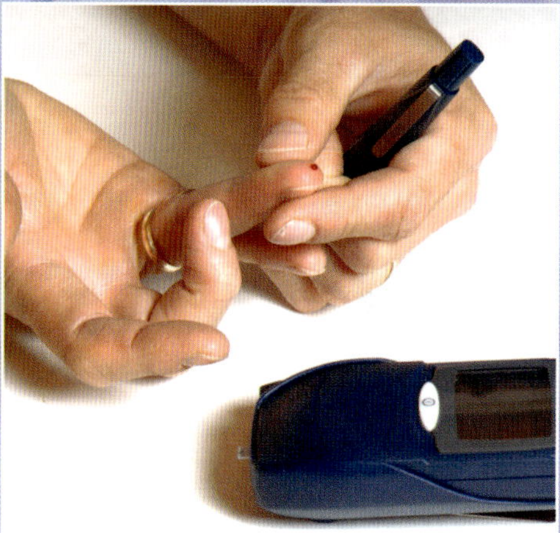

Les diabétiques contrôlent leur niveau de glucose sanguin au moyen d'un appareil spécial.

Le diabète

Le diabète est une maladie qui se caractérise par l'incapacité du corps à maîtriser son glucose sanguin. Le pancréas ne produit plus d'insuline.

Le filtrage du sang

L'urine est un déchet liquide émis par les reins, qui filtrent les substances indésirables du sang. L'urine est collectée dans la vessie puis expulsée du corps.

Évacuation des déchets

Non seulement le sang fournit des nutriments à l'ensemble du corps, mais il récupère aussi les déchets et éléments indésirables des cellules et des tissus. Ces éléments sont ensuite évacués du sang par le système urinaire avant d'être expulsés sous forme d'un liquide appelé urine.

Le test du filtre

- Verse du sel et du poivre dans un petit verre d'eau.
- Verse l'eau à travers une serviette en papier dans un autre verre. Vois comme le papier absorbe les plus grosses particules de poivre.
- Laisse sécher l'eau filtrée. Les cristaux de sel devraient rester au fond. Comme le papier, les reins filtrent certaines substances, mais en conservent d'autres.

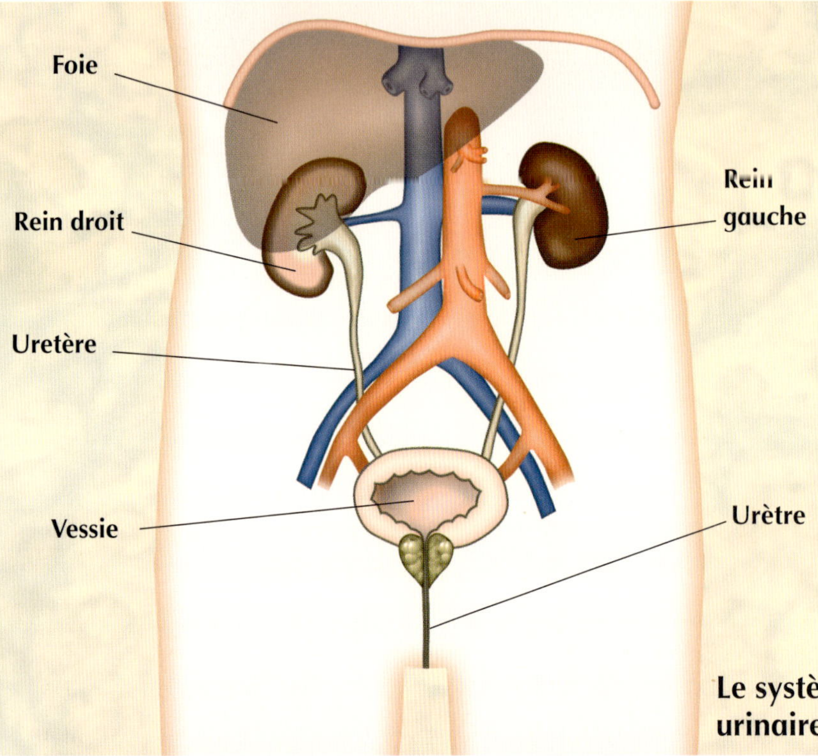

Le système urinaire

Le système urinaire

Le système urinaire est composé des deux reins situés à l'arrière de la partie supérieure de l'abdomen. Deux tubes, appelés uretères, transportent l'urine des reins à la vessie – une poche extensible qui stocke l'urine en attendant son évacuation. Au sortir de la vessie et avant d'être évacuée, l'urine passe dans un autre tube appelé urètre.

Vue en coup d'un rein présentant un néphron

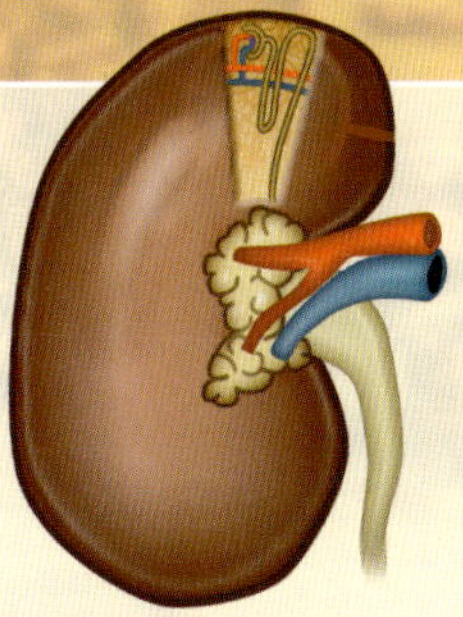

Les néphrons

Dans chaque rein se trouve près d'un million de filtres microscopiques appelés néphrons. Dans chaque néphron, le sang coule à travers un amas de capillaires appelé glomérule. Les déchets, l'eau et d'autres substances utiles se déplacent du glomérule vers un tube étroit – le tubule rénal. Alors qu'elles coulent dans le tubule, une grande partie des substances utiles et de l'eau sont réabsorbées par le sang dans de petits vaisseaux situés autour du tubule. Le liquide restant est l'urine, qui sort du rein par le tube collecteur.

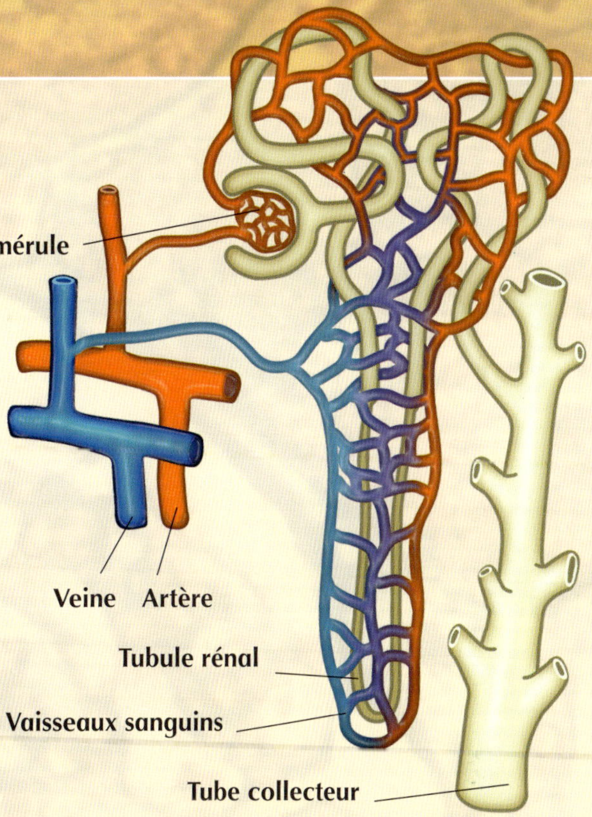

Agrandissement de glomérule

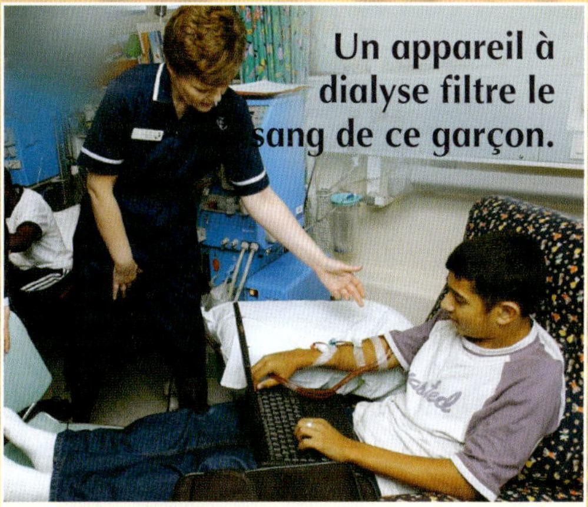

Un appareil à dialyse filtre le sang de ce garçon.

Troubles rénaux

Lorsque les reins sont malades ou défaillants, le sang n'est pas bien filtré et les déchets s'accumulent. On doit alors utiliser un appareil à dialyse pour remplacer le rein. Le sang coule par un tube dans l'appareil, où les déchets sont filtrés. Le sang propre retourne alors dans l'organisme.

L'évacuation de l'urine

Tout le sang du corps traverse et est filtré par les reins toutes les 10 minutes. Cela signifie que notre sang est filtré environ 150 fois par jour. Une fois filtrée, l'urine passe dans la vessie. Ta vessie peut stocker plus d'un demi-litre d'urine, bien qu'elle soit suffisamment extensible pour en contenir le double. Néanmoins, lorsque la vessie contient de 25 à 30 cl, l'envie d'uriner se fait sentir.

L'eau et les déchets

Le corps est principalement constitué d'eau. Une partie de cette eau sert à éliminer les déchets du sang, une autre partie est perdue sous forme de sueur, une autre est expirée sous forme de vapeur d'eau (*voir* page 84).

Le renouvellement de l'eau

L'eau perdue par le corps est principalement remplacée par l'eau qui entre dans le corps grâce à la nourriture et aux boissons. Certains aliments, fruits et légumes en particulier, contiennent environ 90 % d'eau. Un être humain a besoin en moyenne de 2,5 l d'eau par jour, mais s'il fait chaud ou si l'individu a un mode de vie actif – ce qui augmente la transpiration – il lui faudra absorber plus. Lorsque l'on ne boit pas suffisamment, on risque de se déshydrater.

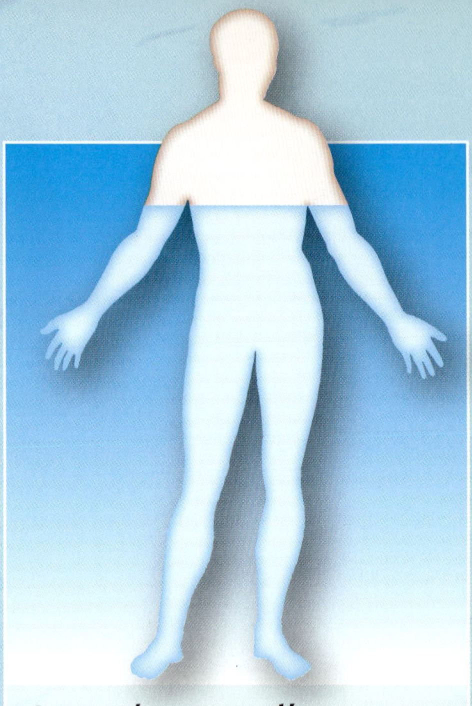

Les niveaux d'eau

Le corps est composé de 61 à 64 % d'eau. Cette proportion est plus élevée chez les enfants, plus faible chez les personnes âgées. Elle varie au cours de la journée selon les aliments ou boissons consommés et selon la température.

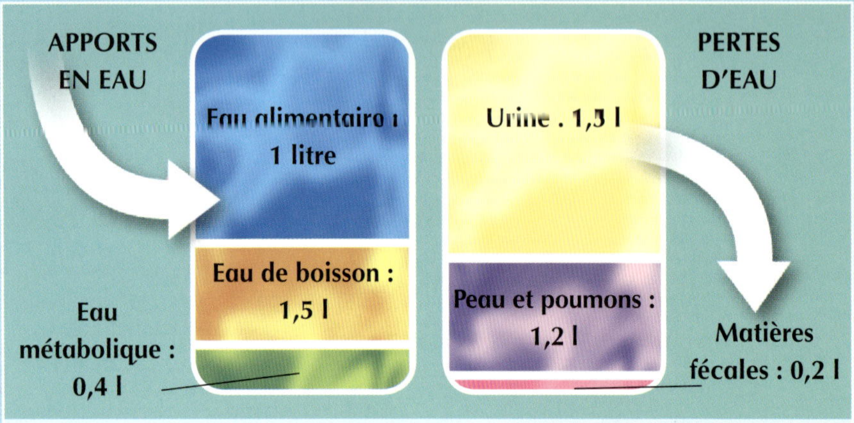

L'équilibre hydrique

Chaque jour, notre organisme absorbe près de 3 litres d'eau. Cette eau ne vient pas seulement des aliments et des boissons : le corps produit aussi de l'eau pendant ses activités chimiques (*voir* ci-contre). L'organisme perd aussi 3 litres d'eau par jour.

À savoir

- **Lorsque des bactéries commencent à décomposer l'urine, elles dégagent de l'ammoniac, un gaz odorant.**
- **L'urine est surtout faite d'eau, mais elle contient aussi des sels et une substance chimique appelée urée.**

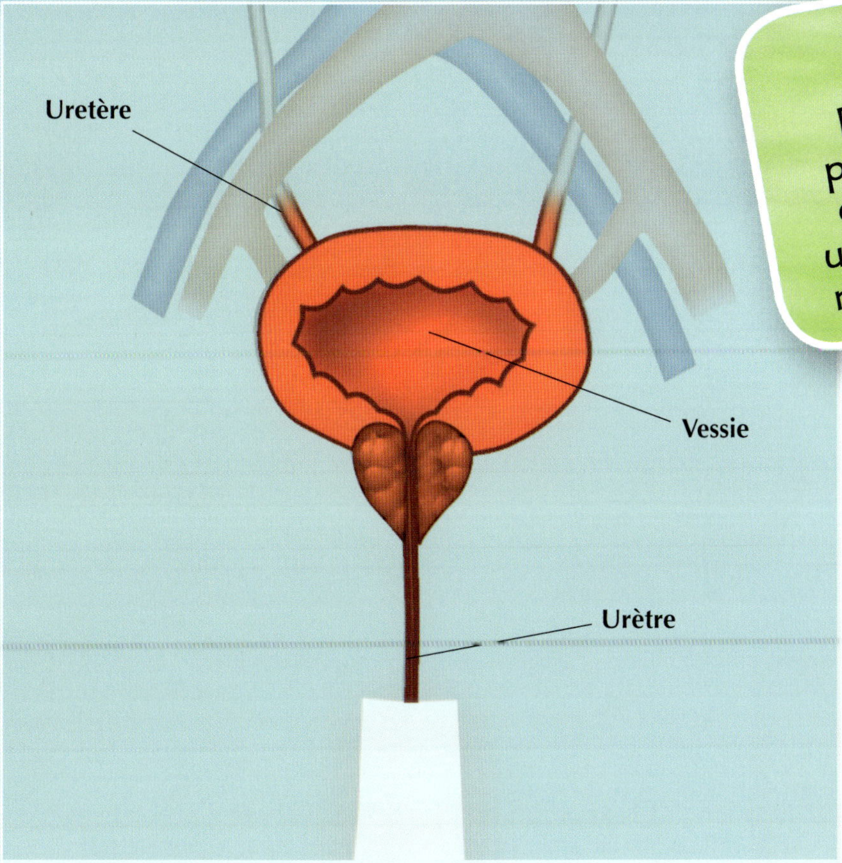

Sais-tu que...

Dans sa vie, un être humain produit 60 000 litres d'urine, ce qui permettrait de remplir une piscine. Cela représente de nombreux trajets aux toilettes !

La vessie

Lorsque la vessie est vide, elle est petite et plissée. Quand elle se remplit d'urine, ses parois se distendent et deviennent lisses. L'urine rejoint lentement la vessie par deux uretères. Pour évacuer l'urine (ou uriner), les anneaux musculaires situés autour de la sortie de la vessie se relâchent. Dans le même temps, les fibres musculaires des parois de la vessie se resserrent afin évacuer l'urine.

Il est temps de changer la couche de ce bébé.

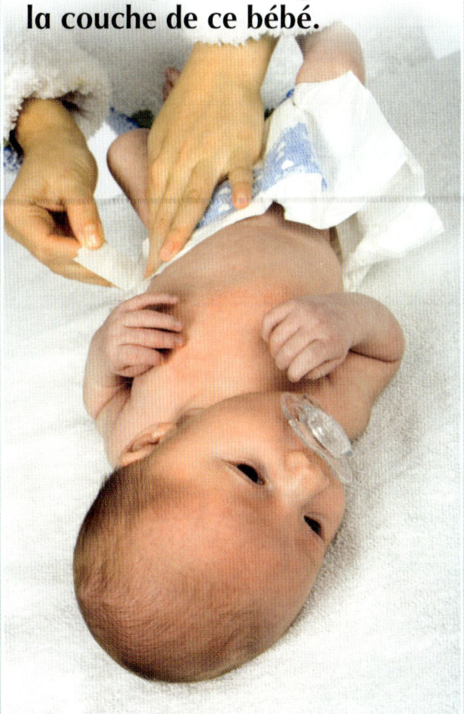

Couches-culottes

Lorsque la vessie se remplit, des capteurs situés dans sa paroi nous avertissent qu'il est temps d'aller aux toilettes. Tout comme ils doivent apprendre à déféquer (*voir* page 127), les bébés doivent apprendre à contrôler les muscles de leur vessie et de leur urètre. Jusqu'alors, ils doivent porter des couches.

Production d'eau

Notre corps produit de l'eau en libérant de l'énergie qui provient de nutriments dans le sang tels que le glucose. Tous les processus chimiques dans le corps sont appelés métabolisme, d'où l'appellation d'« eau métabolique » donnée à l'eau produite selon ce mode.

Les problèmes digestifs

Les termes « maux d'estomac » et « indigestion » sont utilisés pour qualifier toutes sortes de douleurs et gênes abdominales, souvent dues à la libération, pendant la digestion, de gaz prisonniers. Les ulcères et les infections sont moins courants, mais plus graves.

Gros plan sur un ulcère gastrique

Ulcère gastroduodénal

L'ulcère gastroduodénal est une lésion de la paroi du tube digestif. On parle d'ulcère gastrique lorsqu'il se situe dans l'estomac, et duodénal quand il est dans la partie supérieure de l'intestin grêle. L'ulcère gastroduodénal est souvent causé par la bactérie *Helicobacter pylori*, parfois par le tabac ou la consommation excessive de certains médicaments, tels que l'aspirine.

Troubles intestinaux

On parle de diarrhée quand les matières fécales sont liquides. Cela peut faire perdre beaucoup d'eau au corps et provoquer une déshydratation. On parle de constipation quand les matières fécales sont dures, sèches, bloquées dans l'intestin. Il existe de nombreuses causes à ces problèmes, dont l'ingestion d'aliments avariés ou le stress.

Les causes de l'ulcère

En 1982, les chercheurs Robin Warren et Barry Marshall ont découvert une bactérie qui pourrait être responsable de l'ulcère gastroduodénal. Avant cette découverte, on pensait que l'ulcère était probablement dû à une trop grande consommation d'aliments épicés, d'alcool ou de caféine.

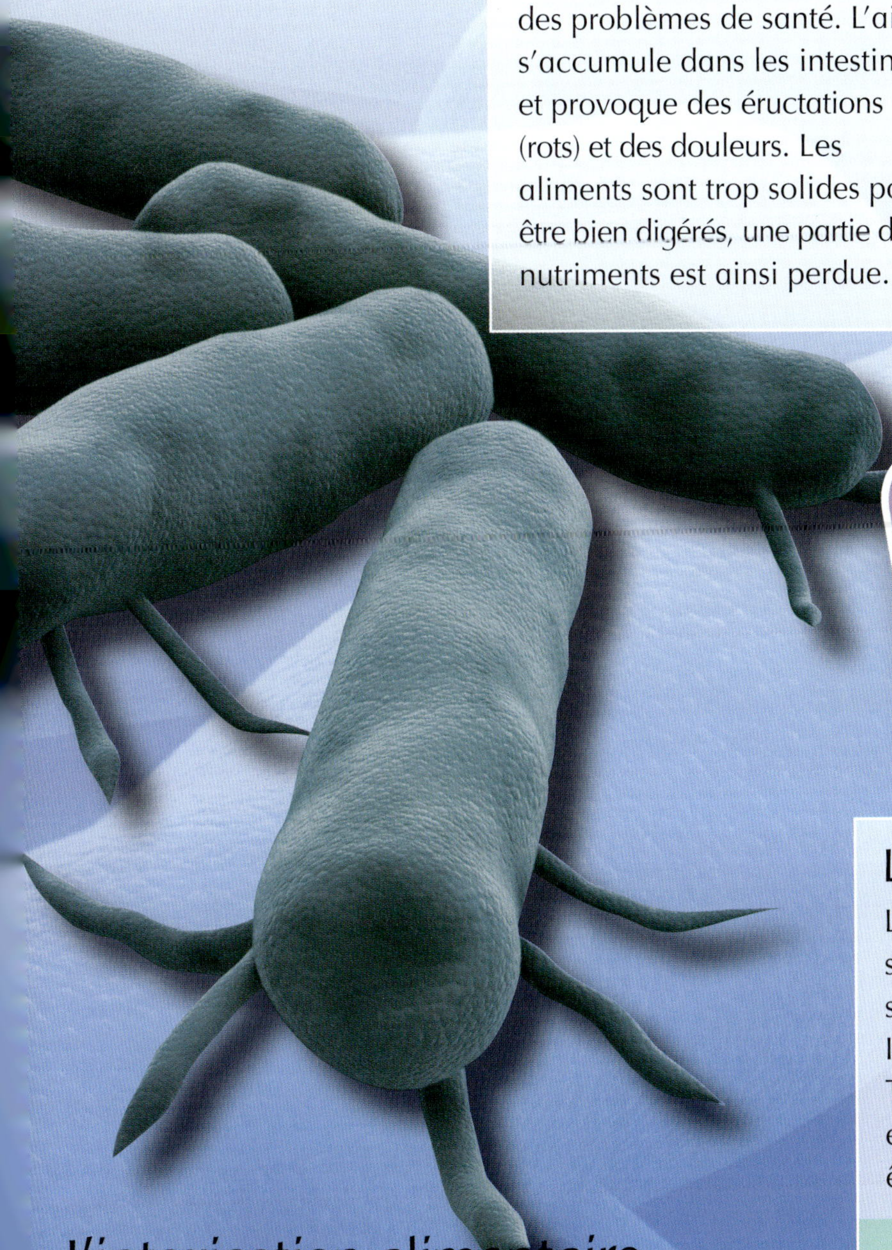

Salmonelles vues au microscope

Pas trop vite !

Manger trop vite peut causer des problèmes de santé. L'air s'accumule dans les intestins, et provoque des éructations (rots) et des douleurs. Les aliments sont trop solides pour être bien digérés, une partie des nutriments est ainsi perdue.

Sais-tu que...

Aux États-Unis, on compte chaque année environ 76 millions de cas de maladies liées à l'alimentation.

L'appendice

L'appendice est un petit tube sans issue qui dépasse de la partie supérieure du gros intestin. Il n'a aucun rôle dans la digestion. Toutefois, il peut se boucher et s'infecter, auquel cas il doit être retiré.

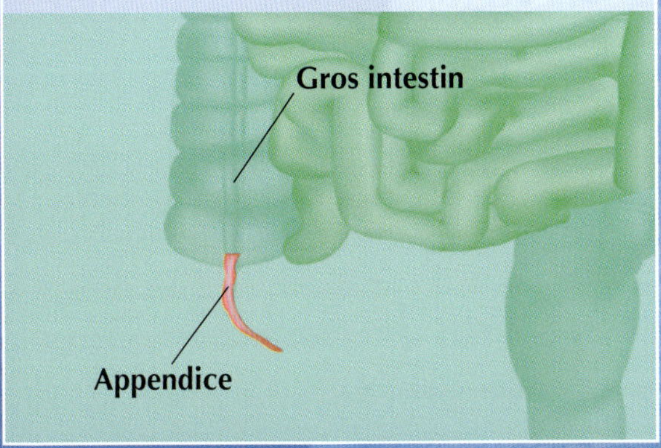

L'intoxication alimentaire

L'intoxication alimentaire provoque diarrhées et vomissements. Elle peut être due à des bactéries telles que les salmonelles qui entrent dans le corps par des aliments avariés. L'intoxication alimentaire peut aussi être provoquée par l'ingestion d'aliments contenant du poison ou des substances nocives (champignons vénéneux, notamment).

Alimentation et santé

Nous ne mangeons pas seulement pour fournir de l'énergie à notre corps. Un délicieux repas nous rend heureux et détendu. Cela nous donne également l'occasion de passer du temps avec notre famille et nos amis.

Sais-tu que...

Le fait de manger trois pommes ou deux bananes fournit assez d'énergie à notre corps pour faire du vélo pendant une heure !

Une nourriture saine

Les spécialistes recommandent de manger cinq portions de fruits et légumes par jour afin de fournir au corps les vitamines, les minéraux et les fibres nécessaires pour être en bonne santé. Une alimentation saine contient la bonne quantité de protéines, de glucides et de matières grasses.

Les aliments s'abîment s'ils ne sont pas bien conservés.

Propreté d'abord !

Conserve et prépare les aliments correctement. Laissés à l'air libre, les aliments sont exposés aux bactéries. Il faut aussi te laver les mains avant de préparer de la nourriture, avant de manger et après être allé aux toilettes.

Les fruits frais, dont la pastèque, représentent une partie importante d'une alimentation saine.

Les horaires des repas

Tout le monde devrait faire trois repas, répartis dans la journée. Le premier repas (le petit déjeuner) est très important car il élève le niveau de glucose sanguin après une longue nuit sans manger. Le fait de manger tard dans la soirée peut provoquer une indigestion car l'organisme digère moins quand on dort.

Chez le dentiste. Il faut faire vérifier ses dents par un dentiste une ou deux fois par an.

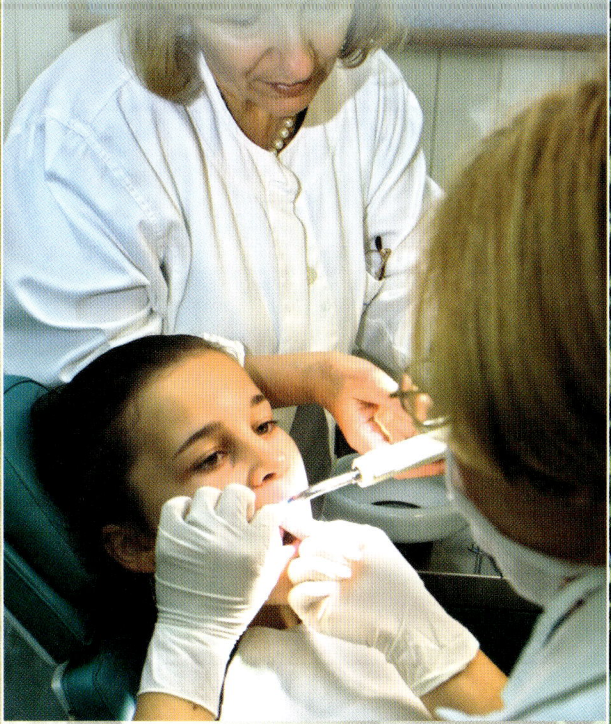

Les soins dentaires

Il faut se brosser les dents trois fois par jour pour éliminer les morceaux d'aliments. Sans brossage, la nourriture risque de s'accumuler dans la bouche et d'attirer les bactéries, qui gâtent les dents et abîment les gencives.

Quels ingrédients ?

- Regarde l'emballage de certains aliments, tels que les chips.
- Lis la composition, et tu verras quelle quantité d'ingrédients artificiels et de substances chimiques – colorants et conservateurs – ils contiennent.

ENCÉPHALE ET NERFS

Notre corps comprend de nombreuses parties vitales, mais il en est une, l'encéphale (le cerveau), qui est au centre de tous nos actes, pensées et souvenirs. L'encéphale est fait de milliards de cellules nerveuses microscopiques et de trillions de fibres et connexions. Des cellules de ce type constituent aussi les nerfs qui émergent de l'encéphale en formant un réseau reliant l'encéphale à toutes les parties du corps. L'encéphale et les nerfs constituent le système nerveux.

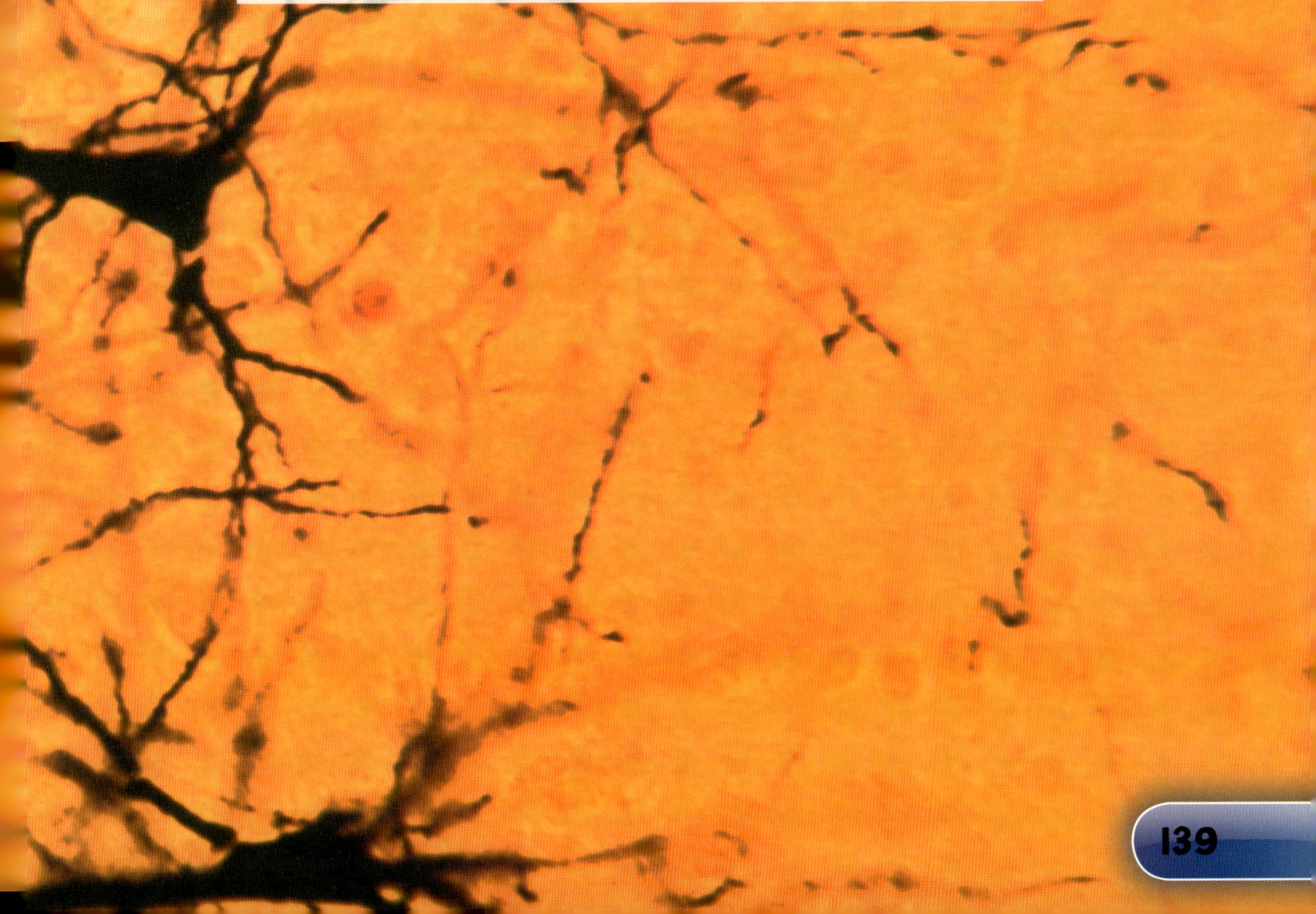

Dans l'encéphale

La surface plissée de l'encéphale vue au microscope

L'encéphale, partie la plus importante du corps, est mou et légèrement souple – comme une sorte de gelée gris-rose. Il est protégé contre les chocs par la boîte crânienne et par un liquide spécial qui amortit les coups.

Méninges et liquide

L'encéphale, situé dans le crâne, occupe la moitié supérieure de la tête. Il est entouré de trois membranes appelées méninges. Entre les deux méninges centrales se trouve une couche de liquide céphalorachidien (LCR). Les méninges et le LCR forment une protection molle autour de l'encéphale.

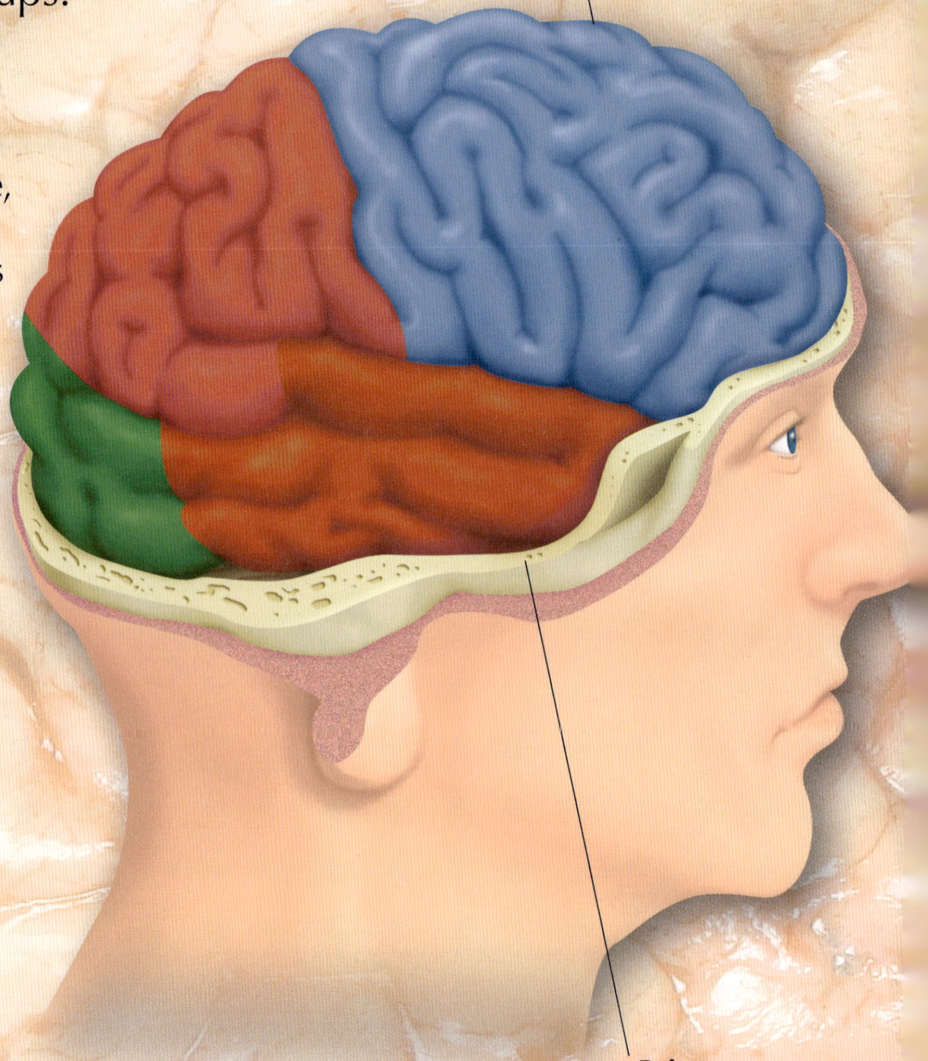

Coupe du crâne montrant une partie de l'encéphale et les quatre lobes du cerveau (*voir* page 142)

À savoir

- **Le liquide protecteur coule autour et à l'intérieur de l'encéphale.**
- **Dans l'encéphale, le LCR circule dans quatre cavités appelées ventricules.**
- **L'encéphale contient environ 15 cl de liquide céphalorachidien.**

Sais-tu que...
À la naissance, le corps n'a que 4 % de sa masse adulte, alors que l'encéphale a déjà le tiers du volume qu'il aura chez l'adulte.

Secours d'urgence pour un garçon sans connaissance par suite d'un coup reçu à la tête.

La perte de conscience

Lorsque quelqu'un est inconscient en raison d'un coup porté à la tête, il ne répond pas, n'effectue aucun mouvement et semble endormi. Son encéphale peut être blessé, auquel cas des soins d'urgence sont nécessaires.

La calotte crânienne

L'encéphale est logé dans la boîte crânienne. Le crâne, très résistant, protège l'encéphale des coups et des chocs. La peau du crâne et les cheveux contribuent à cette protection et empêchent l'encéphale de devenir trop chaud ou trop froid.

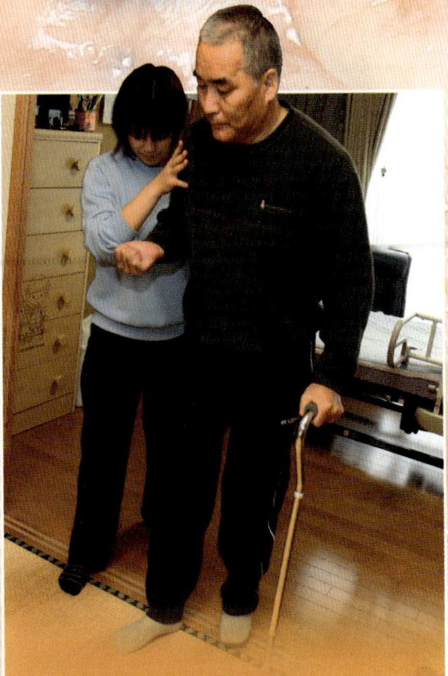

Une infirmière aide ce malade à remarcher.

Se rétablir

Lors d'une attaque cérébrale, l'encéphale n'est plus approvisionné en sang (à cause de l'obstruction d'une artère), ce qui provoque la mort de cellules du cerveau. La convalescence peut durer longtemps car les parties saines de l'encéphale doivent agir à la place des parties endommagées.

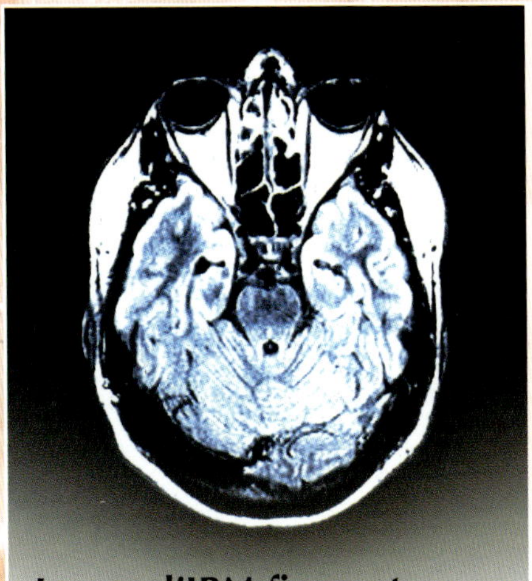

Image d'IRM figurant une « coupe » horizontale au milieu de l'encéphale

À l'intérieur

L'imagerie à résonance magnétique (IRM) utilise le magnétisme et des ondes radio pour créer une image des couches de l'encéphale. Ces vues « en coupe » sont assemblées pour former une image permettant d'étudier le fonctionnement et d'identifier les troubles et les maladies du cerveau.

Les parties de l'encéphale

Une grande partie de l'encéphale est composée du cerveau. C'est là que la plupart de nos pensées et de nos sentiments sont déterminés.

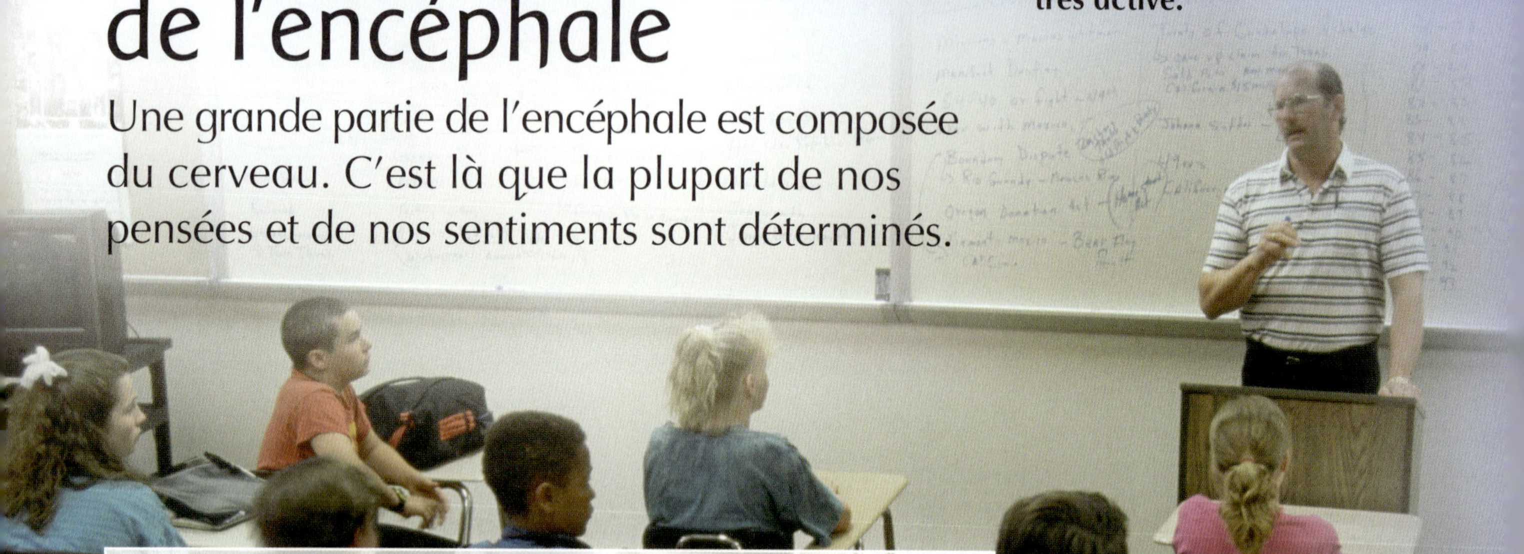

Lorsque l'on étudie les mathématiques, la partie gauche du cerveau est très active.

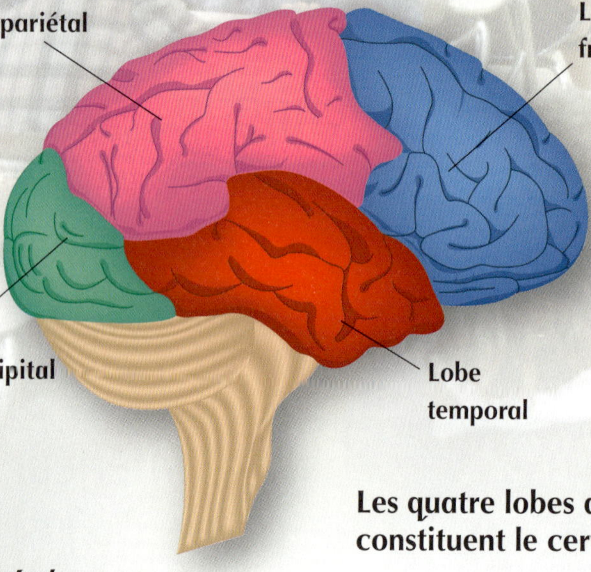

Les quatre lobes qui constituent le cerveau

À l'extérieur

Le cerveau représente environ 90 % de l'encéphale. Il est divisé en quatre régions (les « lobes »), et deux « hémisphères ». Chez la plupart des individus, la partie gauche du cerveau sert à parler, à résoudre les problèmes et à lire. La partie droite est plus liée aux compétences artistiques, telles que la peinture et l'imagination. La partie plissée du cerveau est une fine couche appelée cortex cérébral.

Au centre

Le centre de l'encéphale, sous le cerveau, contrôle la perception (ce que nous voyons, entendons et ressentons), les émotions et l'équilibre. Il a un rôle de relais, consistant à transmettre des messages entre le cerveau et le cervelet, et se compose notamment du thalamus et de l'hypothalamus.

Le cervelet

Dans la partie inférieure de l'encéphale se trouve un bulbe plissé appelé cervelet, qui participe à l'organisation des signaux nerveux à destination des muscles. Le cervelet permet donc à nos mouvements d'être réguliers et habiles plutôt que maladroits et saccadés. Tout comme le cerveau, le cervelet est divisé en deux moitiés, gauche et droite.

Sais-tu que...

Le cerveau enregistre la douleur des autres parties du corps, pour nous informer quand elles sont blessées, mais n'a pas de capteurs de douleur.

L'hypothalamus gère les émotions telles que la peur.

Les émotions

Les sensations fortes telles que la surprise, les chocs, la peur et la colère, ont leur siège dans l'hypothalamus, organe également impliqué dans les pulsions telles que la faim et la soif.

Coupe de l'encéphale

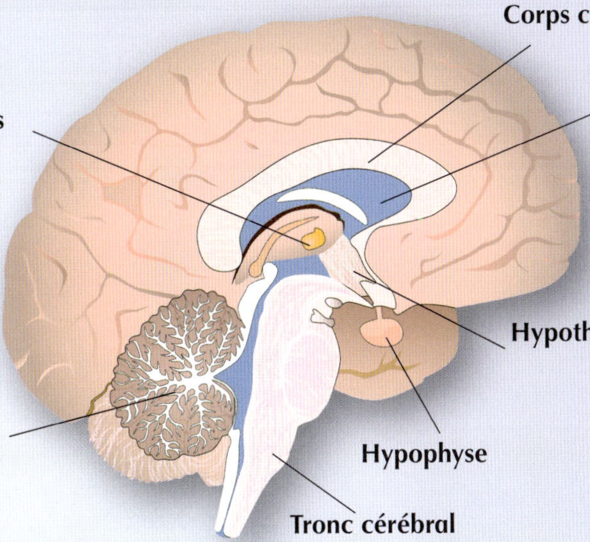

À l'intérieur

Une vue intérieure de l'encéphale révèle ses ventricules, cavités remplies de liquide (en bleu). On peut également observer le thalamus et l'hypothalamus, ainsi que le corps calleux, qui contient des millions de fibres nerveuses servant de lien entre les côtés gauche et droit de l'encéphale. En dessous se trouve le tronc cérébral, qui contrôle nombre des processus de la vie courante, tels que la respiration, la digestion et la tension artérielle.

À savoir

- **L'encéphale d'un adulte pèse en moyenne 1,4 kg.**
- **Le plus gros cerveau humain connu était énorme : il pesait 2,7 kg.**
- **Avoir un gros cerveau ne signifie pas être intelligent : il n'y a aucun lien entre la taille d'un cerveau sain et l'intelligence d'une personne.**

L'envoi de signaux

L'encéphale et les nerfs contiennent des milliards de cellules nerveuses microscopiques, les neurones, qui sont spécialisées dans la réception et l'envoi d'informations sous forme de décharges électriques appelées influx nerveux ou signaux nerveux.

Les cellules nerveuses

Les neurones ont un corps cellulaire d'où partent de fines tiges, les dendrites – et aussi, en général, un prolongement appelé axone, ou fibre nerveuse. Les messages nerveux sont captés par les dendrites, élaborés et modifiés lorsqu'ils passent dans le corps cellulaire puis renvoyés par l'axone. Un motoneurone envoie des signaux aux muscles pour leur indiquer quand se contracter. Les signaux traversent l'axone en allant aux fibres musculaires. L'axone est entouré et protégé par une enveloppe épaisse et graisseuse – une gaine de myéline.

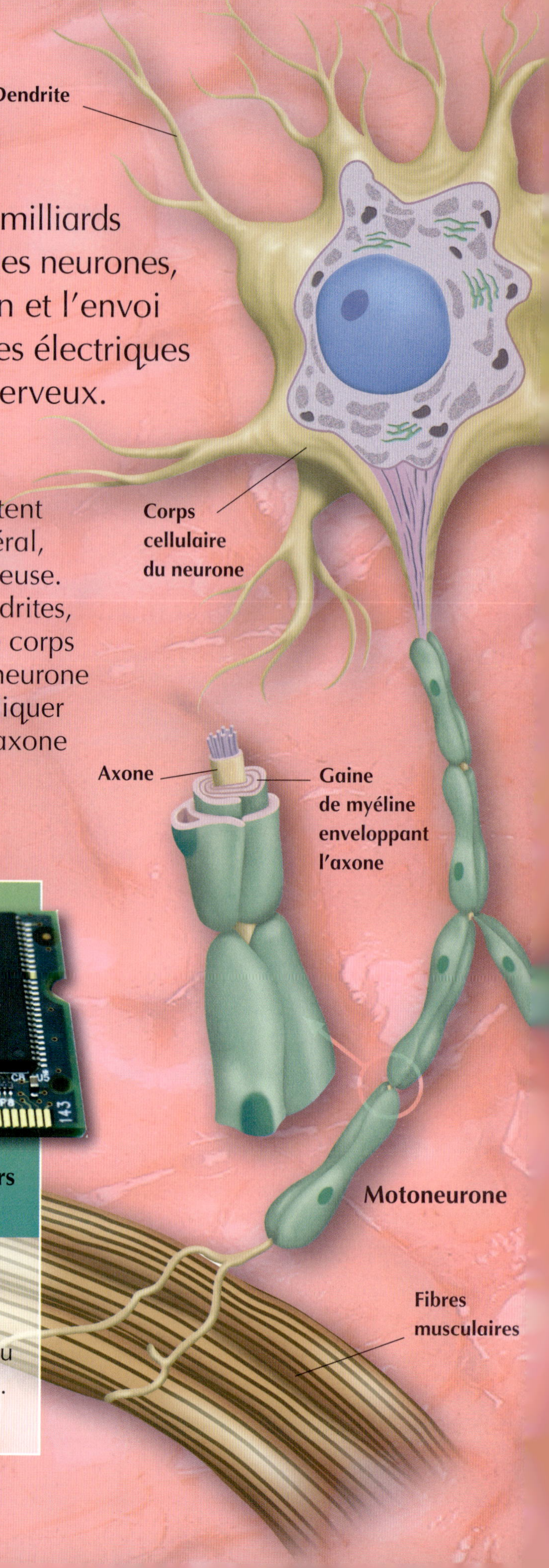

Les circuits électroniques permettent aux ordinateurs d'effectuer des millions d'opérations par seconde.

Microprocesseurs naturels

Les neurones fonctionnent comme des puces d'ordinateur. Celles-ci contiennent de petits circuits au long desquels sont transmis des signaux électriques.

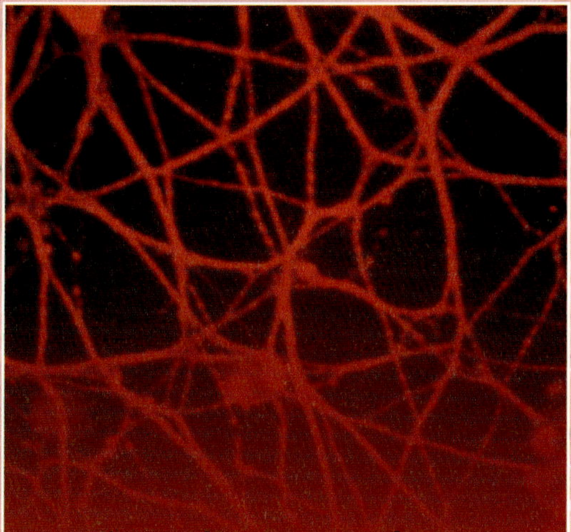

Un réseau de neurones dans le cerveau

Les zones de contact

Les dendrites et les axones sont reliés aux dendrites et axones d'autres neurones mais ne se touchent pas entre eux. La jonction est effectuée dans de petites fentes appelées synapses. Les messages nerveux franchissent la synapse sous forme non de signaux électriques mais de signaux chimiques appelés neurotransmetteurs. Chaque « bond » chimique prend moins d'un millième de seconde.

Un réseau de nerfs

Le cerveau contient environ 100 milliards de cellules nerveuses. Chacune d'entre elles peut être liée à plus de 10 000 autres neurones. Grâce à ces connexions, les signaux nerveux disposent ainsi de trillions de parcours possibles entre les neurones.

Sais-tu que...

Les ondes cérébrales sont décelables au moyen de capteurs, qui permettent à certains paralysés de contrôler des appareils tels que des ordinateurs uniquement par la pensée.

Un patient relié à un électro-encéphalographe qui mesure les ondes de son cerveau.

Les ondes cérébrales

Les signaux électriques de l'encéphale peuvent être détectés par des capteurs sur la tête, puis affichés sur un écran ou sur une feuille de papier sous forme d'ondulations. La forme des ondulations permet aux médecins de déceler certains troubles du cerveau afin de les traiter.

Un pionnier

En 1924, le savant allemand Hans Berger inventa la première machine à mesurer les signaux électriques du cerveau humain. Il l'essaya en cachette sur son fils puis sur d'autres personnes. En 1929, Berger publia son premier rapport sur l'activité électrique du cerveau.

La carte du cerveau

La couche extérieure du cerveau, appelée cortex cérébral, contient la moitié environ des cellules de l'encéphale – quelque 50 milliards – et les trillions de connecteurs qui les relient.

Un méchant accident

En 1848, un employé des chemins de fer américains, Phineas Gage, subit un accident : une barre de fer lui traversa le lobe frontal. Après sa blessure, Gage devint colérique et irritable. Cette histoire joua un rôle déclencheur dans l'étude du rôle du cerveau dans la personnalité.

Carte du cortex

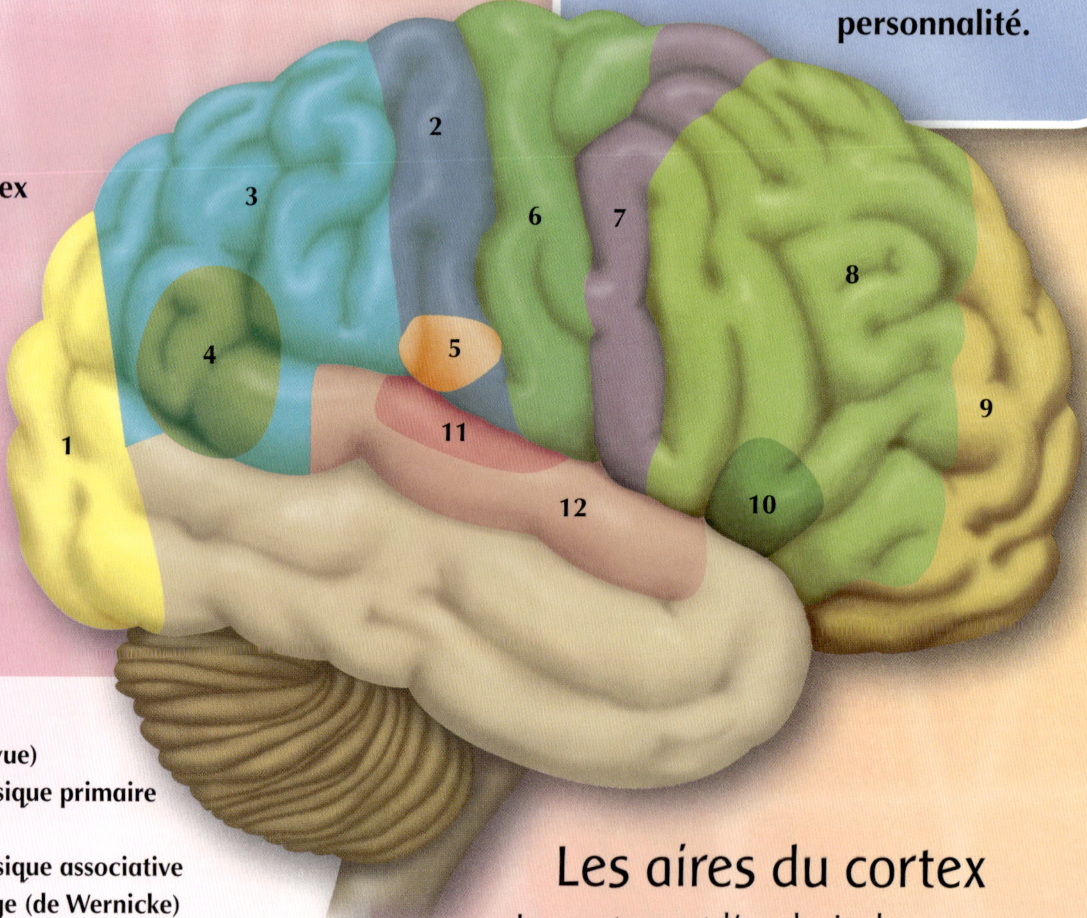

LÉGENDE
1. Aire visuelle (vue)
2. Aire somesthésique primaire (toucher)
3. Aire somesthésique associative
4. Aire du langage (de Wernicke)
5. Aire gustative (goût)
6. Aire motrice (organisation des mouvements)
7. Aire prémotrice (prévision des mouvements)
8. Cortex frontal (comportement et personnalité)
9. Aide du langage (compréhension des mots)
10. Aire du langage (de Broca)
11. Aire auditive (ouïe)
12. Vestibule (équilibre)

Les aires du cortex

Le cortex est l'endroit du cerveau qui détermine la perception de ce que nous voyons, entendons, sentons, goûtons et touchons. C'est aussi là que nous élaborons nos mouvements (grâce aux fonctions motrices) et les organisons. Chacun de ces processus sensoriels et moteurs se produit dans une aire différente du cortex.

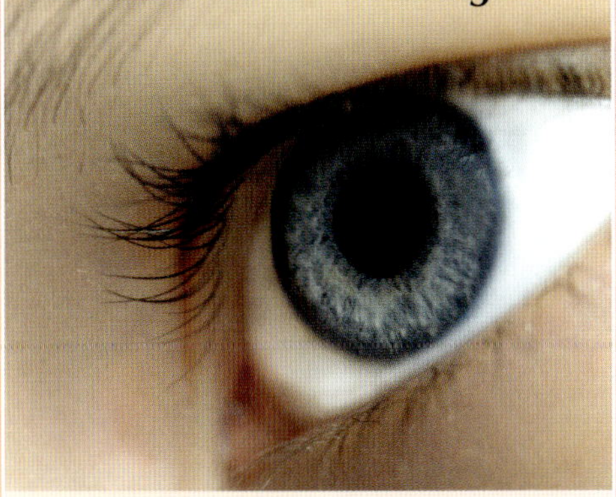

Le cerveau interprète les signaux envoyés par les yeux et les transforme en images.

La vue

Lorsque la partie inférieure de l'arrière de la tête, au niveau de l'aire visuelle, reçoit un choc, des problèmes visuels peuvent apparaître.

L'ouïe

Les signaux nerveux de chaque oreille passent dans les nerfs jusqu'à l'aire auditive, sur le lobe temporal. Lorsque l'on reçoit un choc sur cette partie de la tête, on entend parfois des bourdonnements et des bruits de frottements. Ces sons ne viennent pas de l'oreille mais sont « fabriqués » par le cerveau ébranlé.

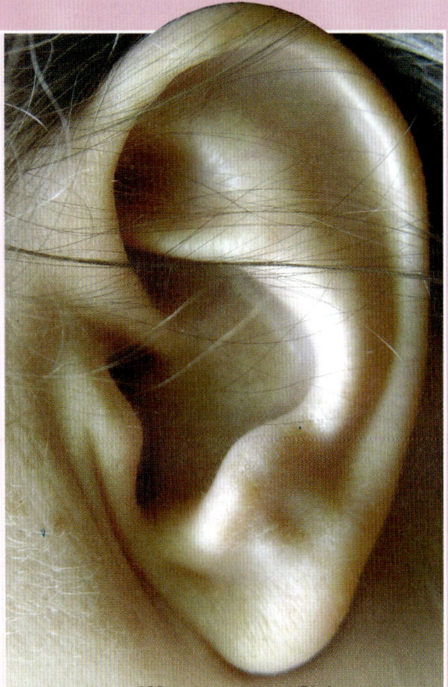

Les oreilles sont reliées au cerveau par des nerfs.

Sais-tu que...

Si le cortex cérébral était étalé à plat, il aurait la taille d'une taie d'oreiller et serait presque aussi épais. Mais ses plis profonds lui permettent de s'ajuster à la tête.

L'esprit

Le cortex est le principal centre de la pensée et de la conscience (ce qu'on appelle l'esprit). Il est également impliqué dans la faculté d'apprendre et la mémoire. On l'appelle parfois la matière grise car toutes ses cellules nerveuses lui donnent une couleur grise. Les axones nerveux des neurones rejoignent le centre du cerveau – en traversant le cortex – où ils sont reçus par d'autres parties telles que le thalamus et l'hypothalamus.

La personnalité

De nombreuses zones du cerveau contrôlent la façon de se comporter, de ressentir et de penser. Tout cela constitue notre façon d'être, ou personnalité. Notre personnalité est déterminée par certaines parties du cortex, en particulier le lobe frontal et l'hypothalamus (*voir* pages 142 et 143). Ainsi, le cerveau envoie des signaux à notre visage pour lui dire d'avoir l'air content ou triste, selon les cas.

Les principaux nerfs

Tout seul, le cerveau ne peut faire grand-chose. En effet, il a besoin de nerfs qui le relient au reste du corps. Il existe 12 paires de nerfs crâniens qui transportent les signaux entre le cerveau, les nerfs, les muscles et les glandes.

Les nerfs crâniens assurent la régulation de la respiration. Ce plongeur respire sous l'eau grâce à une bouteille d'oxygène.

Relier les nerfs

Les 24 nerfs crâniens, regroupés par paires, relient le cerveau aux parties du corps situées surtout dans la tête et le cou. Les nerfs sensoriels transportent des signaux vers le cerveau, et les nerfs moteurs envoient des instructions aux muscles.

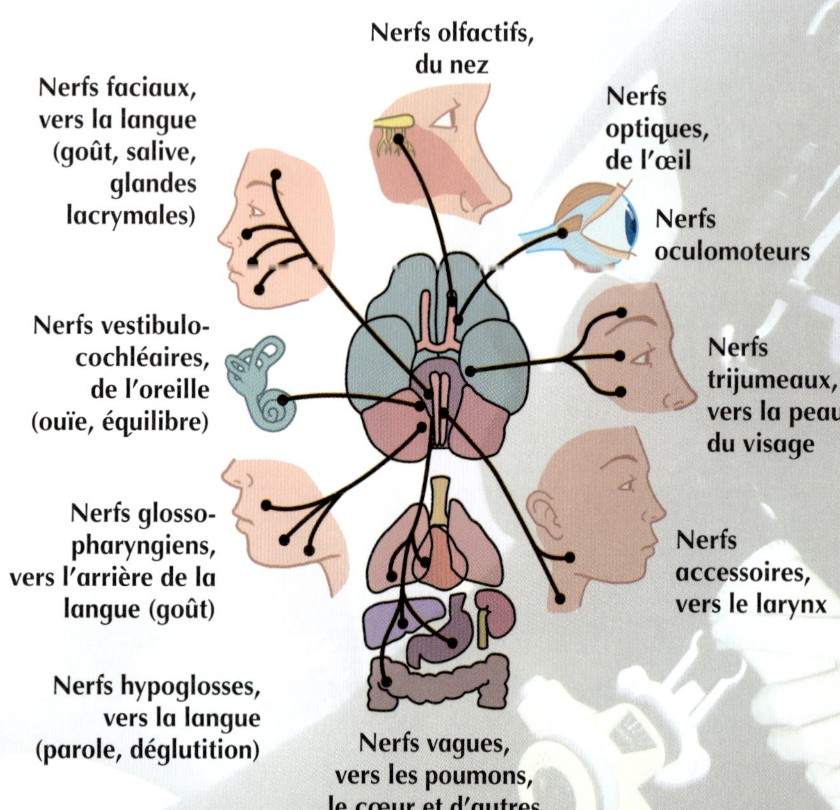

Les nerfs crâniens

Les nerfs sensoriels rapportent au cerveau des signaux venant des organes sensoriels tels que les yeux et les oreilles. Ces nerfs sont les nerfs olfactifs, vestibulocochléaires et optiques. Les nerfs moteurs envoient des messages du cerveau aux muscles et aux glandes. Ce sont les nerfs oculomoteurs, pathétiques, moteurs oculaires externes, accessoires et hypoglosses. Certains nerfs transportent à la fois des signaux sensoriels et moteurs. Il s'agit des nerfs vagues, trijumeaux, faciaux et glossopharyngiens.

Sais-tu que...

Si tous les nerfs du corps étaient extraits et mis bout à bout, ils s'étendraient sur près d'une centaine de kilomètres.

Certaines personnes ayant la moelle épinière abîmée sont contraintes de se déplacer en fauteuil roulant.

Moelle épinière

La moelle épinière est le principal lien du cerveau avec le reste du corps. Il prend naissance dans le tronc cérébral et descend dans le corps par un canal à l'intérieur de la colonne vertébrale. Les os de la colonne protègent la moelle épinière.

Blessure de la moelle épinière

Une blessure au cou ou au dos peut endommager la moelle épinière, qui cesse alors d'envoyer des signaux du cerveau au reste du corps. Si la lésion se situe dans le bas du dos, elle affecte les sensations et les mouvements des jambes. Si elle touche le haut du dos, les bras peuvent également être insensibles et paralysés.

Le calmar permet d'étudier les nerfs et leur fonctionnement.

Des nerfs géants

Le nerf principal du calmar présente un gros axone – une fibre nerveuse aussi épaisse que la mine d'un crayon. Cet axone peut donc être facilement observé et modifié pour étudier le fonctionnement des nerfs, la transmission des signaux et leur cicatrisation.

À savoir

- **Les signaux nerveux passent dans les nerfs à une vitesse pouvant dépasser 100 m/s.**
- **Les plus gros nerfs traitent 300 signaux par seconde.**
- **Une personne qui, en raison d'une blessure, a perdu l'utilisation de ses jambes est paraplégique, tandis que quelqu'un qui a perdu l'utilisation de ses bras et de ses jambes est tétraplégique.**

Le système nerveux

L'encéphale et la moelle épinière constituent le système nerveux central. Le système nerveux périphérique est composé de tous les nerfs qui partent et arrivent du reste du corps.

Les nerfs spinaux ou rachidiens

La moelle épinière, longue d'environ 50 cm, est aussi fine que le petit doigt. Comme le cerveau, elle est protégée des coups par des méninges et du liquide céphalorachidien. Des paires de nerfs qui partent à gauche et à droite de la moelle épinière relient celle-ci aux muscles, aux glandes, aux os, à la peau, aux vaisseaux sanguins et à d'autres parties du corps.

Des nerfs résistants

Les nerfs ressemblent à des cordons gris brillant. Ils sont assez flexibles pour se tordre au niveau des articulations et assez résistants pour être compressés par les muscles qui les entourent. Dans les nerfs, se trouvent des amas d'axones. Les plus gros nerfs sont les nerfs sciatiques, dans les jambes, aussi épais que le pouce.

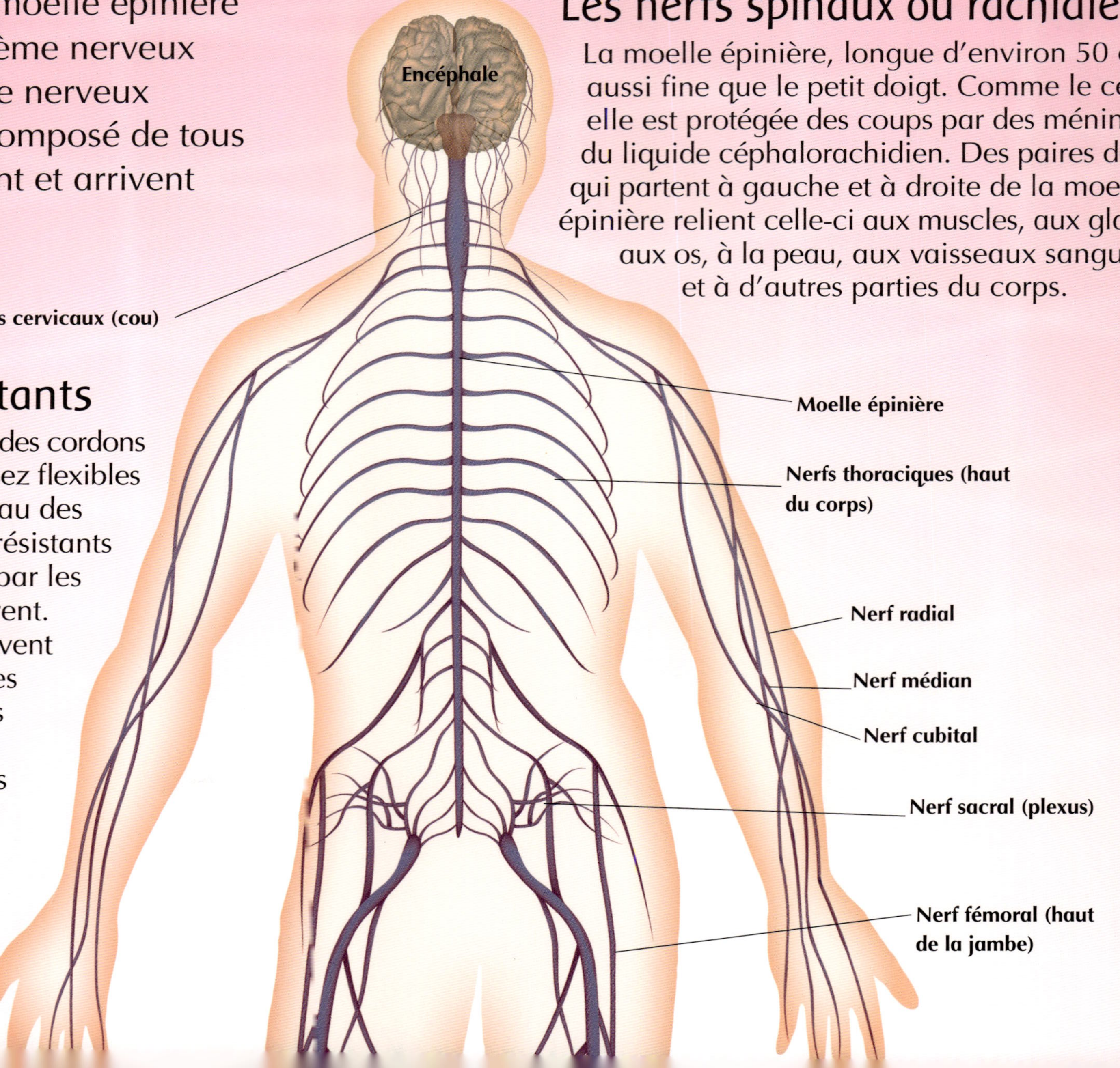

Les principaux nerfs du corps

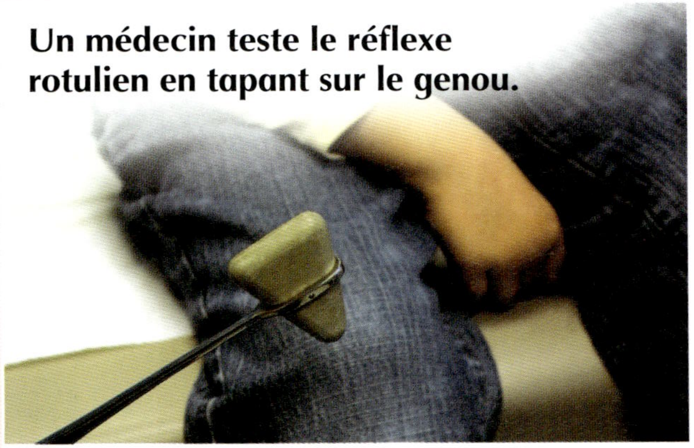

Un médecin teste le réflexe rotulien en tapant sur le genou.

Les réflexes

Certains nerfs envoient des signaux à la moelle épinière, qui renvoie des signaux sans qu'ils ne passent par le cerveau. La réaction provoquée est appelée réflexe. Les médecins contrôlent les réflexes pour s'assurer que les nerfs fonctionnent bien.

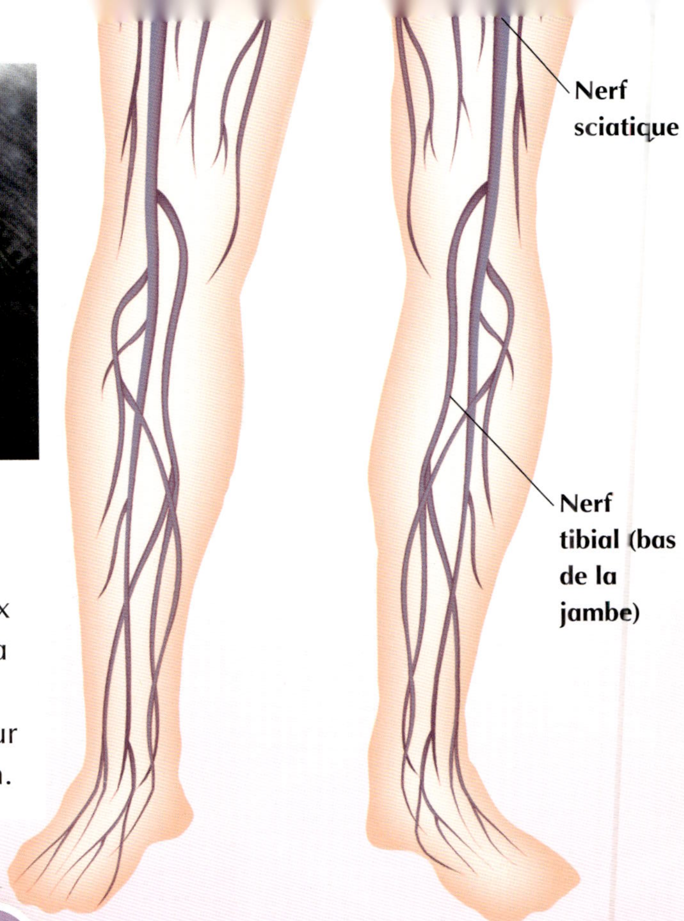

Cette jeune fille doit réagir vite lorsqu'elle fait du karaté.

Des signaux très rapides

Alors que le signal nerveux le plus lent se déplace à environ 50 cm/s, le plus rapide peut aller de tes orteils à ton cerveau en moins de 1/50e de seconde ! La vitesse des signaux nerveux détermine notre temps de réaction, par exemple lors de la pratique d'un sport. Le temps de réaction, par exemple au coup de feu de départ d'une course, est généralement de 0,25 seconde.

Le contrôle des yeux

- Dans une pièce bien éclairée, regarde un de tes yeux dans un miroir en faisant attention à la taille de ta pupille. Ferme tes yeux pendant 10 secondes.
- Au moment où tu rouvres les yeux, regarde attentivement ta pupille. Elle devient plus petite. C'est un réflexe (*voir* page 167).

Sais-tu que...

Les signaux nerveux de la douleur sont moins rapides que ceux du toucher. Quand tu te cognes un orteil, tu sens ce que ton pied touche puis tu sens la douleur.

La pensée et la mémoire

Qu'est-ce qu'une pensée et où se produit-elle ? Nos pensées et idées sont des groupements de signaux nerveux qui se déplacent en suivant différents chemins dans le cerveau, en particulier dans le cortex.

Des jeunes en classe. Les données que tu apprends vont dans ta mémoire.

Apprendre

Les choses que nous apprenons se transforment en souvenirs. Comme les pensées, les souvenirs sont des chemins de signaux nerveux, ou traces mnésiques. Quand on apprend quelque chose, les neurones forment des synapses, ou nouvelles connexions, pour créer une trace mnésique. Il y a deux types de mémoires : la mémoire à court terme ne stocke les souvenirs que 30 secondes ; la mémoire à long terme peut les stocker beaucoup plus longtemps.

Où garde-t-on les souvenirs ?

Certains aspects des informations sont stockés dans la partie préfrontale du cortex cérébral, d'autres sont stockées dans d'autres parties du cerveau, telles que le complexe amygdalien. L'hippocampe permet de stocker les informations importantes pendant très longtemps.

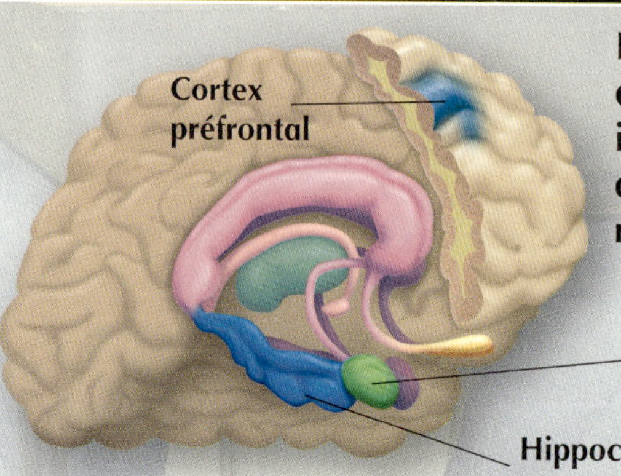

Les parties du cerveau impliquées dans la mémoire

Tellement de souvenirs

La mémoire n'est pas seulement utilisée pour des listes de faits. Nous nous rappelons les noms de personnes, des événements tels que les anniversaires et les vacances, les gestes techniques, ainsi que de nombreuses autres choses. Les souvenirs sont comme des muscles. Plus on les utilise, plus ils sont forts. Se souvenir d'une information signifie que le signal passe dans la trace mnésique et ravive les connexions.

Sais-tu que...

Rapporté à sa taille, le cerveau utilise 10 fois plus d'énergie que les autres parties du corps. Le cerveau utilise un cinquième de l'énergie du corps.

Test de mémoire

Regarde les objets ci-dessus pendant 20 secondes puis ferme le livre et essaie de t'en remémorer le plus possible. Tu réussiras certainement à te souvenir de certains d'entre eux. En utilisant certaines des astuces présentées ci-contre, tu devrais pouvoir te rappeler un plus grand nombre de ces objets.

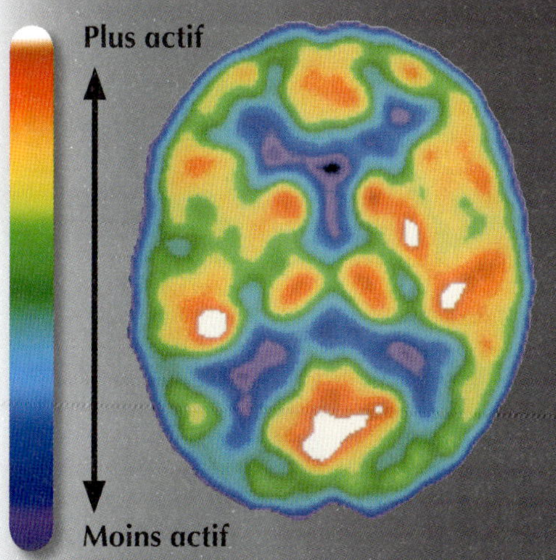

Image TEP d'une coupe de cerveau montrant les zones actives lors d'une stimulation du cerveau

Un cerveau occupé

Les images en tomographie à émission de positrons (TEP) montrent les zones d'activité du cerveau lors d'une action ou de l'apprentissage d'une information. Les parties les plus actives « s'éclairent » car les neurones sont très actifs et dépensent plus d'énergie.

Aide-mémoire

- Dans le jeu de mémoire, tu peux essayer de regrouper les objets par couleur.
- Tu peux aussi inventer une histoire dans laquelle les objets interviennent.
- Ces astuces devraient te permettre de développer ta mémoire.

Bonne nuit !

Pendant le tiers de nos vies, lors de notre sommeil, nous n'avons pas conscience de notre cerveau. Toutefois, les études scientifiques menées sur des sujets endormis montrent que le cerveau est actif.

Le corps et le cerveau

Pendant le sommeil, les battements du cœur et la respiration ralentissent, ainsi que la digestion et la production d'urine. La plupart des muscles se relâchent, mais certains processus s'accélèrent. Ainsi, la nuit, nos corps réparent plus vite les lésions du quotidien.

Pendant notre sommeil, nous bougeons beaucoup. Cela évite que les nerfs et les vaisseaux sanguins ne soient écrasés.

Le cycle du sommeil

Une nuit débute par le sommeil profond (4). Après une heure, le sommeil est plus léger, les yeux bougent et la respiration accélère. C'est le sommeil paradoxal (mouvement rapide des yeux), pendant lequel nous rêvons (1). Puis, des périodes de sommeil profond et léger alternent, le sommeil profond devenant de plus en plus léger (3 et 2) jusqu'au matin.

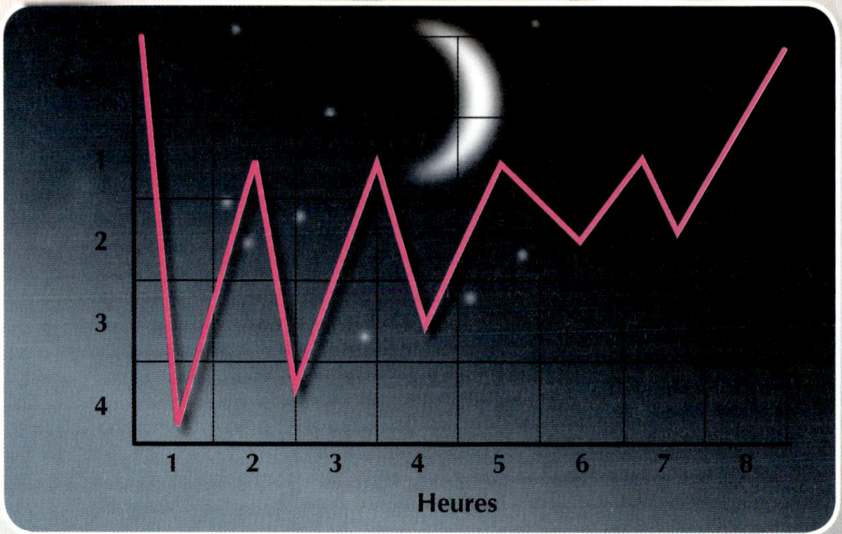

Graphique des différentes étapes du sommeil pendant la nuit

À savoir

En moyenne :

- Un bébé dort 20 heures par jour.
- Un enfant de 10 ans dort environ 10 heures.
- Les adultes dorment 7 à 8 heures.
- Certains peuvent être en forme avec 5 heures de sommeil seulement, d'autres avec 10.

Décalage horaire

Le besoin de sommeil se manifeste toutes les 24 heures car le corps possède une « horloge interne », située dans une petite partie du cerveau. Ton horloge interne est affectée par l'obscurité. Lorsque tu parcours de longues distances, ton horloge peut être troublée, c'est le décalage horaire.

Sais-tu que...

En 1964, Randy Gardner, un étudiant américain, resta éveillé 11 jours, ce qui constitue un record mondial. Mais rester éveillé trop longtemps peut avoir des conséquences graves (*voir* ci-contre).

Perte de sommeil

L'activité précise du cerveau pendant le sommeil nous est inconnue. Il se peut que le cerveau passe en revue les événements de la journée pour décider de ce dont il se souviendra. Certaines personnes ne parviennent pas à dormir la nuit : c'est l'insomnie. Un manque de sommeil provoque maux de tête, ralentissement des réactions, confusion et de nombreux autres problèmes. Un grave manque de sommeil peut être source d'accidents, d'infections ainsi que d'autres maladies.

Travail de nuit

Certaines personnes travaillent la nuit, pendant que la plupart d'entre nous dorment. Si cela est fréquent, le corps et le cerveau adaptent leurs heures de sommeil et de repas afin de créer de nouvelles habitudes. Mais l'alternance rapide entre travail de nuit et travail de jour peut provoquer divers problèmes de santé.

Des infirmières travaillent de nuit.

L'autonomie du corps

Certaines actions, telles que le battement du cœur et la digestion, se produisent sans arrêt dans le corps. Nous n'avons pas à y penser. Ces actions involontaires sont effectuées par le système nerveux autonome.

Contrôle involontaire

Nous ne pouvons pas contrôler le système nerveux autonome. En général, nous ne sommes même pas conscients qu'il existe. La respiration est une exception : elle est globalement involontaire parce que nous n'avons pas à penser à prendre chaque inspiration, mais on peut en modifier le rythme selon nos désirs, pour souffler dans un ballon par exemple.

À savoir

- **Le centre de contrôle général du cerveau pour le système nerveux autonome est l'hypothalamus, relié à d'autres centres situés dans le tronc cérébral.**
- **L'hypothalamus est aussi relié au cortex cérébral, au complexe amygdalien et à l'hippocampe pour contrôler des réactions telles que la peur.**

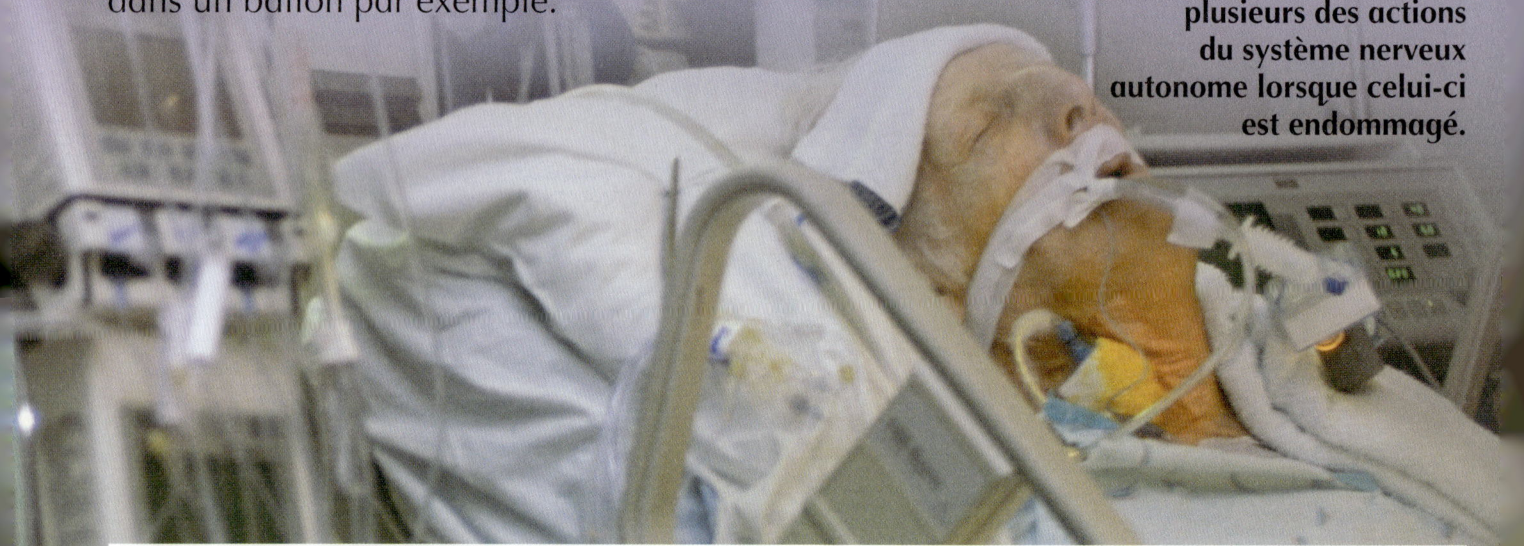

Une personne branchée à une machine contrôlant plusieurs des actions du système nerveux autonome lorsque celui-ci est endommagé.

L'exercice physique élève le rythme cardiaque.

Le rythme cardiaque

Le rythme cardiaque est en partie contrôlé par des signaux nerveux venant du centre du rythme cardiaque dans le tronc cérébral et longeant le nerf vague jusque dans le cœur. Il est aussi partiellement contrôlé par les substances chimiques appelées hormones (*voir* pages 158 et 159).

Le système nerveux autonome

Le système nerveux autonome se compose de deux parties. Le système sympathique (en rouge) utilise les nerfs spinaux et de longs éléments en forme de maillons, les ganglions autonomes, situés des deux côtés de la moelle épinière ; il accélère ou stimule les parties du corps. Le système nerveux parasympathique (en bleu), quant à lui, utilise principalement les nerfs vague et sacrés (au bas du dos) et ralentit ou détend les parties du corps.

Sais-tu que...

Le cœur battrait même s'il n'était pas contrôlé par les nerfs. Lorsqu'un cœur est extrait pour être transplanté, il bat une ou deux minutes à l'extérieur du corps.

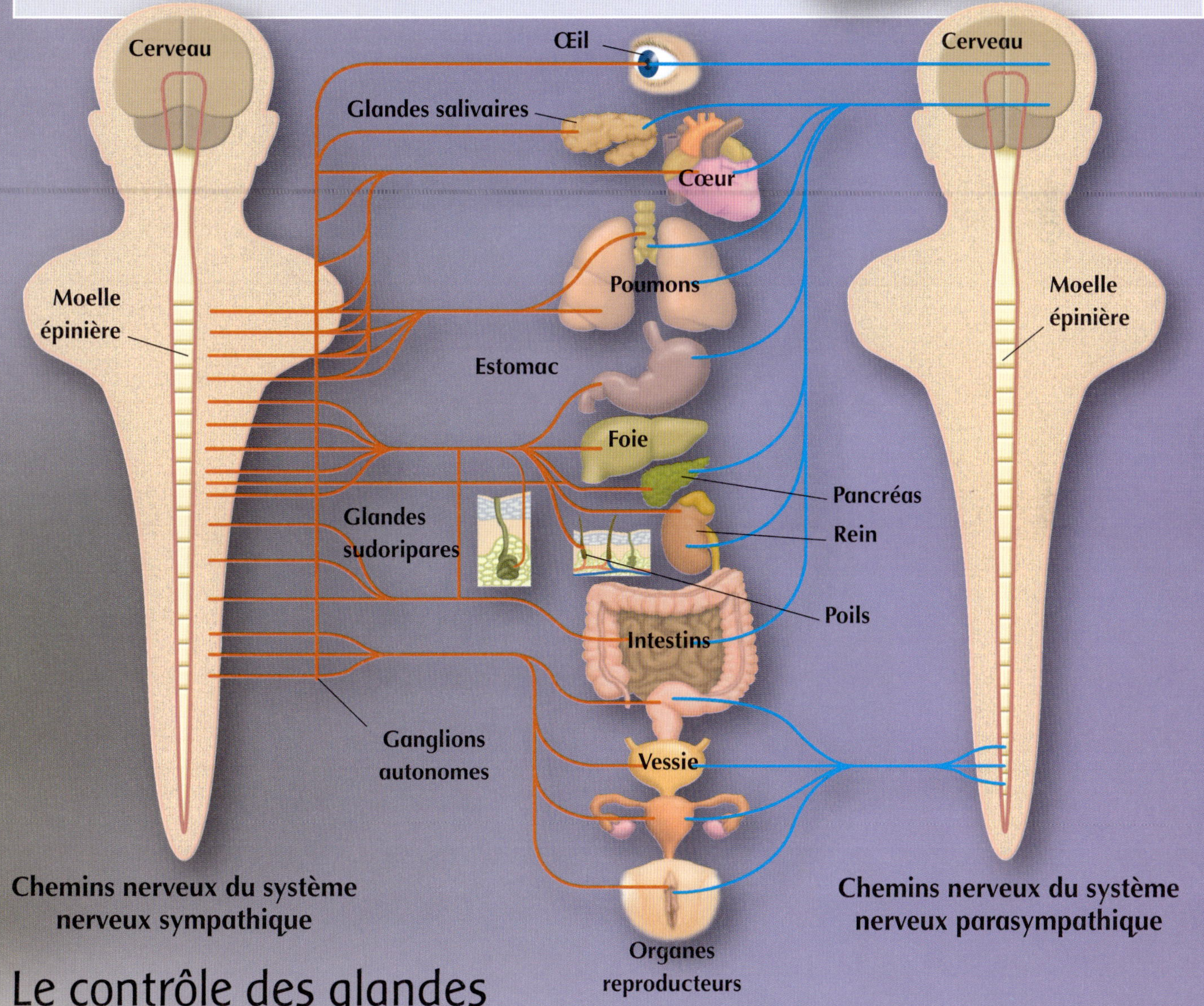

Chemins nerveux du système nerveux sympathique

Chemins nerveux du système nerveux parasympathique

Le contrôle des glandes

L'activité des glandes est contrôlée par le système autonome. Un exemple de ces actions involontaires est donné par les glandes salivaires, qui sécrètent de la salive lorsque nous mangeons, ainsi que par l'estomac, qui sécrète des sucs digestifs lorsque les aliments le remplissent.

Un contrôle chimique

Le cerveau et les nerfs, qui envoient des informations sous forme de petits signaux électriques, ne constituent pas le seul système de contrôle du corps. Un second système, chimique celui-ci, organise et contrôle des parties du corps et des actions. On l'appelle système endocrinien ou hormonal.

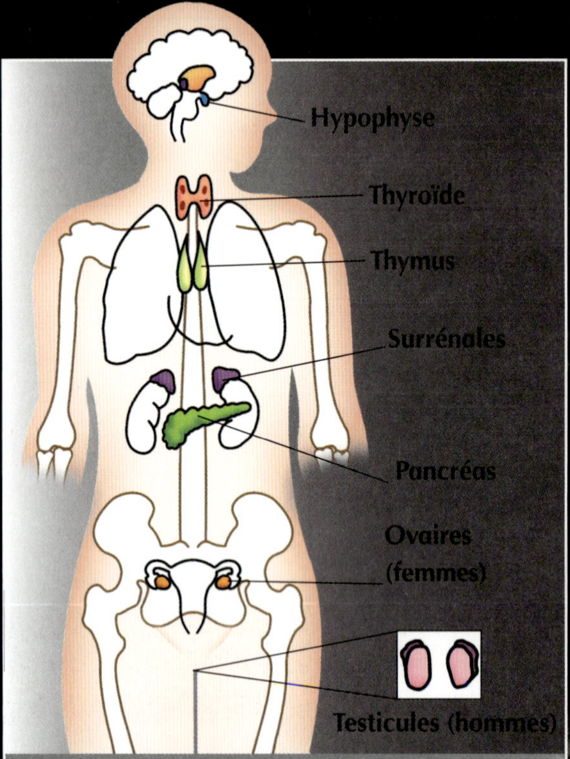

Les principales glandes endocrines

Les glandes endocrines

Dans le corps, plusieurs glandes forment le système endocrinien. Ces glandes sécrètent des substances chimiques, les hormones, et les libèrent dans le sang.

Les hormones

Les hormones affectent différentes parties du corps. Les hormones sécrétées par la glande thyroïde, située dans le cou, contrôlent le rythme des processus chimiques dans le corps. Les hormones surrénales affectent la production d'urine et la gestion du stress. Les hormones du pancréas régulent le niveau de sucre dans le sang.

L'hormone de la croissance est sécrétée par l'hypophyse. À un niveau élevé, le corps devient très grand, ce qui est utile pour des sports tels que le basket-ball.

Les pionniers du diabète

En 1921, au Canada, Frederick Banting et Charles Best découvrirent l'insuline, hormone sécrétée par le pancréas. Ils découvrirent également que l'insuline animale pouvait être utilisée pour traiter le diabète, une maladie qui rend le corps incapable de contrôler le taux de sucre dans le sang.

Sais-tu que...

Le rire est bon pour la santé car il réduit le niveau des hormones de stress telles que l'adrénaline, ce qui rend ton corps plus détendu.

Pendant la pratique du saut à l'élastique, le corps produit de l'adrénaline en réaction au danger.

Défier ou se défiler

Les glandes surrénales sécrètent l'adrénaline, qui fournit au corps une poussée d'énergie en augmentant le rythme cardiaque et la circulation du sang dans le corps. Cela permet au corps de réagir rapidement au danger ou au stress, soit en fuyant soit en l'affrontant.

Vitesse de contrôle

Il y a plus de 30 hormones principales servant à contrôler des actions relativement lentes, qui durent des heures, voire des années. Parmi ces actions, figurent la croissance, la digestion et la production d'urine. À l'inverse, les actions contrôlées par les nerfs sont rapides ; elles ne durent que quelques secondes ou minutes.

Nerfs et hormones

L'hypophyse produit plus de 10 hormones, dont la plupart contrôlent d'autres glandes endocrines. Par exemple, elle sécrète une hormone qui stimule les ovaires, producteurs des ovules. L'hypophyse est reliée à l'hypothalamus et au cerveau par des vaisseaux sanguins et des nerfs. Grâce à ces liaisons, les systèmes nerveux et hormonal travaillent ensemble pour faire fonctionner le corps normalement.

Emplacement de l'hypothalamus et de l'hypophyse

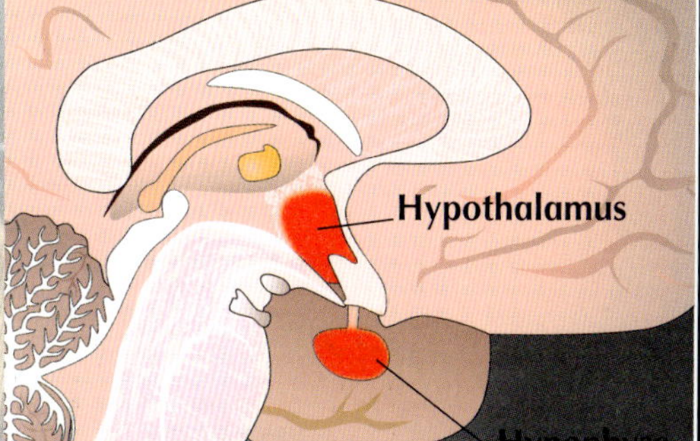

Dysfonctionnement et maladies

Le cerveau et les nerfs réalisent un tel travail que tout problème qui les affecte peut être grave. Toutefois, nous ne souffrons en général que de problèmes mineurs, tels que des maux de tête anodins.

Sensations bizarres

Parfois, lorsque nous nous allongeons dans une position inconfortable, nous ressentons des picotements ou fourmillements. Cela est souvent dû à la compression d'un nerf, qui ne peut plus transmettre de signaux. Lorsque cela se produit, nous ne pouvons plus sentir ou bouger cette partie du corps. Le problème est vite résolu grâce à un fléchissement, une friction ou un étirement.

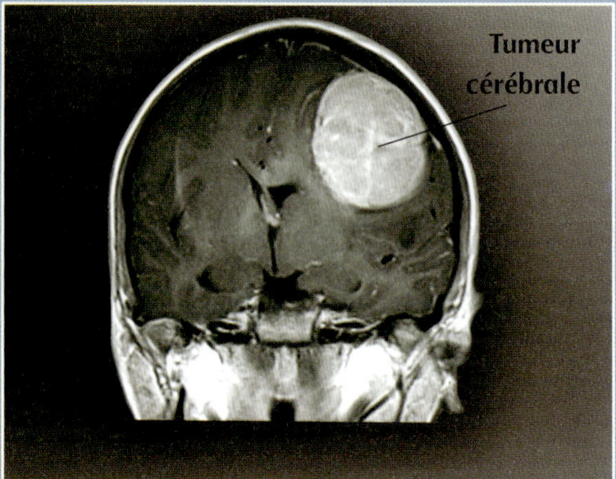

Imagerie IRM montrant une grosse tumeur cérébrale

Les tumeurs cérébrales

Exceptionnellement, une tumeur, ou excroissance, se forme dans le cerveau. En grossissant, la tumeur appuie sur le cerveau. La pression peut provoquer des maux de tête, une perte des sensations de certaines parties du corps, ainsi qu'une altération de la vue et des changements d'humeur. Parfois, il est possible de faire un trou dans le crâne pour enlever la tumeur.

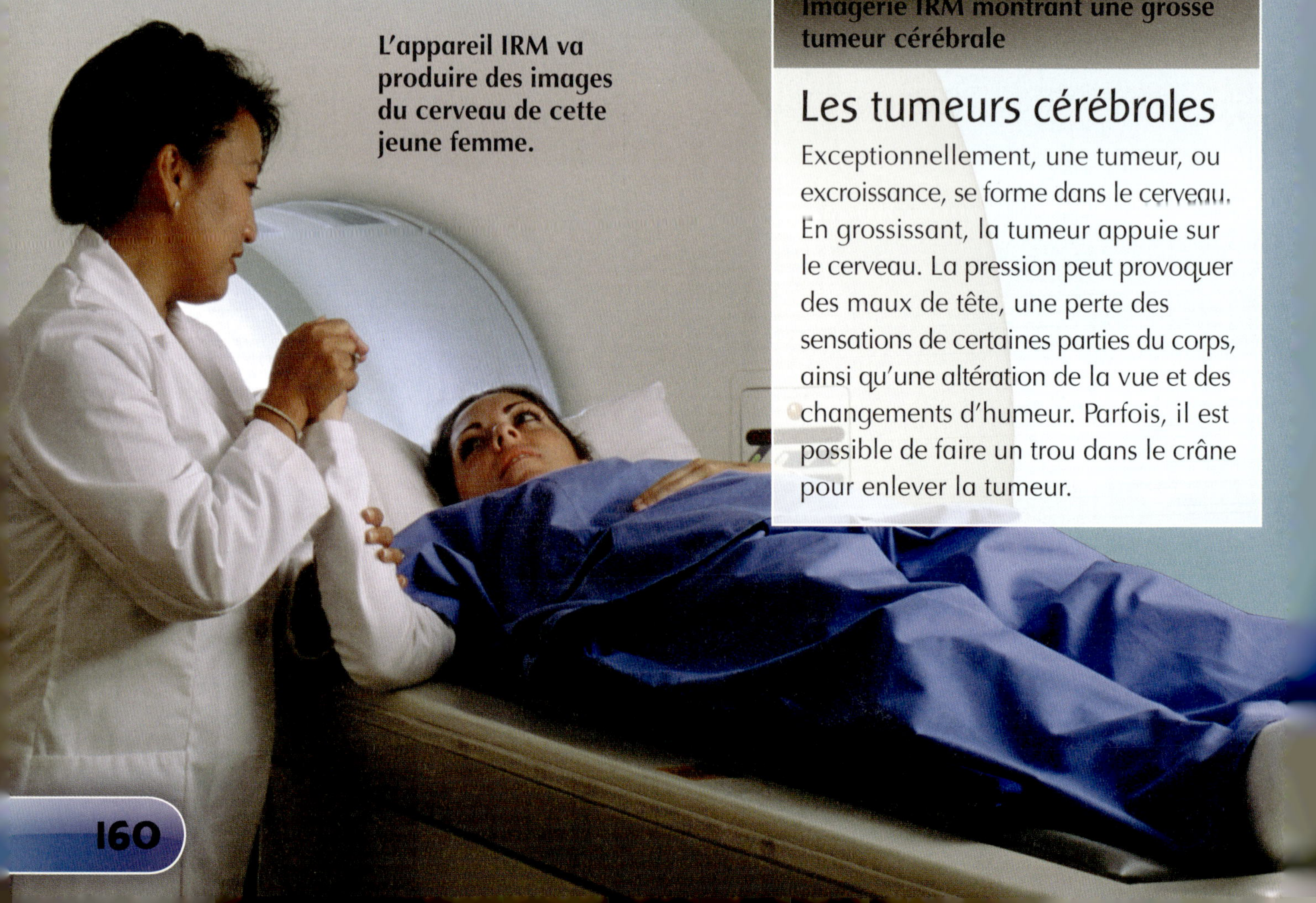

L'appareil IRM va produire des images du cerveau de cette jeune femme.

La méningite

Des bactéries et des virus peuvent infecter les couches qui entourent le cerveau, les méninges. La maladie qui en résulte est la méningite. Elle provoque des maux de tête, une raideur de la nuque ou des démangeaisons. La méningite est une maladie grave qui doit être traitée d'urgence.

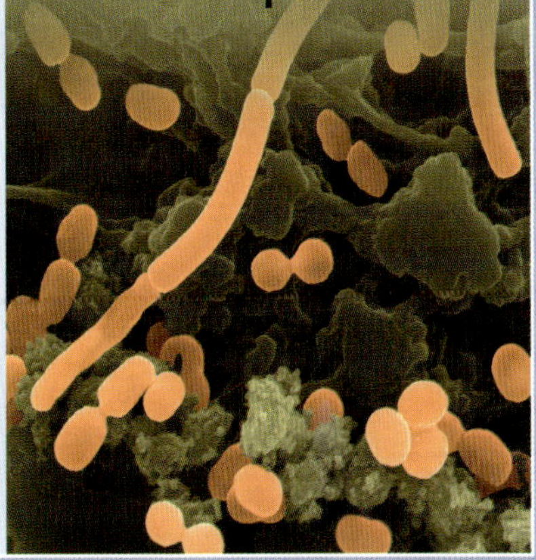

Bactéries responsables de la méningite, vues au microscope

Les médecins du cerveau

- Il y a plus de 2 300 ans, le médecin grec Hippocrate décrivit l'épilepsie et affirma qu'elle avait son siège dans le cerveau.
- Dans les années 1930, certains médecins pratiquaient des électrochocs pour soigner des troubles cérébraux. Ce traitement est devenu rare.

Orage électrique

L'épilepsie est une maladie caractérisée par un désordre des signaux nerveux dans le cerveau. Certaines formes d'épilepsies provoquent de courtes périodes d'absence. D'autres provoquent des pertes de conscience et des mouvements saccadés, ou convulsions. Des traitements permettent aux épileptiques de mener une vie normale.

Sais-tu que...

Dans l'Antiquité, on utilisait des pierres aiguisées pour percer le crâne et atteindre le cerveau, dans l'espoir de soigner de violents maux de tête. Certains ont même survécu à ce « traitement » !

Maux de tête et migraines

Le cerveau n'a pas de capteurs sensoriels et ne peut donc sentir la douleur. Les maux de tête viennent des alentours du cerveau – méninges, vaisseaux sanguins ou muscles. Les causes sont nombreuses, dont le stress ou une infection. Les migraines sont de violents maux de tête qui reviennent souvent. Les médecins n'en connaissent pas la cause.

Tout le monde ou presque souffre de maux de tête occasionnels, souvent anodins.

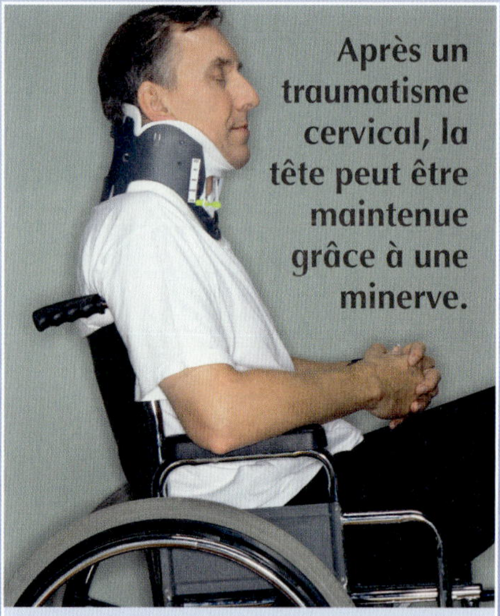

Après un traumatisme cervical, la tête peut être maintenue grâce à une minerve.

Traumatisme cervical

Un accident de voiture peut provoquer un brusque aller et retour de la tête ayant parfois pour conséquence des lésions de la moelle épinière et des nerfs qui se traduisent par des douleurs, des spasmes et une perte temporaire de mobilité et de sensations dans le corps.

Protéger le cerveau

Le cerveau est protégé par les méninges, le liquide céphalorachidien et le crâne. Toutefois, si nous pratiquons des activités à risques, telles que le VTT ou l'escalade, il faut utiliser des protections supplémentaires.

Une longue convalescence

Au fil des années, les neurones créent des milliers de connexions très complexes. Or, les neurones sont très fragiles et très spécialisés, et lorsqu'ils sont abîmés, ils mettent très longtemps à se réparer – ils en sont même parfois incapables. C'est pourquoi la protection du cerveau et des nerfs et si importante.

Un chirurgien utilise une caméra spéciale pour projeter sur un écran des images d'une opération du cerveau.

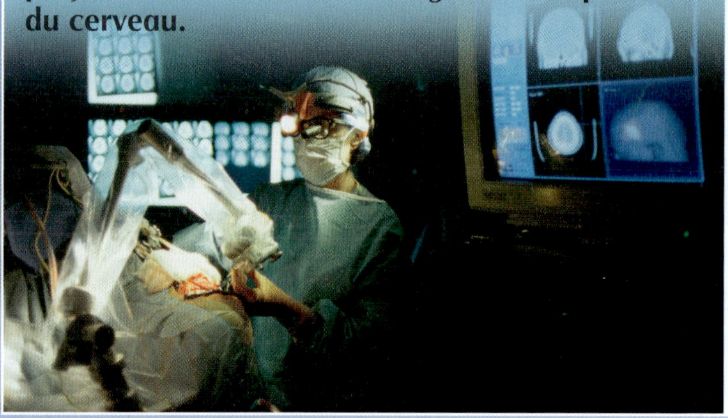

Opérer le cerveau

Les médecins utilisent des scies et autres outils spéciaux pour ouvrir le crâne et accéder au cerveau. De longues et fines sondes ou aiguilles peuvent être introduites dans le cerveau pour enlever délicatement des tissus malades ou pour prélever des échantillons en vue d'analyses.

Les protections

Les nerfs sont tout particulièrement exposés aux blessures lorsqu'ils traversent les articulations. Si des parties du corps sont sectionnées lors d'un accident, les médecins les raccordent parfois au moyen de la microchirurgie – qui consiste à raccorder, sous un microscope, des muscles, des vaisseaux sanguins et des fibres nerveuses.

Il est indispensable de porter un casque et d'autres protections lorsque l'on fait de la moto.

Sais-tu que...

Rester inconscient longtemps, souvent après un accident, c'est être dans le coma. En 2003, Terry Wallis, un Américain de 39 ans, revint à lui après 19 ans. Son premier mot fut « maman ».

La croissance des nerfs

Les chercheurs en médecine tentent de trouver de nouvelles façons de réparer les nerfs. Certaines substances chimiques, les facteurs de croissance neuronaux, stimulent la croissance des fibres des neurones et l'envoi de nouvelles connexions. Certaines cellules du nez peuvent constituer de nouveaux neurones si elles sont transplantées dans la colonne vertébrale.

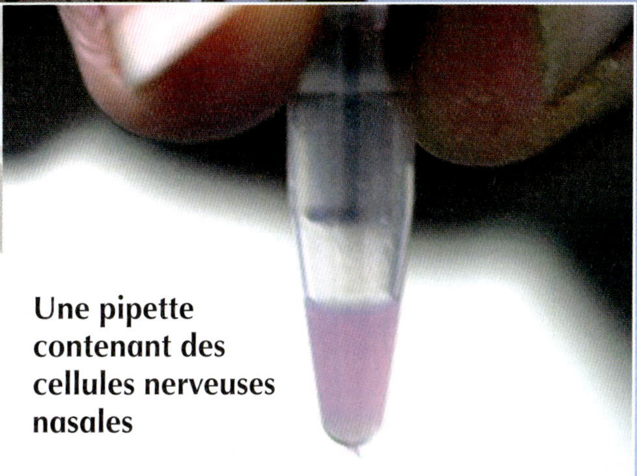

Une pipette contenant des cellules nerveuses nasales

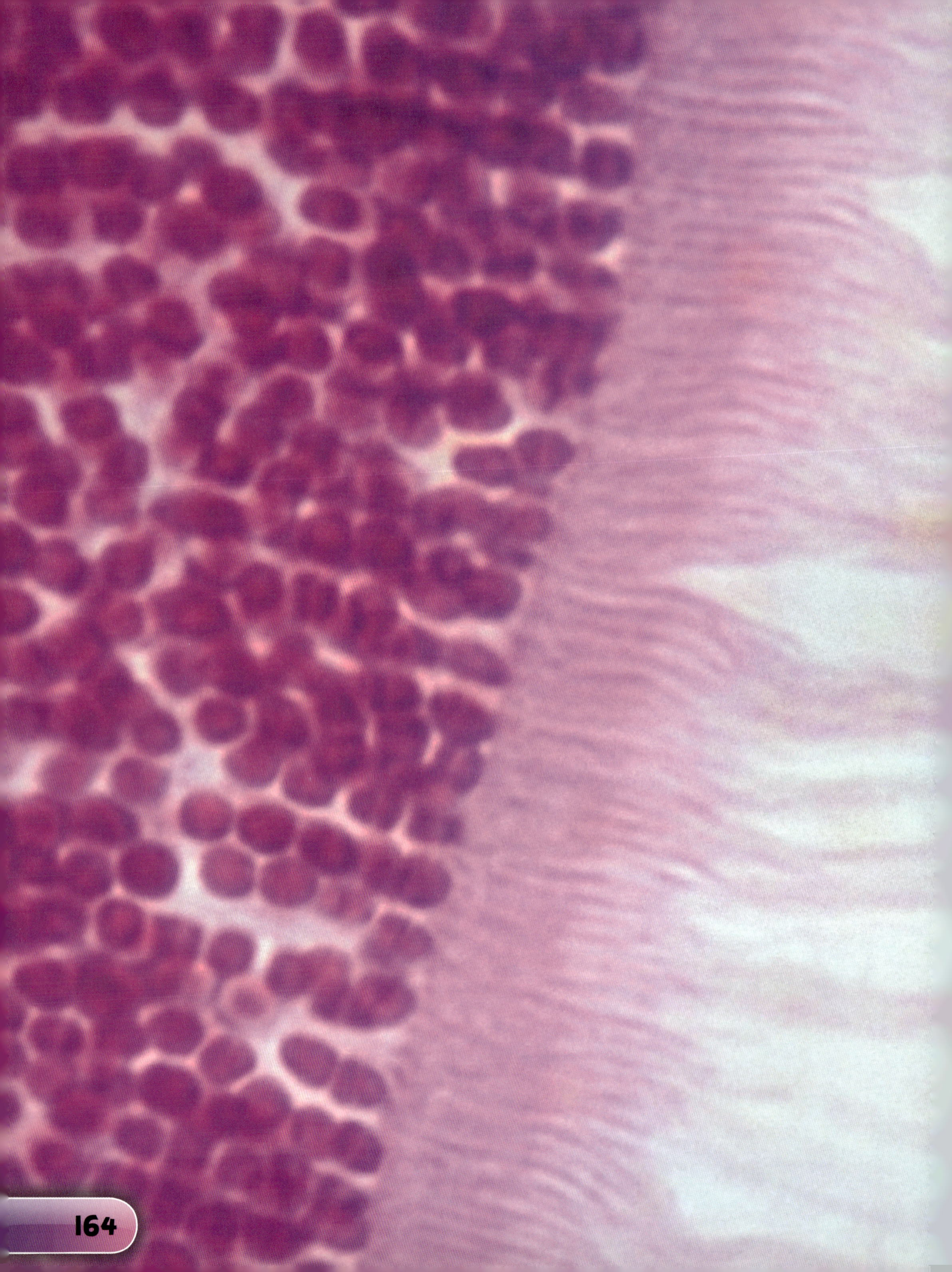

LES SENS

Te souviens-tu d'un événement sensationnel, tel qu'un tour de manège ou un spectacle de cirque ? Prends un peu de temps pour te remémorer les lumières, les bruits de la foule et des machines ainsi que les choses que tu as touchées. Tu réussiras peut-être aussi à te souvenir des différentes odeurs présentes dans l'air, de la saveur d'un goûter que tu as mangé. Les systèmes sensoriels du corps – la vue, l'ouïe, l'odorat, le goût et le toucher – permettent de vivre ces sensations.

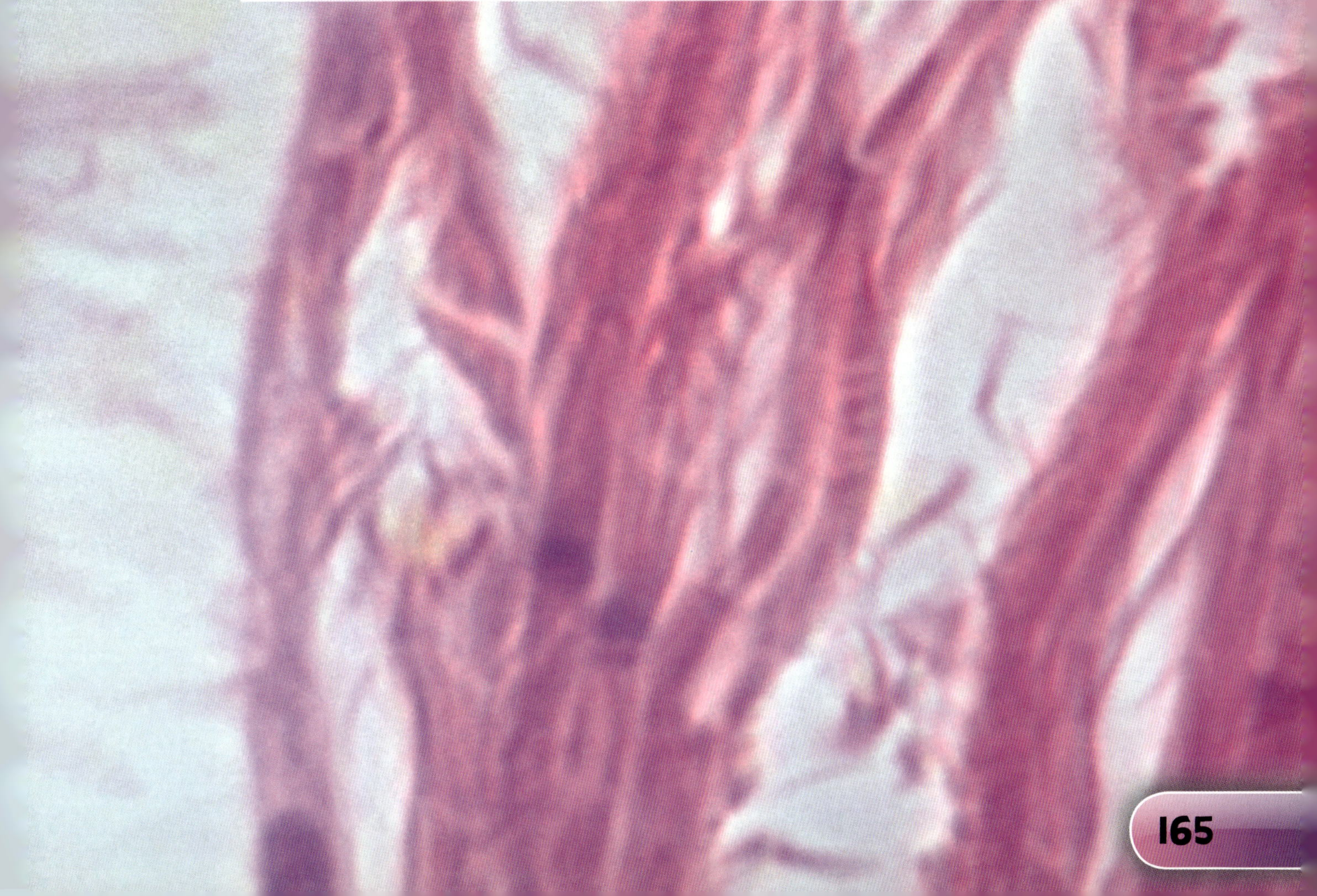

Les yeux

On estime que plus de la moitié des informations qui atteignent notre cerveau viennent des yeux – sous forme d'écrits, de photographies, de dessins, de scènes de la vie réelle et d'images sur écran.

Sais-tu que...

Les yeux sont la partie du corps qui grandit le moins entre la naissance et l'âge adulte. Ils ont déjà 70 % de leur taille adulte à la naissance. C'est pour cela que les enfants semblent avoir de très grands yeux.

Le globe et l'orbite

Chaque globe oculaire est protégé par une orbite, cavité conique dans le crâne. Le globe, en forme de balle, mesure environ 25 mm de diamètre. En moyenne, seul un huitième du globe oculaire est visible.

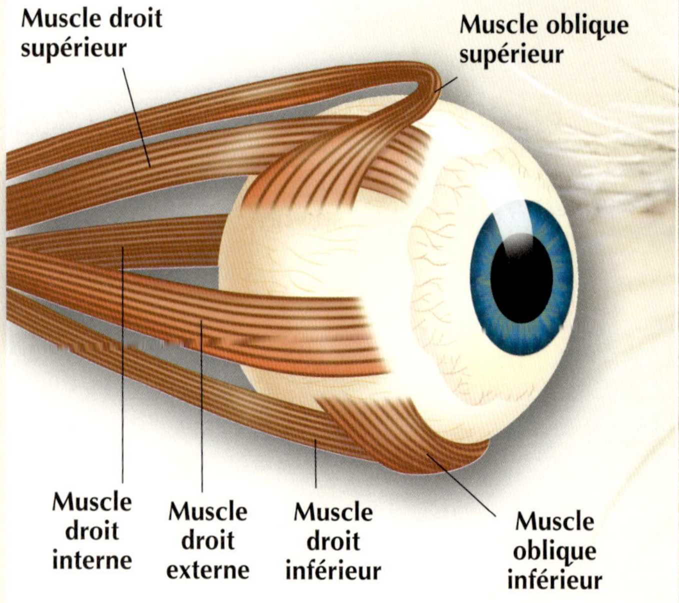

Les mouvements de l'œil

Six muscles longs, fins et en forme de bandeaux sont fixés sur différentes parties du globe oculaire. Ils travaillent ensemble pour déplacer le globe. Les muscles oculaires sont parmi les muscles les plus réactifs du corps.

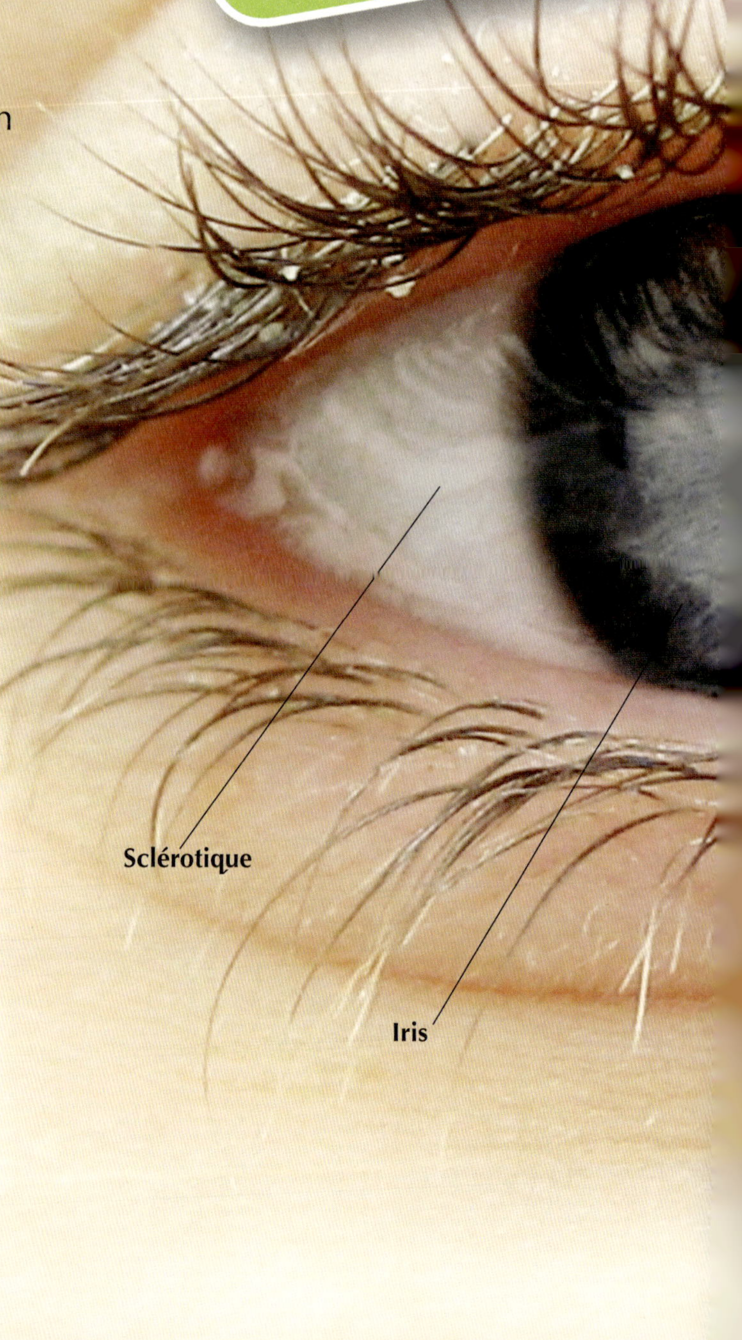

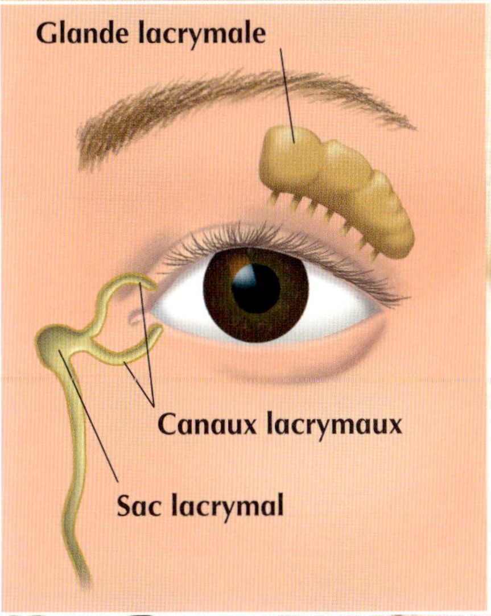

Larmes

Le liquide des larmes est fabriqué dans les glandes lacrymales, au-dessus des globes oculaires. Des larmes couvrent le globe à chaque clignement d'œil et éliminent les germes et les poussières, puis coulent dans deux tubes jusque dans une poche, le sac lacrymal, et dans le nez.

Un bébé en pleurs

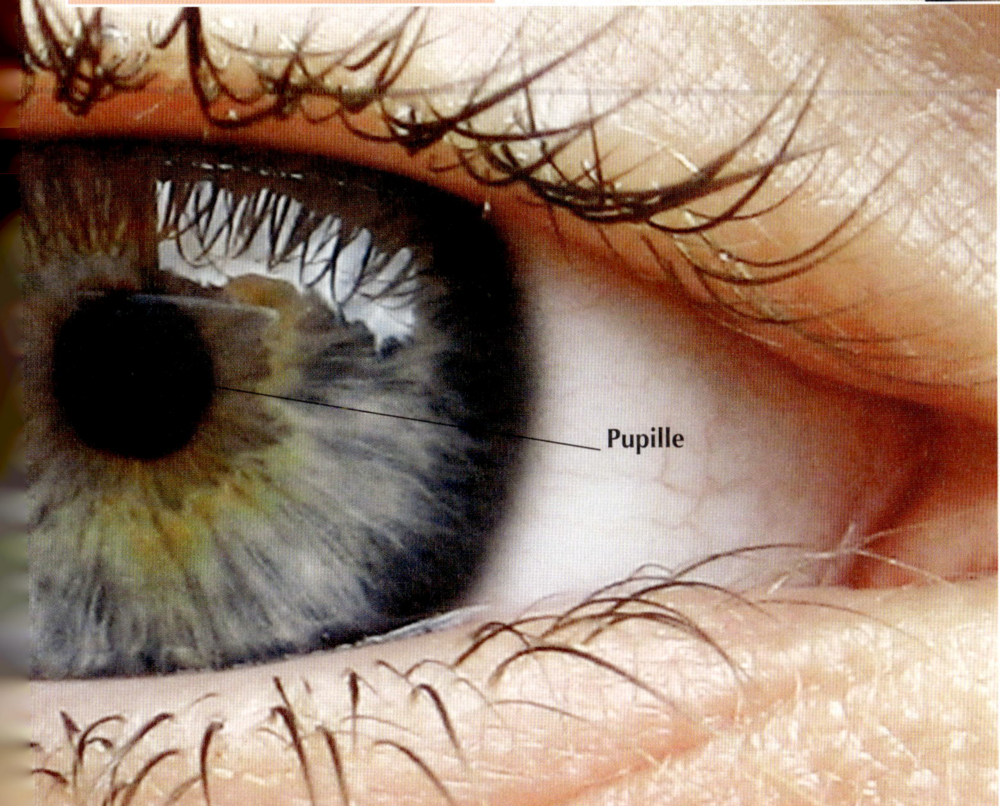

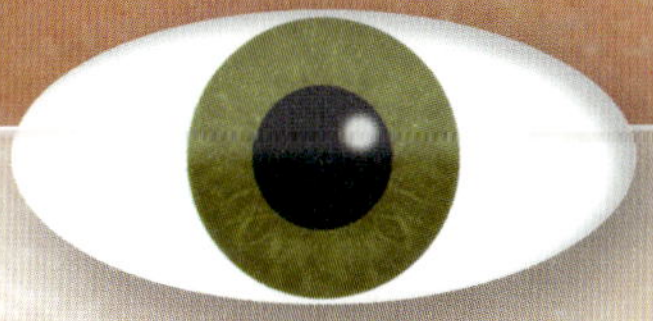

Lumière normale

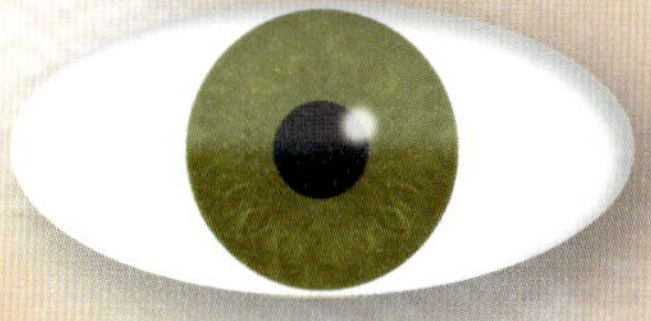

Lumière forte

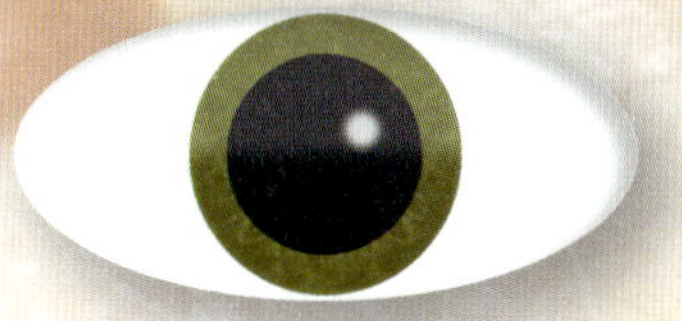

Lumière douce

Les pupilles

Grâce aux muscles de l'iris, la pupille se dilate lorsque la lumière est douce pour laisser entrer le plus de lumière possible. Quand la lumière est forte, la pupille se resserre pour éviter que trop de lumière n'entre.

ıvant de l'œil

partie la plus visible de l'œil est un anneau musculaire, is, qui a une couleur différente selon les individus. Au ıtre de l'iris se trouve la pupille, qui est un trou laissant sser la lumière dans l'œil. L'iris est entouré du blanc l'œil – une membrane blanche très résistante, appelée érotique, qui couvre le globe oculaire.

La vue

Les yeux transforment les rayons lumineux en signaux nerveux qui vont vers le cerveau. C'est l'aire visuelle, à l'arrière du cerveau, qui reconnaît et comprend ce que nous voyons (*voir* pages 146 et 147).

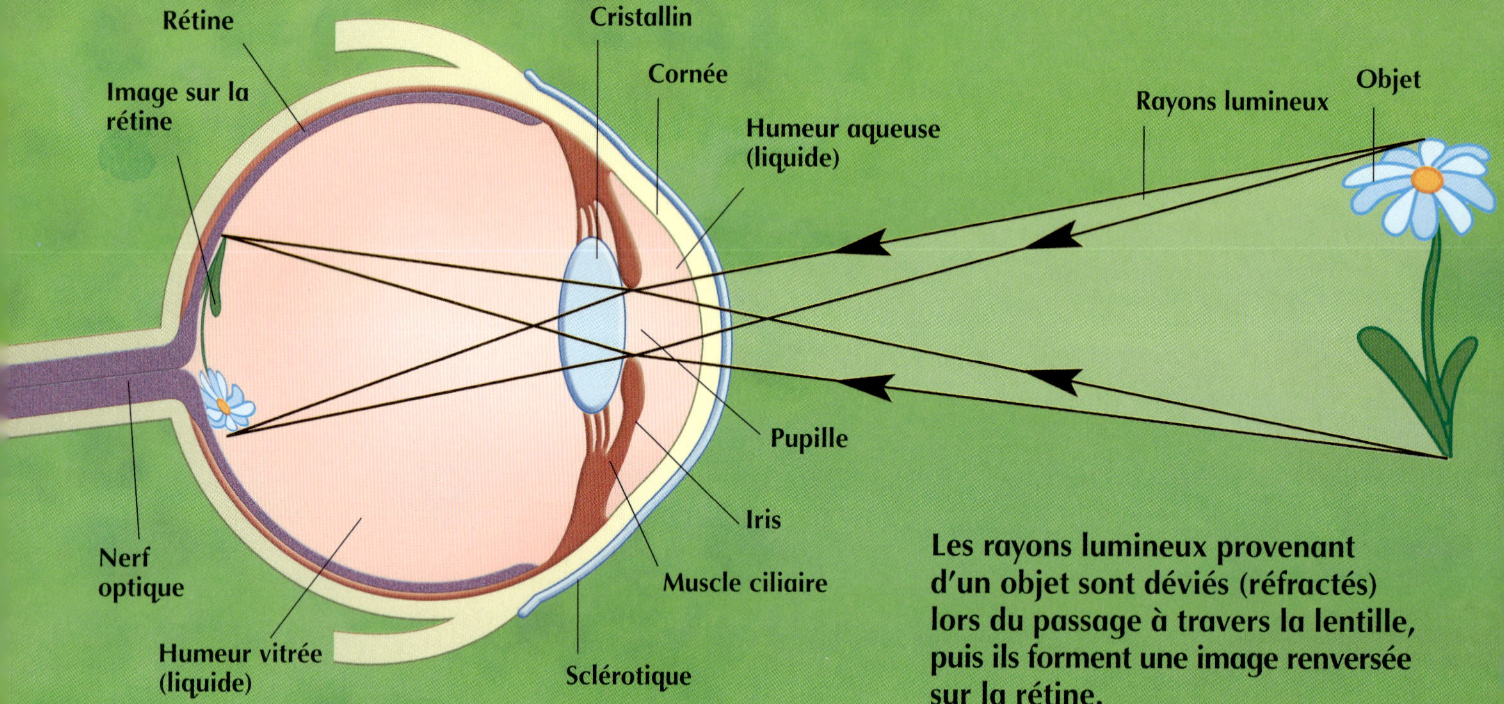

Les rayons lumineux provenant d'un objet sont déviés (réfractés) lors du passage à travers la lentille, puis ils forment une image renversée sur la rétine.

Dans l'œil

La lumière passe à travers la cornée, dôme clair situé à l'avant de l'œil, avant de traverser la pupille puis le cristallin. Le cristallin est déformé par les muscles ciliaires qui l'entourent, ce qui modifie la déviation des rayons lumineux lors de leur passage dans le cristallin de façon à mettre l'image au point sur la rétine.

La cataracte

La cataracte se traduit par l'opacification du cristallin, qui entraîne une baisse de la vision. Elle est notamment due à l'épaississement du cristallin avec l'âge, à l'exposition prolongée à la lumière ou encore à l'hérédité.

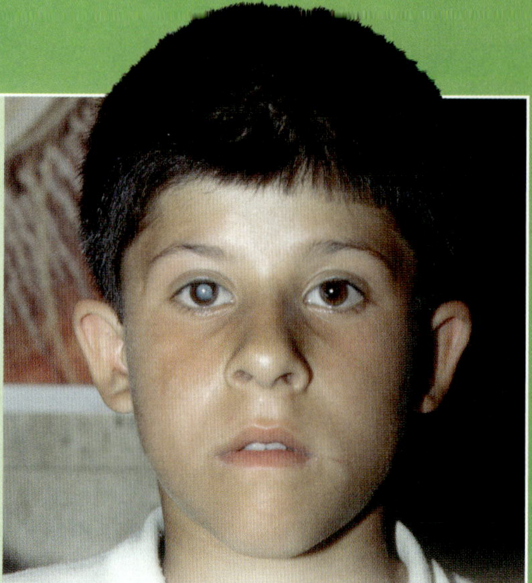

Une cataracte s'est développée sur l'œil droit de ce garçon.

À savoir

- La rétine contient plus de 120 millions de bâtonnets et 7 millions de cônes.
- La plupart des cônes sont dans une tache située à l'arrière de la rétine, la fovéa. C'est là que la lumière est mise au point par le cristallin pour donner la vue la plus claire possible d'un objet.
- Les bâtonnets sont surtout situés sur la rétine périphérique.

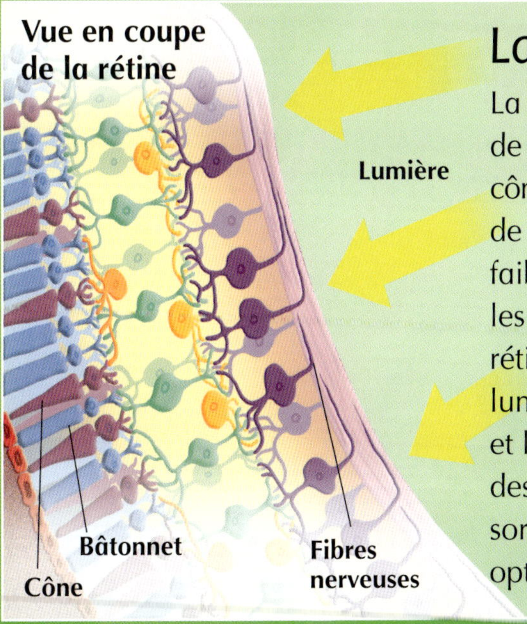

La rétine

La rétine contient des millions de cellules, les bâtonnets et cônes. Les premiers permettent de voir lorsque la lumière est faible, les seconds détectent les couleurs. Lorsque la rétine reçoit les rayons lumineux, les bâtonnets et les cônes produisent des signaux nerveux qui sortent de l'œil par le nerf optique.

L'envoi de signaux

Les nerfs optiques transportent les signaux nerveux dans la tête jusqu'à l'aire visuelle, située à l'arrière du cerveau. C'est là que ce dernier interprète ces signaux et renverse les images pour produire ce que nous voyons.

Cube impossible

Illusions d'optique

On dit de certains dessins qu'ils sont des illusions d'optique (*voir* ci-contre), qu'ils trompent l'œil. En fait, l'œil ne fait qu'enregistrer ce qu'il voit dans un contexte particulier. C'est le cerveau qui analyse ce que nous voyons en traitant et comparant l'image à des informations stockées dans la mémoire. Ainsi, les illusions d'optique ne trompent pas l'œil mais le cerveau.

Les ronds du milieu font-ils la même taille ?

Les oreilles

Les sons sont transformés en signaux nerveux par un organe situé dans l'oreille, la cochlée ou limaçon.

Diagramme de l'oreille montrant la partie extérieure de l'oreille ainsi qu'une vue interne des oreilles moyenne et interne

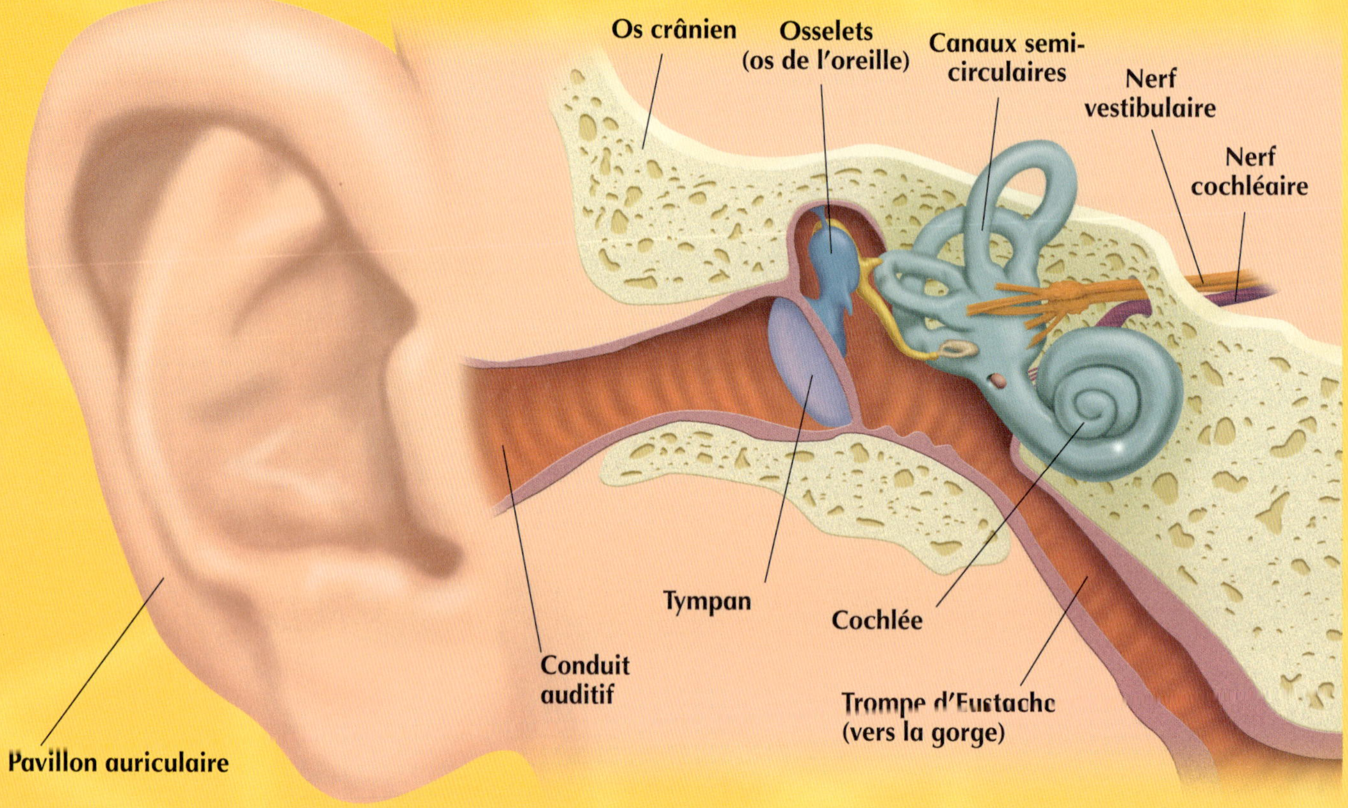

Le pavillon

Les pavillons auriculaires recueillent les ondes sonores et les conduisent dans le conduit auditif. Leur forme garde les poussières à l'extérieur de l'oreille. La cire présente sur les parois du conduit piège aussi les poussières.

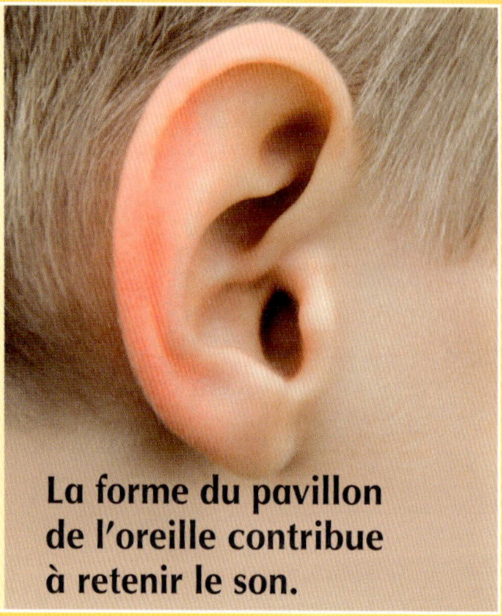

La forme du pavillon de l'oreille contribue à retenir le son.

Les parties de l'oreille

L'oreille est faite de trois parties principales : l'oreille externe, constituée du pavillon auriculaire et d'un tube – le conduit auditif – qui y est relié ; l'oreille moyenne, comprenant le tympan, situé au fond du conduit auditif, ainsi que trois petits os, ou osselets ; et l'oreille interne, composée de la cochlée ou limaçon et des canaux semi-circulaires.

Auscultation

Le médecin ausculte l'oreille pour y détecter une infection ou tout autre problème en éclairant le conduit auditif à l'aide d'un otoscope, qui lui permet d'examiner le tympan.

Un médecin utilise un otoscope pour examiner l'intérieur de l'oreille.

Sais-tu que...

Certains animaux, tels que les chiens et les chauves-souris, entendent des sons imperceptibles aux humains. Les sifflets à ultrasons nous semblent silencieux alors que les chiens leur obéissent.

Détecter les sons

Nul lieu n'est parfaitement silencieux. Il y a toujours certains types de bruits : circulation lointaine, bourdonnement de machines, vent, conversations, chants d'oiseaux… La plupart du temps, nous négligeons ces bruits car ils ne nous apprennent rien. Les oreilles les reçoivent mais nos pensées conscientes ne les enregistrent pas. Ce n'est que lorsque nous entendons quelque chose de nouveau, d'important ou d'intéressant que nous y prêtons attention.

Le fennec a d'immenses oreilles qu'il utilise pour repérer les insectes dont il se nourrit.

L'origine des sons

De nombreux animaux ont des oreilles capables de se tourner pour savoir d'où vient un bruit. Les humains évaluent l'origine d'un son en percevant s'il est plus fort d'un côté ou de l'autre de la tête, et s'il atteint une oreille avant l'autre – même si la différence n'est que d'une fraction de seconde.

À savoir

- **La hauteur ou fréquence d'un son – aigu ou grave – se mesure en hertz (Hz).**
- **L'oreille humaine perçoit un spectre de fréquences allant de 20 Hz pour les plus graves à 20 000 Hz pour les plus aiguës.**

L'ouïe

Les ondes sonores sont des vibrations dans l'air. Le processus de l'ouïe commence lorsque ces ondes atteignent l'oreille et entrent dans le conduit auditif.

Dans l'oreille moyenne

Les ondes sonores sont canalisées par le conduit auditif jusqu'au tympan, fine membrane légèrement tendue qui vibre lorsque les ondes l'atteignent. Le tympan est fixé sur les os de l'oreille, appelés osselets, de sorte que les ondes sonores font aussi vibrer les osselets.

Écoute ton oreille

- Mets tes mains sur les oreilles. Entends-tu un soufflement ?
- Ce son est provoqué par les rebonds des ondes sonores sur tes mains, tes pavillons, l'intérieur de ton conduit auditif et ton tympan.

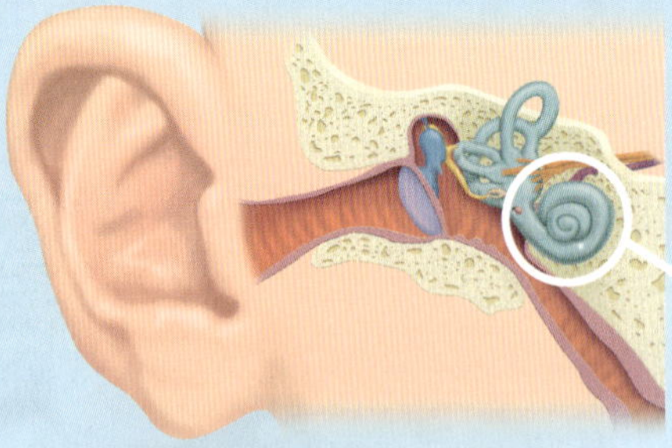

L'oreille interne

L'oreille interne contient des organes liés à l'ouïe et d'autres à l'équilibre. Les trois canaux semi-circulaires et leurs chambres (utricule et saccule) jouent tous un rôle dans l'équilibre (*voir* pages 184 et 185). La cochlée est l'organe qui transforme les vibrations des ondes sonores en signaux nerveux.

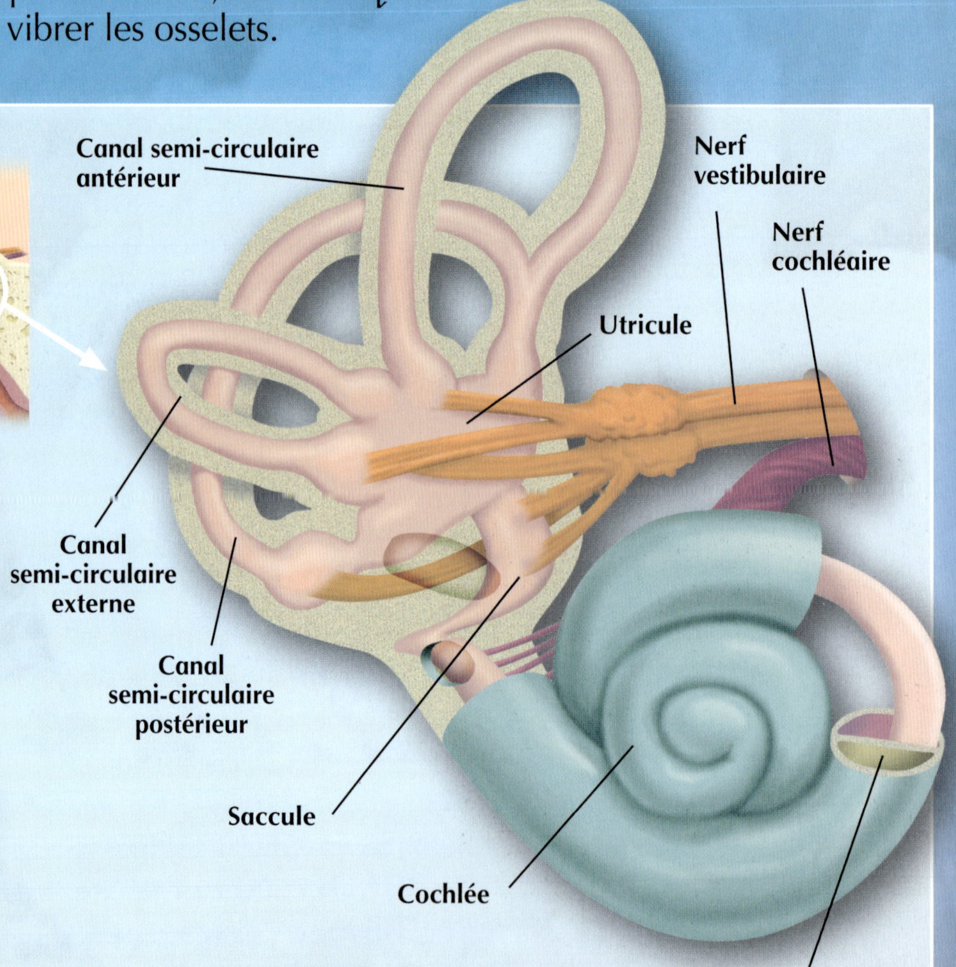

Anatomie de l'oreille interne

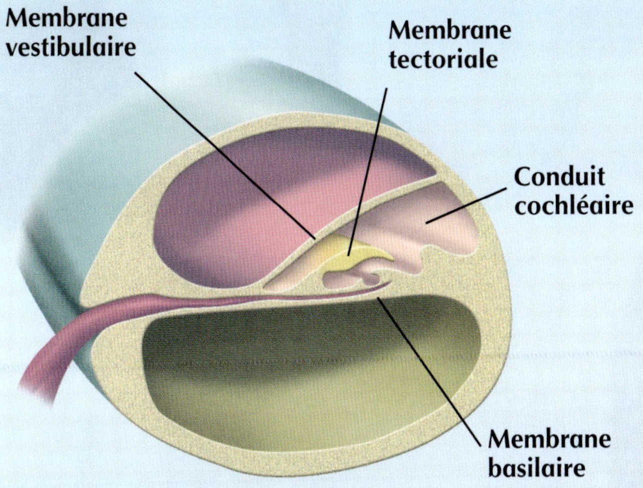

Vue en coupe de la cochlée

Dans la cochlée

La cochlée est un tube, qui doit à sa forme d'être appelé aussi limaçon, à l'intérieur duquel se trouvent trois conduits (ou chambres) remplis de liquide et séparés par des membranes. La membrane basilaire est recouverte de cellules ciliées. Lorsque les osselets envoient des ondes par l'intermédiaire du liquide cochléaire, les cils appuient sur la membrane tectoriale située juste au-dessus en se courbant. C'est ainsi que les cellules ciliées produisent les signaux nerveux.

Du son au signal

En vibrant, les osselets envoient des ondes dans le liquide cochléaire. Ces ondes déplacent de petits poils dans la cochlée, qui convertissent les vibrations en signaux nerveux conduits par les nerfs jusqu'à l'aire auditive du cerveau (*voir* page 146), où les signaux sont interprétés et transformés en sons que nous entendons.

Sais-tu que...

La cochlée, partie de l'oreille qui transforme les sons en signaux nerveux, n'a que 35 mm de longueur et 1,5 mm de diamètre. Elle tiendrait donc très facilement sur l'ongle de ton auriculaire.

Les cellules ciliées

La cochlée compte 15 000 à 20 000 cellules ciliées dont chacune est hérissée de 50 à 100 cils. Différentes vitesses de vibration (ou fréquences) font vibrer diverses parties de la membrane basilaire. Les cellules ciliées produisent des signaux nerveux différents selon la fréquence.

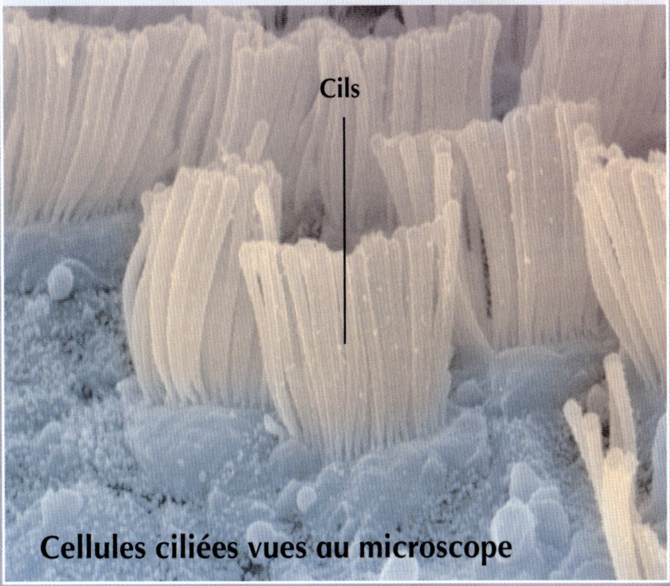

Cellules ciliées vues au microscope

Le nez et l'odorat

Les sens de l'odorat et du goût détectent des substances chimiques sous forme de particules trop petites pour être vues. Ainsi, le nez réagit aux particules olfactives présentes dans l'air.

Snif, snif !

Des particules olfactives entrent dans notre nez lorsque nous inspirons. Elles sont détectées par deux zones, appelées épithéliums olfactifs, situées sur la paroi des fosses nasales. En humant, on fait tournoyer de l'air dans le nez, ce qui entraîne davantage de particules olfactives vers la paroi des fosses nasales, où elles vont se trouver au contact des épithéliums olfactifs.

Une fleur émet des particules odorantes pour attirer des insectes pollinisateurs.

Sais-tu que...

Le nez humain est tellement sensible qu'il est capable de distinguer quelque 10 000 odeurs différentes.

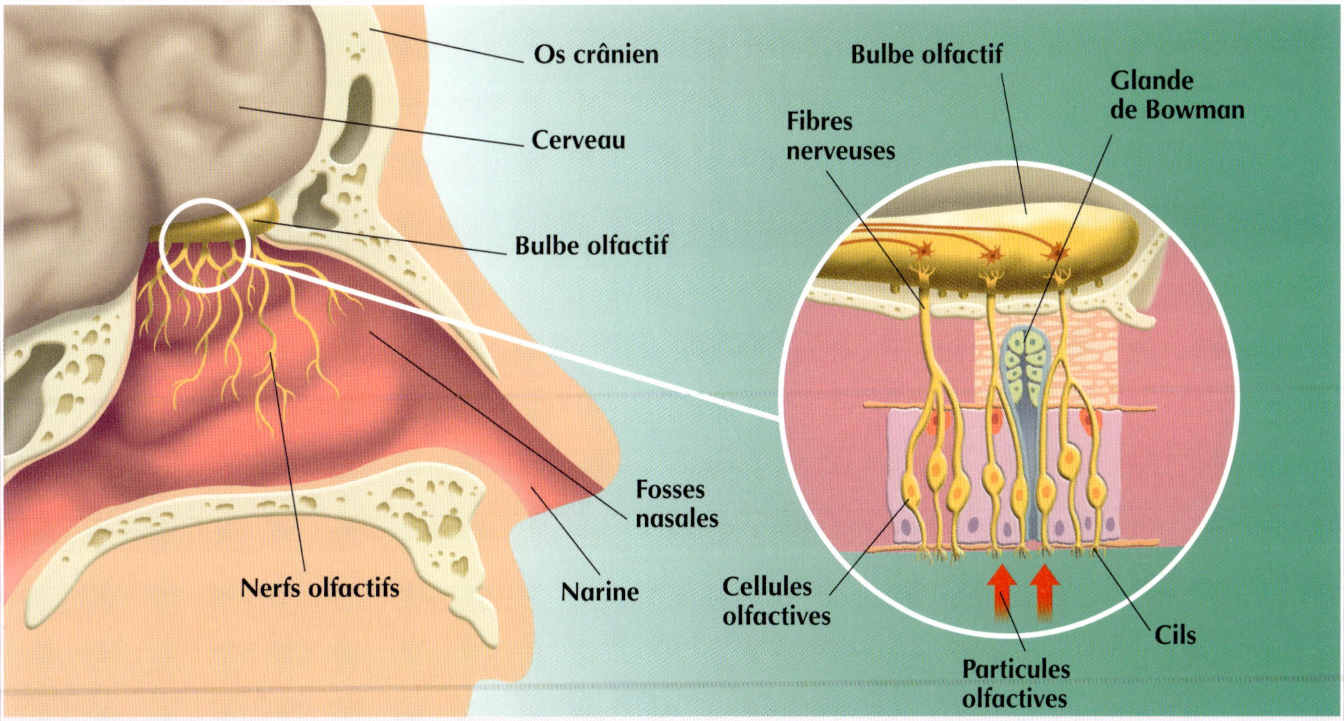

Dans le nez

Les deux narines mènent aux fosses nasales – des espaces emplis d'air dans le nez. Chaque épithélium olfactif sur les parois des fosses nasales contient environ 10 millions de cellules olfactives, dont chacune comporte de 10 à 20 cils baignant dans la couche épaisse de mucus visqueux qui recouvre les parois des fosses nasales.

Détail d'un épithélium olfactif, où les odeurs sont transformées en signaux nerveux.

Les récepteurs olfactifs

Des particules olfactives, captées par le mucus qui enduit les fosses nasales, entrent en contact avec les cils des cellules olfactives qui créent des signaux nerveux. Les signaux sont envoyés par l'intermédiaire du bulbe olfactif au cerveau qui interprète ces signaux comme les odeurs que nous sentons.

Odeurs utiles

Le cerveau associe un arôme à une information stockée à propos des odeurs. Un dégustateur de vin peut dire quel vin il va goûter simplement en le sentant – il peut même dire en quelle année il a été élaboré.

Un dégustateur hume du vin.

La langue et le goût

Le fonctionnement de la langue est proche de celui du nez. À l'aide de bourgeons gustatifs, les papilles gustatives, la langue détecte des substances appelées saveurs dans les aliments.

La surface de la langue

La surface de la langue est recouverte de groupes de petites papilles qui la rendent rugueuse et lui permettent d'agripper les aliments. Les plus grosses se trouvent à l'arrière de la langue. Ce sont les papilles caliciformes. Il existe d'autres types de papilles : filiformes, foliées et fongiforme.

Sais-tu que…

Au fil du temps, certaines papilles meurent et ne sont pas remplacées. Cela signifie que le sens du goût est plus développé chez les jeunes que chez les personnes plus âgées.

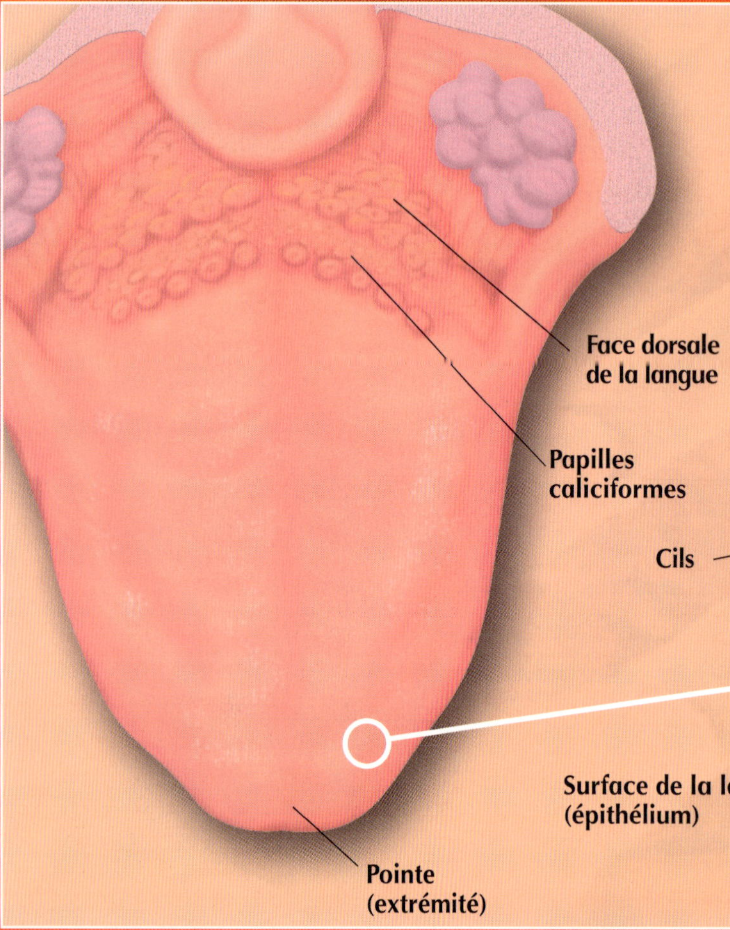

Les bourgeons gustatifs

La langue comporte 10 000 bourgeons répartis sur la partie supérieure, la face dorsale et les extrémités. Chacun contient 20 à 30 cellules gustatives, dont les cils se dressent à travers un pore gustatif. Les saveurs se fixent sur ces cils, ce qui entraîne la production de signaux nerveux par les cellules gustatives.

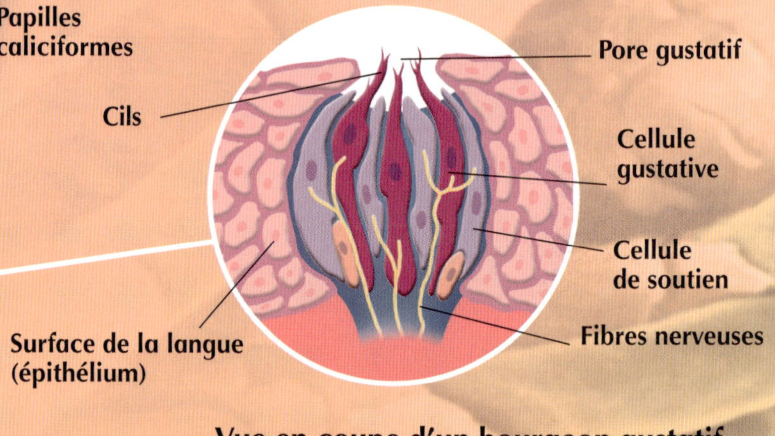

Vue en coupe d'un bourgeon gustatif

Goûter les aliments

Le fonctionnement des bourgeons gustatifs est similaire à celui des épithéliums olfactifs du nez. Les bourgeons envoient des signaux nerveux à l'aire gustative dans le cerveau (*voir* page 146) qui analyse la saveur. Les sens du goût et de l'odorat travaillent ensemble pour déterminer la flaveur. Lorsque, enrhumé, on a le nez bouché, on remarque que les aliments semblent avoir moins de goût. En réalité, ils ont la même saveur, mais le fait de moins les sentir réduit leur flaveur.

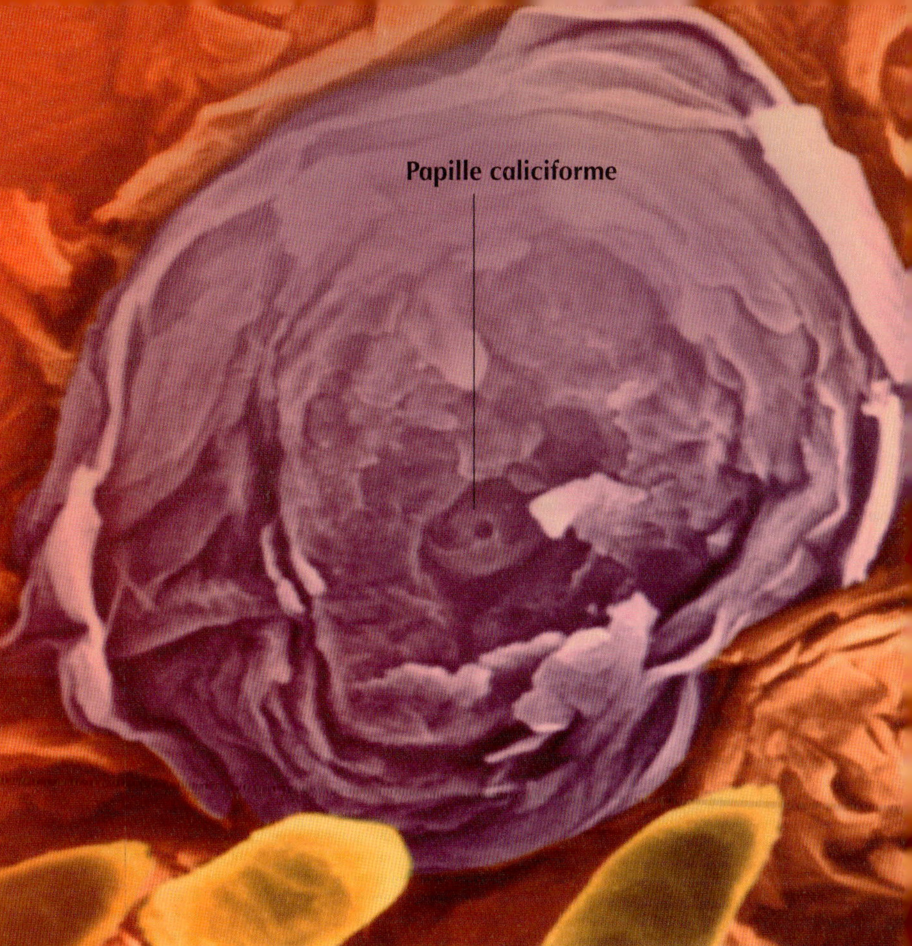

Papilles vues au microscope

De fortes saveurs

On peut détecter de nombreuses saveurs différentes. Elles sont généralement divisées en cinq catégories – sucré, salé, acide, amer et savoureux (*umami*) – mais il y a en bien d'autres, telles que le piquant des piments, le métallique, l'astringent du thé…

Les piments produisent une substance chimique qui brûle la langue.

Nouvelle découverte

On a longtemps pensé que différentes parties de la langue percevaient différentes saveurs, mais des études récentes ont révélé que la plupart des zones de la langue (en dehors de la partie centrale de la langue qui ne contient pas de bourgeons gustatifs) détectent la plupart des saveurs.

La peau et le toucher

Notre sens du toucher est plus complexe qu'il n'y paraît. Il ne s'agit pas d'un seul sens qui détecte les contacts physiques, mais d'un sens multiple qui ressent de nombreuses choses.

La structure de la peau

Le toucher siège dans la peau, qui contient des millions de récepteurs. Les récepteurs changent de forme et de taille lorsqu'ils subissent des pressions ou sont dilatées par la chaleur. C'est ainsi qu'ils créent des signaux nerveux, envoyés dans le cerveau à l'aire somesthésique (*voir* page 180).

Dans la peau

Les plus gros récepteurs sensoriels, ou corpuscules de Pacini, sont constitués de nombreuses couches (comme les oignons !) et ont un diamètre de 0,5 mm. Les récepteurs les plus petits sont 100 fois plus petits que les corpuscules de Pacini. Ces terminaisons nerveuses sont coordonnées pour détecter toutes les sensations, dont les différences de température et de pressions, les vibrations et la douleur (*voir* page 17).

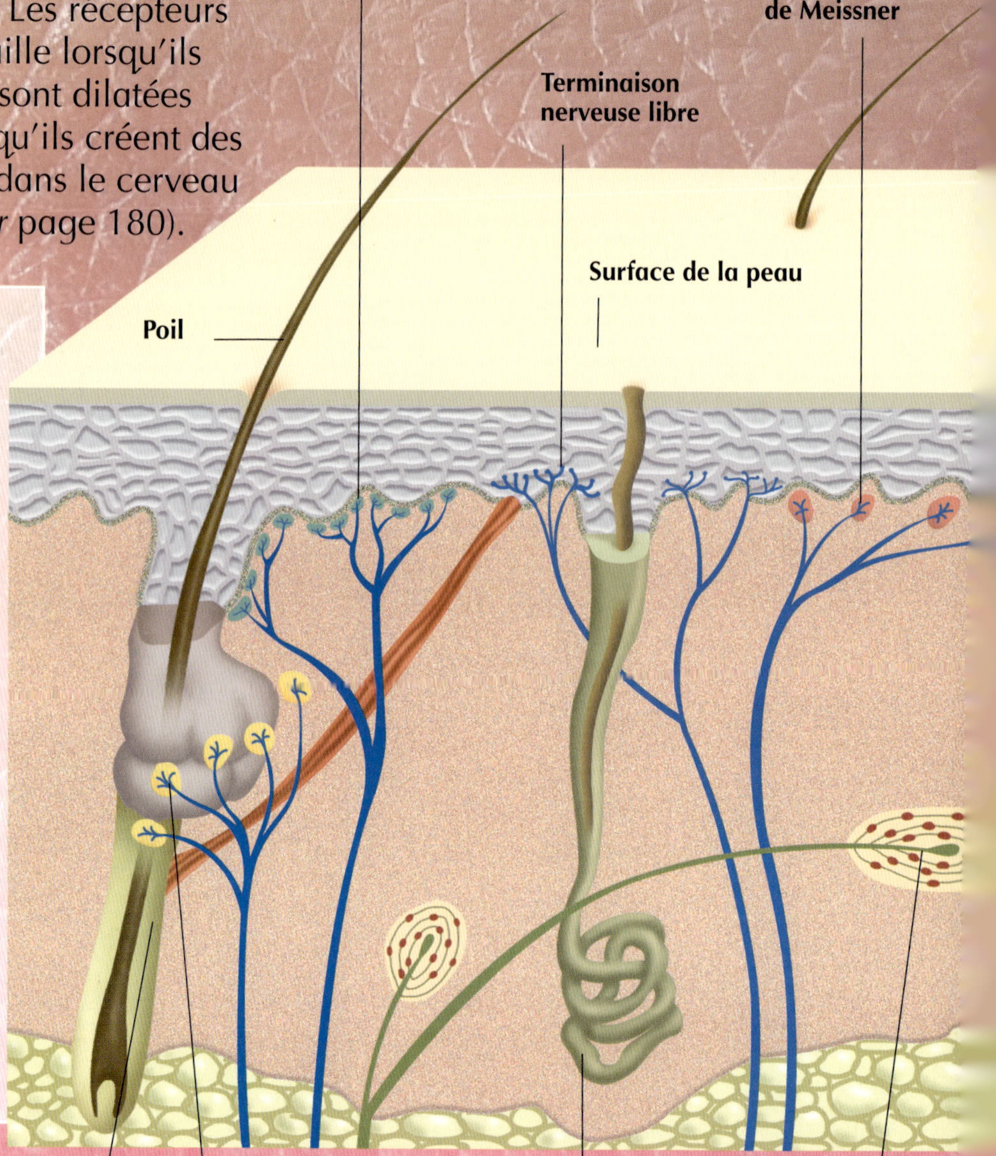

Grattement

Lorsque tu sens une démangeaison, ta première réaction est de te gratter. Le grattement est un mécanisme important de protection de la peau. La démangeaison peut être due à une tique essayant d'entrer sous la peau. Le grattement repousse alors la petite bête avant qu'elle n'y parvienne.

Une tique

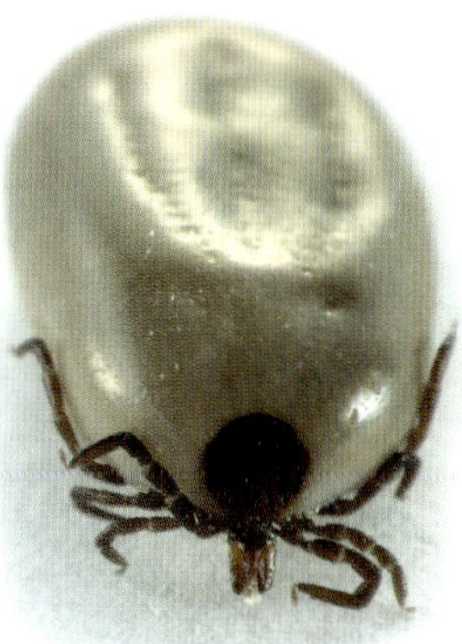

À savoir

- **Les zones les plus sensibles du corps sont les lèvres et l'extrémité des doigts. La peau du bout du doigt contient plus de 2 000 récepteurs sensoriels par millimètre carré.**
- **Les zones les moins sensibles du corps sont le bas du dos et l'extérieur des cuisses.**
- **La langue contient des récepteurs sensoriels qui indiquent la consistance des aliments.**

Sais-tu que...

Un morceau de peau de la taille d'un ongle peut contenir plus de 1 000 récepteurs sensoriels et 50 cm de fibres nerveuses.

Vue en coupe de la peau. Les récepteurs sensoriels (corpuscules ou terminaisons) sont surtout situés dans les 2 mm les plus superficiels de la peau.

Les chatouilles

On ne sait pas pourquoi les chatouilles nous font rire, mais on sait que cette réaction est liée à notre humeur. Lorsqu'on est content, on rit quand on nous chatouille ; mais si ont est inquiet ou triste, cela peut nous contrarier.

La plante des pieds est très sensible aux chatouilles.

Les sens dans le cerveau

Les principaux organes sensoriels du corps envoient des signaux au cerveau. Seul le cerveau nous permet de nous rendre compte de ce que nous voyons, entendons, sentons, goûtons et touchons.

Les aires

La partie du cerveau qui contrôle les signaux nerveux venant de la peau s'appelle l'aire somesthésique. Elle est située sur la couche externe du cerveau, le cortex cérébral. Les différentes parties du corps envoient des signaux aux différentes zones de cette aire. Plus la peau est sensible, plus la zone du cortex qui reçoit ces signaux est grande.

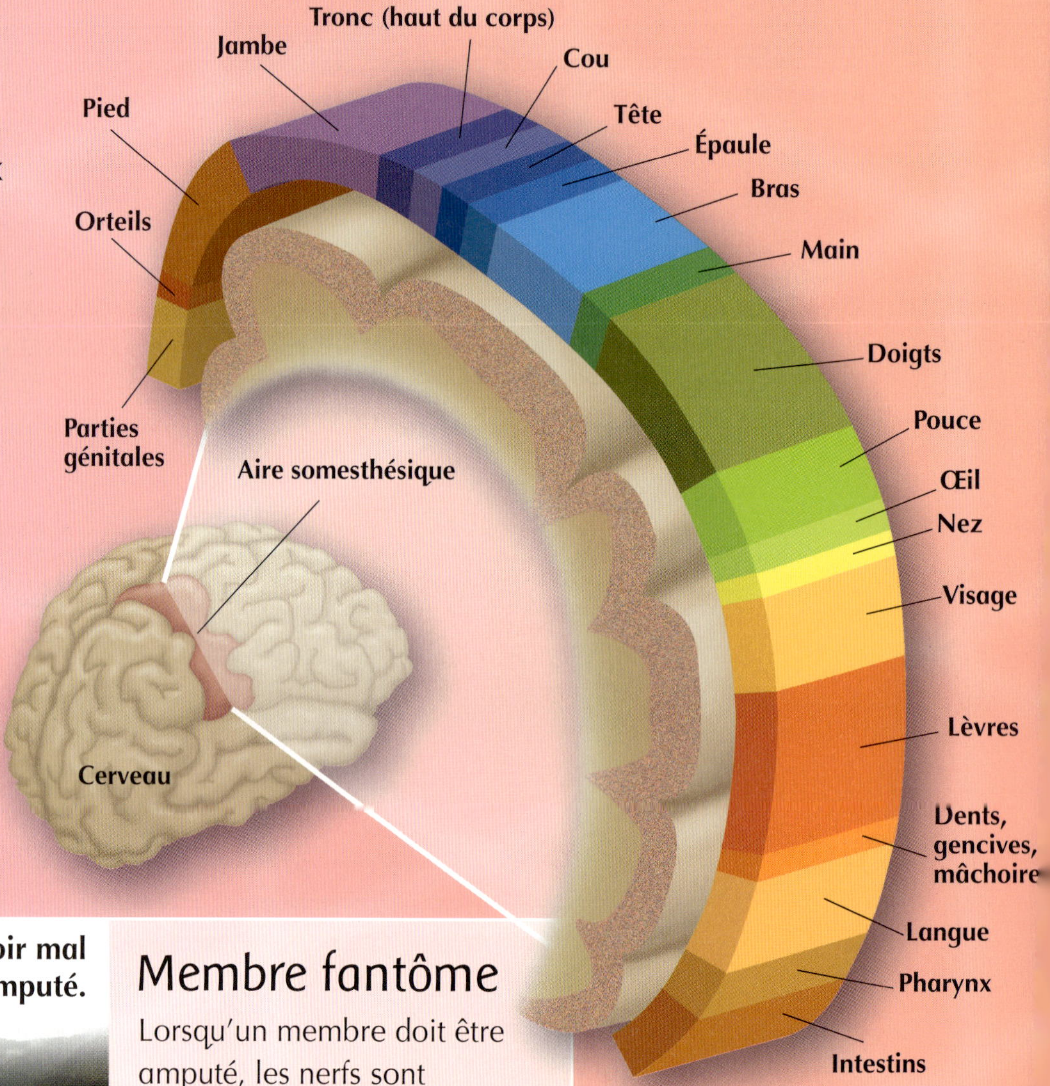

Carte du cerveau montrant l'emplacement dans le cerveau et la taille des différentes aires sensorielles correspondant aux différentes parties du corps

Il est possible d'avoir mal à un membre amputé.

Membre fantôme

Lorsqu'un membre doit être amputé, les nerfs sont sectionnés, mais il est fréquent que les terminaisons nerveuses continuent à émettre des signaux que le cerveau interprète comme venant du membre coupé. C'est un membre fantôme.

Avoir la tête en bas sur un manège fait peur car les sens sont embrouillés.

Surcharge sensorielle

Un tour de manège dans un parc d'attractions submerge les sens de nouvelles visions, sensations et expériences. Les sens sont troublés lorsqu'ils essaient de s'adapter aux ballottements du corps.

Assemblage

Chaque sens est lié à une aire de contrôle dans le cortex (*voir* page 146). Ces aires communiquent les unes avec les autres en s'envoyant des signaux nerveux. D'autres zones combinent les informations sensorielles reçues par le cerveau. Ces zones forment une sensation plus complète en combinant les images, les sons, les odeurs et les autres sens pour créer un souvenir d'une situation.

Sais-tu que...

La synesthésie provoque un désordre des sens. Les personnes atteintes entendent les couleurs, ressentent les visions ou sentent les goûts !

Pionniers

En 1808, le savant allemand Franz Joseph Gall affirma le premier que les différentes parties du cerveau contrôlaient différents sens. Au XXe siècle, le Canadien Wilder Penfield et l'Américain Theodore Rasmussen conçurent une « carte du cerveau ».

L'apaisement des sens

Nos sens influent sur notre humeur. Si la peau touche une chose rugueuse, cela peut énerver, mais le fait de caresser une chose douce crée des signaux nerveux qui peuvent avoir un effet apaisant.

On peut ressentir de la joie à caresser un chat.

Les sens intérieurs

Outre les cinq sens principaux, le corps recèle bien des sens. Des récepteurs microscopiques détectent le contenu du sang, la température, la position des articulations, ainsi que de nombreux autres éléments.

Étirement et contraction

Les muscles contiennent de petits récepteurs d'étirements qui répondent aux changements de longueur et à la tension qu'ils subissent. Ces capteurs, les fuseaux neuromusculaires, informent le cerveau de la position du corps et des membres afin que nous connaissions cette information sans avoir à regarder. Ce sens est dit « proprioceptif » ou «positionnel ».

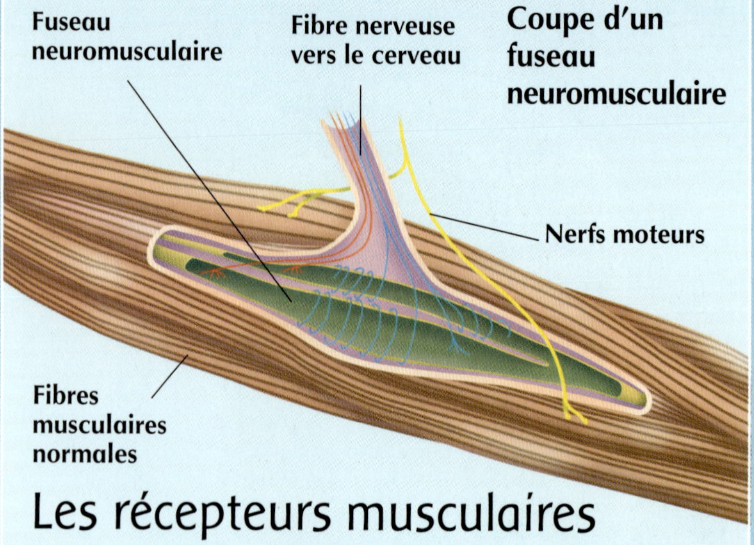

Les récepteurs musculaires

Les fuseaux neuromusculaires dans les muscles sont composés de fibres musculaires spécialisées. Ces fibres sont enveloppées de terminaisons nerveuses qui envoient des informations au cerveau.

Cet homme utilise son sens positionnel lorsqu'il pratique le yoga.

Sais-tu que...

Quand on entraîne son sens positionnel, des mouvements compliqués peuvent devenir automatiques. De nombreuses personnes savent ainsi nouer leurs lacets sans regarder et en parlant !

Le test du toucher

- Dans un endroit sûr, ferme les yeux et mets tes mains en avant.
- Tends l'index de chaque main et déplace lentement tes mains jusqu'à ce que tes deux index se touchent.
- Tu devrais pouvoir faire cela sans regarder en utilisant ton sens positionnel.

Ce garçon boit car ses sens ont détecté que son corps avait besoin d'eau.

Les niveaux de liquide

Si les récepteurs de notre corps détectent une hausse de certaines substances chimiques, telles que les sels, cela signifie que la quantité d'eau dans l'organisme est trop faible. Pour régler ce problème, l'hypothalamus – situé dans le cerveau – crée la sensation de soif qui nous donne envie de boire.

Récepteurs chimiques

Des récepteurs dans le cerveau et dans les principaux vaisseaux sanguins contrôlent la quantité de certaines substances dans le sang, dont l'oxygène, le dioxyde de carbone et le glucose. Si la quantité de dioxyde de carbone augmente tandis que la quantité d'oxygène baisse, le cerveau dit aux poumons de respirer plus vite et fort. Ces actions absorberont ainsi plus d'oxygène et élimineront du dioxyde de carbone. Ce type de réponse est automatique, grâce au système nerveux autonome (*voir* page 157).

Le thermostat du corps

Les principaux récepteurs de la température du corps se trouvent dans l'hypothalamus. Ces récepteurs contrôlent la température du sang qui coule du cœur au cerveau. Si la température augmente, l'hypothalamus déclenche une série de réactions pour la faire redescendre. Les poils peuvent alors se coucher tandis que la peau devient rouge et transpire.

La transpiration est une des méthodes utilisées par le corps pour réguler la température corporelle.

L'équilibre

L'équilibre est parfois qualifié de sixième sens, mais en fait il s'agit plutôt d'un processus permanent de réception d'informations en provenance de plusieurs sens, qui a pour effet d'ajuster la position des muscles afin de nous éviter de tomber.

Oreilles et équilibre

Certaines informations ayant trait à l'équilibre viennent de l'oreille interne. Chaque oreille interne contient des canaux semi-circulaires et deux chambres (l'utricule et le saccule) qui contrôlent la position de la tête, puis envoient des signaux nerveux au cerveau.

Une gymnaste en équilibre sur une poutre étroite.

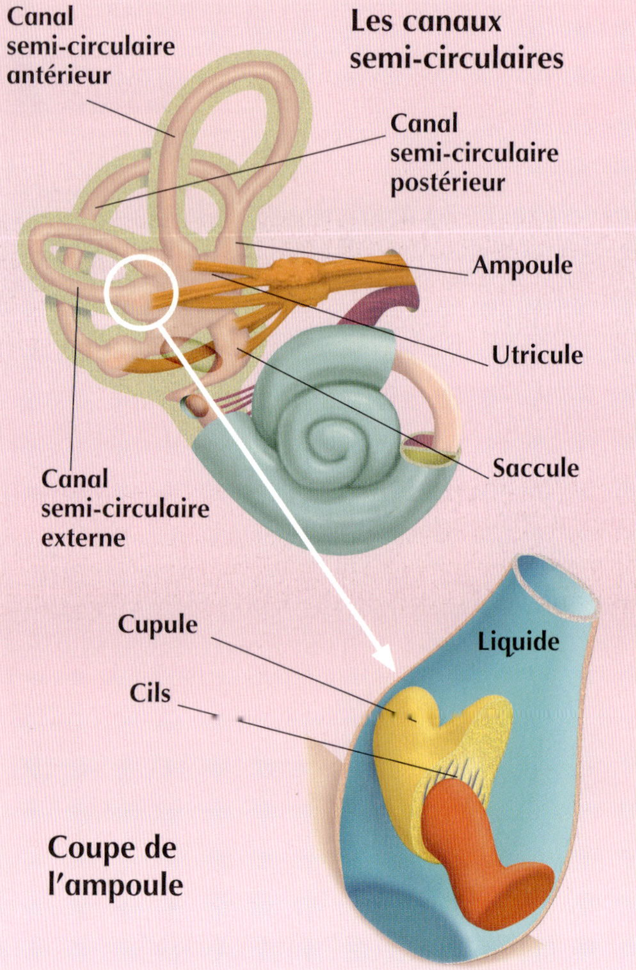

Coupe de l'ampoule

Les canaux semi-circulaires

À l'extrémité de chaque canal, rempli de liquide, se trouve une poche appelée ampoule. Celle-ci contient une sorte de goutte gélatineuse, la cupule, dont sortent des cellules ciliées. Lorsque la tête tourne, le liquide déplace la cupule et les cils.

Environnements instables

Sur un bateau, quand la mer est agitée, le corps est ballotté d'une façon qui n'est pas naturelle. Le cerveau éprouve alors des difficultés à combiner les informations troublées qu'il reçoit des oreilles, des yeux, de la peau, des muscles et des autres organes sensoriels. C'est le mal de mer, qui provoque des vertiges, des nausées, voire des vomissements.

Les nombreuses personnes qui souffrent du mal de mer sur un bateau peuvent prendre des médicaments adaptés pour se sentir mieux.

Sais-tu que…

En 2002, Daniel Baraniuk a passé 196 jours en équilibre sur une petite plateforme au sommet d'un poteau. Heureusement, il pouvait faire une pause toutes les deux heures.

Informations pour l'équilibre

Des informations sur l'équilibre sont aussi envoyées par les yeux. Ceux-ci peuvent voir si le corps est bien droit. Les muscles et les articulations fournissent également des informations sur la position des membres (*voir* page 182). Le cerveau collecte ces informations puis contrôle les muscles pour maintenir l'équilibre du corps.

Test d'équilibre

- Dans un lieu sûr, tiens-toi droit, les bras le long du corps, et ferme les yeux. Sans l'information venant de tes yeux, tu peux te sentir déséquilibré.
- Mets-toi sur une jambe. Il est encore plus difficile de garder l'équilibre.
- Attention : ouvre les yeux si tu sens que tu risques de tomber.

Un astronaute en apesanteur sur le bras robotisé de la navette spatiale.

En apesanteur

Dans l'espace, où il n'y a pas de pesanteur, le cerveau ne reçoit pas normalement les informations venant de l'oreille interne sur la position du corps. Cela peut provoquer des nausées, des pertes d'équilibre, des confusions et des maux de tête. Ces sensations, appelées syndrome d'adaptation à l'espace, passent en quelques jours.

Les problèmes visuels et auditifs

Tous les problèmes qui affectent les yeux et les oreilles influent aussi sur notre capacité à communiquer avec autrui. De nouvelles techniques, telles que la chirurgie oculaire par laser et les prothèses auditives, permettent à de nombreuses personnes de surmonter ces problèmes.

Ces enfants apprennent à communiquer avec le langage des signes.

Sais-tu que...

Un cheval perçoit des sons cinq fois plus faibles que ceux que les humains sont capables de détecter.

Le langage des signes

Les personnes qui ont des problèmes auditifs dès la naissance ne peuvent entendre les autres et ne connaissent pas le son de leur propre voix. Cela entraîne des difficultés pour apprendre à parler. Le langage des signes permet aux personnes sourdes de communiquer en utilisant leurs mains – ainsi que leurs bras, leurs corps et leurs expressions. Ces « signes » sont combinés pour former des phrases.

La plupart des prothèses auditives sont presque invisibles.

Les audioprothèses

Les personnes qui entendent mal portent des prothèses, amplificateurs sonores qui transforment les ondes sonores en signaux électriques et les renvoient aux oreilles sous forme d'ondes sonores plus fortes.

À savoir

- La cataracte est la principale cause de cécité.
- Les problèmes auditifs les plus courants sont dus à des infections (à la multiplication de germes dans l'oreille), qui s'accompagnent parfois de la sécrétion d'un liquide visqueux qui empêche les osselets de vibrer.

Les problèmes de vue

Les principaux problèmes visuels sont dus à la cataracte (*voir* page 169) et au glaucome. Le glaucome se caractérise par une pression qu'exerce un liquide dans l'œil. Ce liquide appuie sur la rétine et les fibres nerveuses. Les médicaments et la chirurgie sont les principaux traitements de ces maladies.

Myopie et hypermétropie

La myopie est due à un globe oculaire trop long ; le cristallin met au point les images d'objets distants en avant de la rétine, ne permettant de bien voir que les objets proches. L'hypermétropie est liée à un globe trop court ; les images d'objets proches sont mises au point en arrière de la rétine, ne permettant de voir nettement que les objets distants.

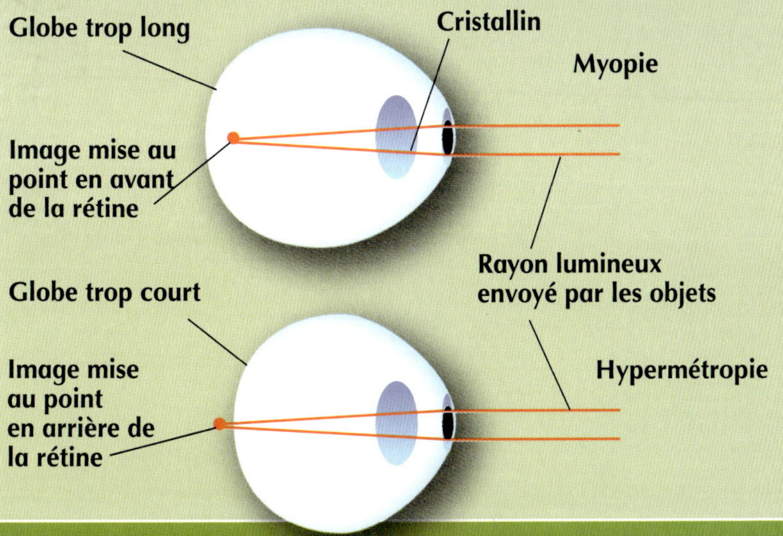

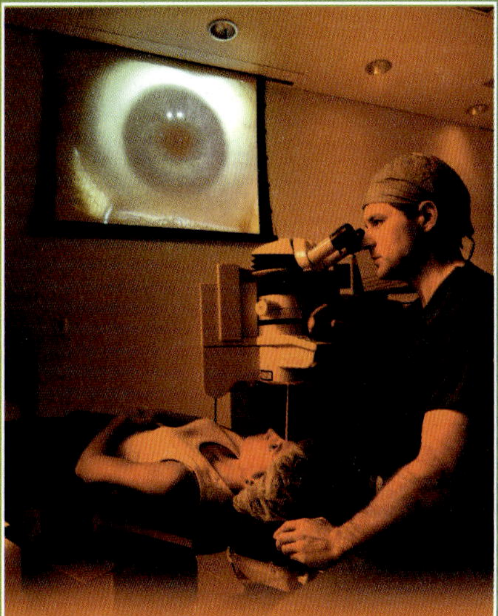

Ce chirurgien pratique une correction de la vue au laser.

Chirurgie oculaire

Certaines opérations des yeux sont pratiquées avec un laser qui racle le cristallin de sorte que les rayons lumineux soient bien orientés et les images mises au point sur la rétine.

La protection des sens

Le simple fait de te cacher les yeux ou de te boucher les oreilles te montre à quel point la vision et l'audition sont importantes. Il est donc indispensable de protéger ces sens si précieux.

Même avec des lunettes de soleil, il ne faut pas regarder directement le soleil.

Attention au soleil

Nos yeux sont fragiles, ils craignent les dangers physiques tels que les poussières, mais aussi la lumière vive. Un soleil fort peut abîmer la rétine, c'est pourquoi il faut toujours porter des lunettes de soleil les jours ensoleillés. La plupart des lunettes de soleil sont composées de matériaux spéciaux qui filtrent les rayons solaires dangereux.

Correction de la vue

La vue des myopes et des hypermétropes (*voir* page 187) peut souvent être corrigée par des lunettes ou des lentilles de contact. Ces instruments en verre ou en plastique courbé orientent les rayons lumineux d'un objet de façon à mettre correctement l'image au point sur la rétine, pour une meilleure vision.

Correction de la myopie

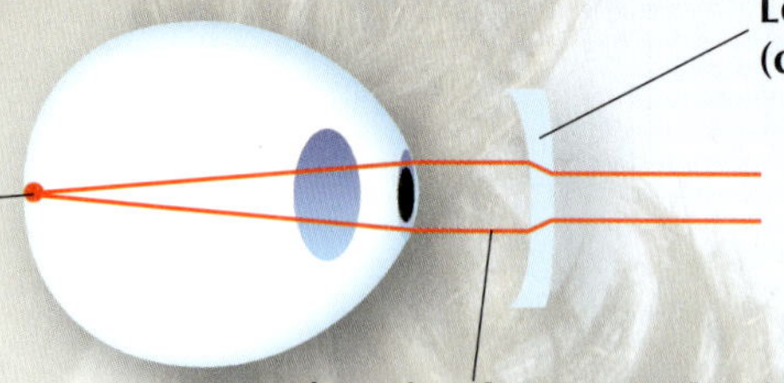

Correction de l'hypermétropie

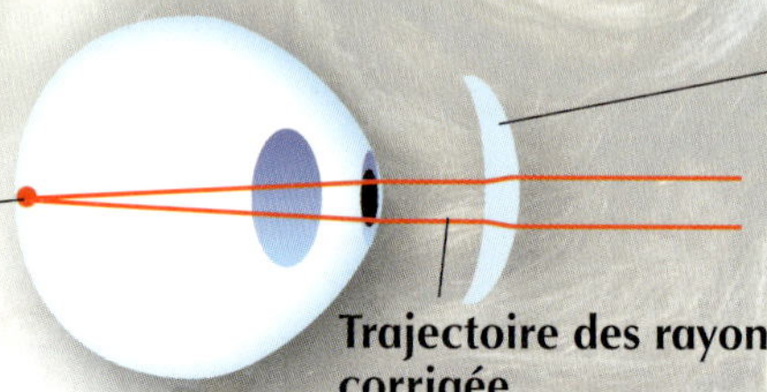

Sais-tu que...

Les plus gros yeux sont ceux du calmar géant, aussi gros que des ballons de basket. Les plus grandes oreilles sont celles de l'éléphant d'Afrique, aussi grandes que ton bureau en classe.

Protection des yeux

Les chalumeaux produisent des étincelles qui peuvent abîmer les yeux. Les ouvriers qui les utilisent doivent porter des lunettes ou des écrans pour protéger leurs yeux des étincelles et de la luminosité de la flamme.

Ce soudeur porte un masque de protection.

Protection de l'ouïe

Les bruits forts et de longue durée endommagent progressivement l'audition, en particulier s'ils sont aigus. Si les fragiles terminaisons nerveuses et les cellules ciliées de la cochlée, dans l'oreille, sont endommagées, elles sont très difficiles à réparer. Il faut donc éviter d'écouter de la musique trop fort et trop longtemps – en particulier avec des écouteurs.

Protection des oreilles

Les protège-oreilles empêchent les bruits très forts d'abîmer l'oreille interne. Il faut en porter lors de la manipulation d'instruments très bruyants tels qu'une tronçonneuse, ou lorsqu'on travaille dans une usine ou un aéroport.

Un maçon porte un protège-oreilles pour protéger son système auditif.

La correction visuelle

Les lunettes ont été inventées vers 1284 par l'Italien Salvino d'Armate. Les lentilles, apparues dans les années 1880, étaient encombrantes. Les premières lentilles de contact en plastique existent depuis les années 1940, mais le plastique était rigide. Elles ont été remplacées dans les années 1950 par des lentilles en plastique souple.

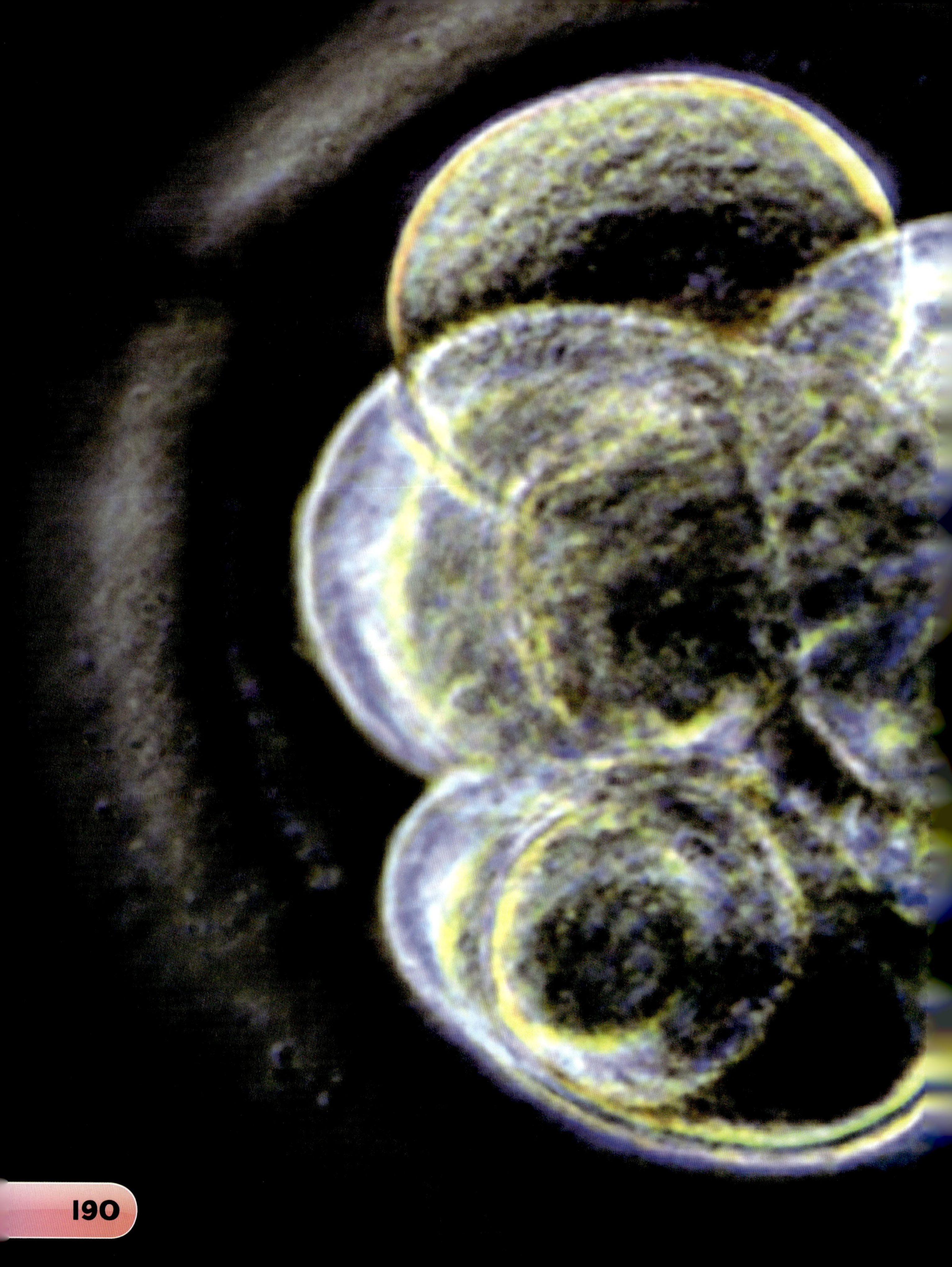

REPRODUCTION ET CROISSANCE

Un bébé change beaucoup entre le jour où il n'est qu'un nouveau-né et son premier anniversaire – lors duquel il sait souvent déjà marcher et commence à parler. Les enfants grandissent et se développent en découvrant le monde, pour finalement devenir des adultes. Ils peuvent alors avoir leurs propres enfants. Les organes du corps qui rendent cela possible constituent l'appareil reproducteur.

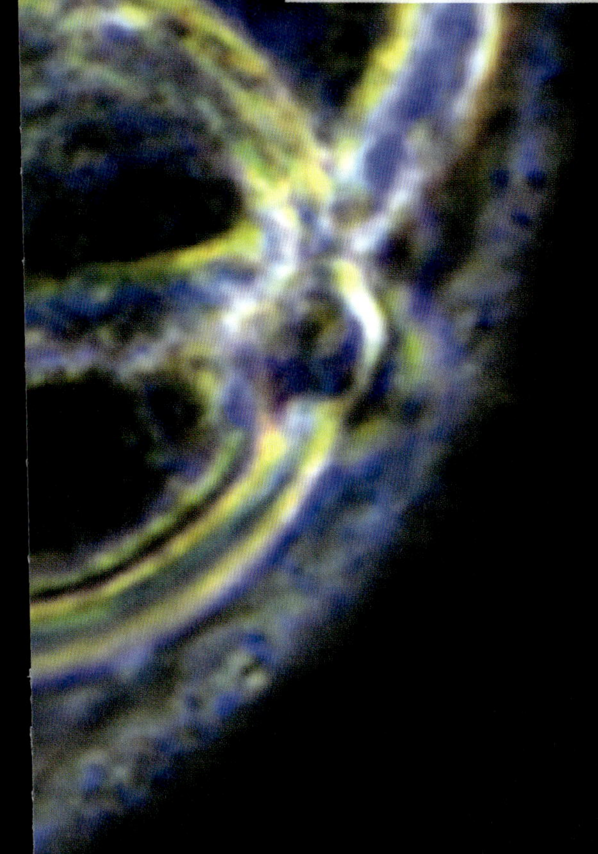

Les organes génitaux

Les organes génitaux des hommes diffèrent beaucoup de ceux des femmes. Ces organes produisent les cellules reproductrices mâles et femelles, qui se rencontrent pour créer une nouvelle vie lors d'un processus appelé fécondation.

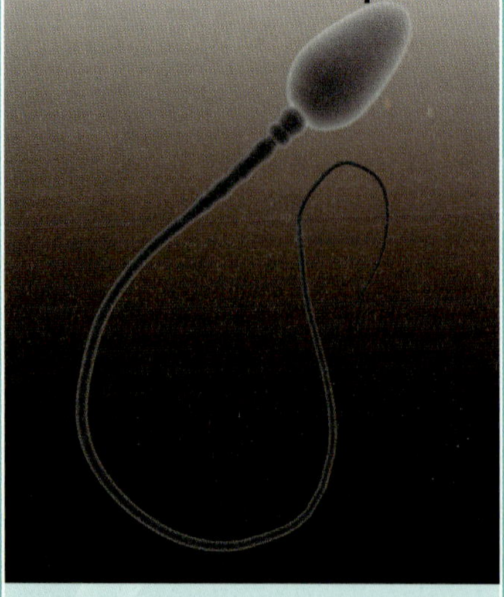

Un spermatozoïde vu au microscope

Spermatozoïdes

Les spermatozoïdes sont dotés d'un flagelle qu'ils agitent pour se déplacer. Chaque jour, des millions de spermatozoïdes sont produits par les testicules. Ils sortent des testicules par un tube replié appelé épididyme. De là, ils se déplacent dans de longs tubes rigides, les canaux déférents, puis dans les vésicules séminales et la prostate avant d'entrer dans le pénis.

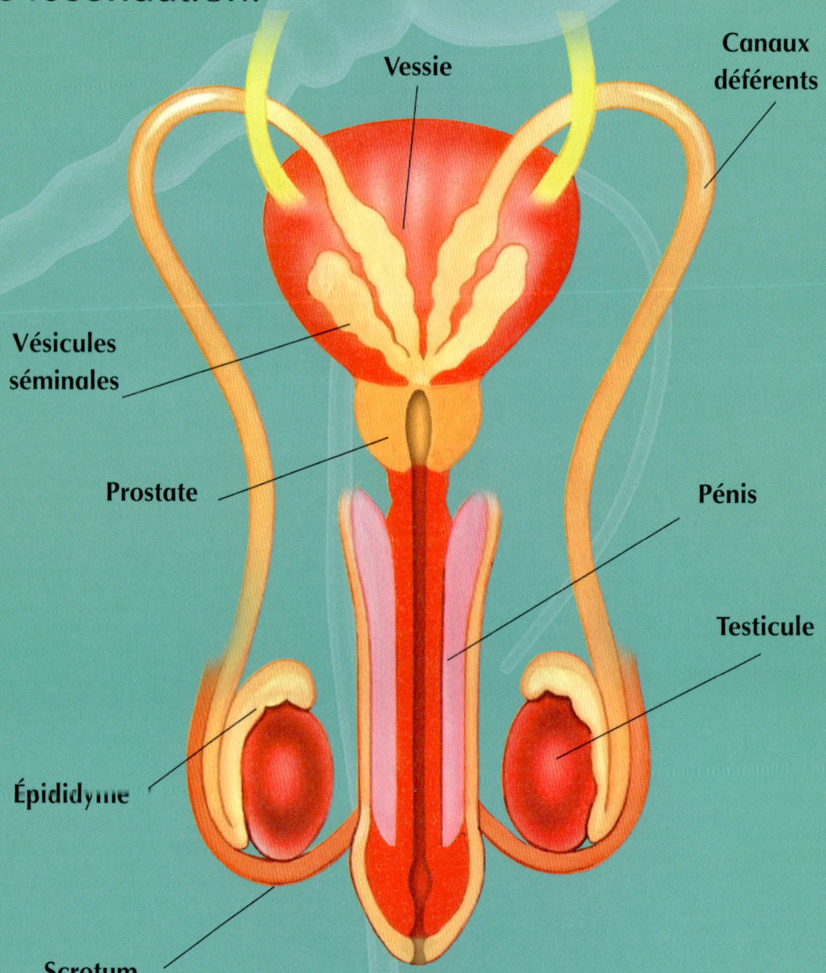

Appareil génital masculin

Les organes masculins

Le principal organe génital masculin est composé des deux testicules qui fabriquent les cellules reproductrices mâles, les spermatozoïdes. Les testicules sont dans une poche cutanée, ou scrotum, suspendue à l'extérieur du corps. Les vésicules séminales et la prostate produisent des liquides qui se mélangent aux spermatozoïdes et leur fournissent des nutriments et une protection (*voir* page 193).

Les organes féminins

Le principal organe génital féminin est composé des deux ovaires et de l'utérus. Les ovaires contiennent les cellules reproductrices femelles, aussi appelées ovules. Chez les femmes âgées de 11 à 50 ans, les ovaires libèrent un ovule toutes les quatre semaines environ. L'ovule passe alors dans une des trompes de Fallope jusqu'à l'utérus.

LEEUWENHOEK

Le premier à avoir observé les spermatozoïdes au microscope est le savant néerlandais Anton van Leeuwenhoek. En 1677, il dessina les spermatozoïdes d'un homme et ceux d'un chien et nota les différences qu'ils présentaient.

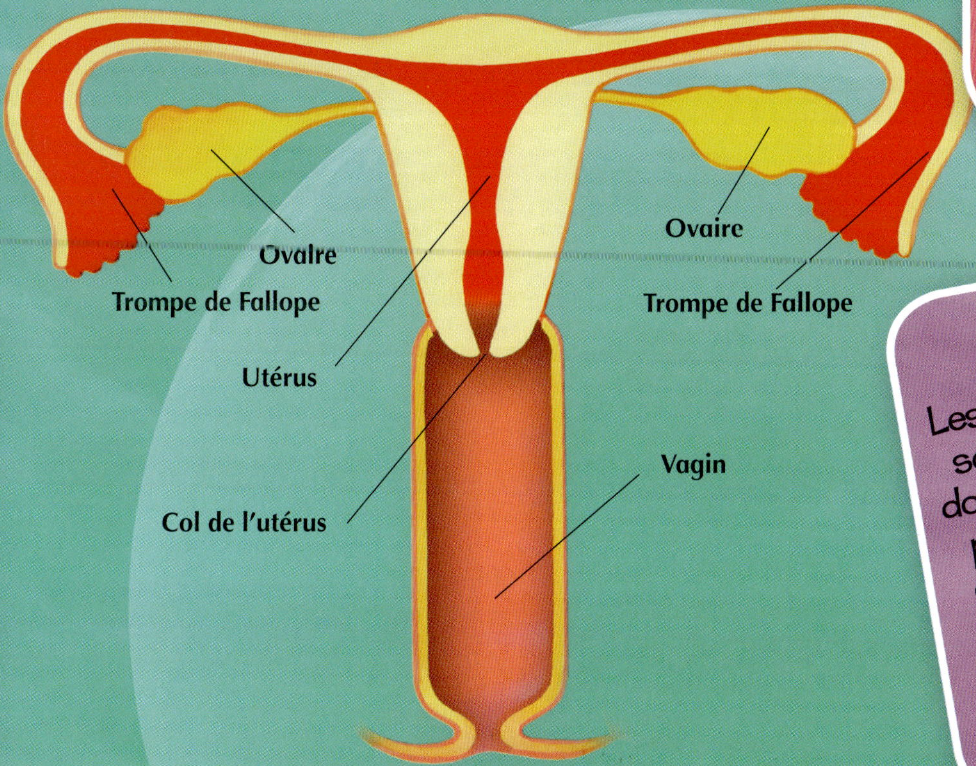

Appareil génital féminin

SAIS-TU QUE...

Les organes reproducteurs sont indispensables pour donner la vie. Ils constituent pourtant le seul système de l'organisme qui puisse être totalement supprimé (souvent pour cause de maladie) sans mettre en danger la vie du patient.

Le cycle menstruel

L'ovule est l'une des plus grosses cellules du corps – d'un diamètre de 0,12 mm environ. La libération mensuelle d'un ovule est contrôlée par des hormones (*voir* pages 158 et 159) dans un processus appelé cycle menstruel. Au cours du cycle menstruel, les parois de l'utérus s'épaississent pour se préparer à accueillir un ovule fécondé (*voir* pages 194 et 195). S'il n'est pas fécondé, l'ovule ainsi que les parois de l'utérus se détachent du corps, car ils ne sont plus nécessaires. On appelle cela les menstruations ou les règles.

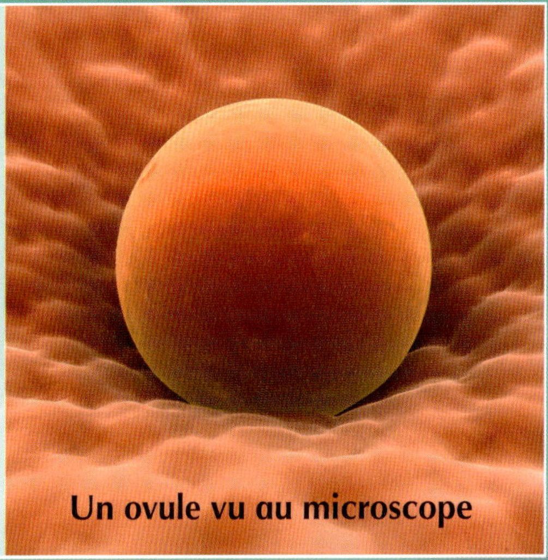

Un ovule vu au microscope

Une nouvelle vie

Lors d'un rapport sexuel, les spermatozoïdes sont éjaculés dans le vagin. Ils entament alors leur voyage pour aller féconder l'ovule. La fécondation se produit généralement dans les trompes de Fallope de la femme, au moment où l'ovule descend lentement vers l'utérus.

À savoir

- Des spermatozoïdes mettent quelques minutes à 48 heures pour atteindre les trompes de Fallope.
- Un ovule meurt en 24 heures. La fécondation doit donc se produire avant.
- Après la fécondation, l'œuf fécondé libère des substances chimiques empêchant d'autres spermatozoïdes d'entrer.

L'union des cellules reproductrices

Entre 300 et 500 millions de spermatozoïdes sont éjaculés pendant un rapport sexuel, lorsque le pénis de l'homme se trouve dans le vagin de la femme. Les spermatozoïdes voyagent du vagin aux trompes de Fallope. Des millions de spermatozoïdes meurent pendant leur trajet, et quelques centaines seulement atteignent l'ovule. Seul un d'entre eux peut féconder l'ovule, s'unir à lui pour faire un enfant.

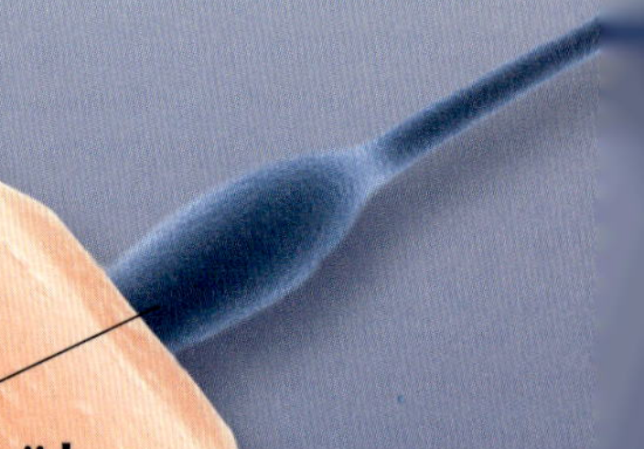

Un spermatozoïde entre dans l'ovule pour le féconder.

La division de l'œuf

L'ovule se divise après avoir été fécondé. Les cellules deviennent de plus en plus petites jusqu'à reprendre la taille des cellules corporelles normales. Cette phase de division cellulaire s'appelle la segmentation.

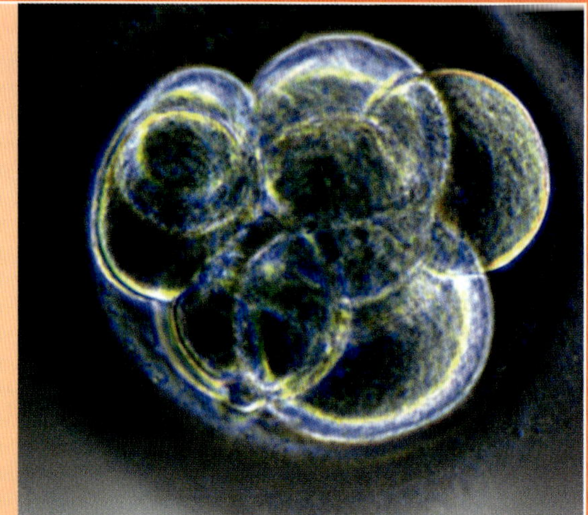

Une boule de cellules environ trois jours après la fécondation

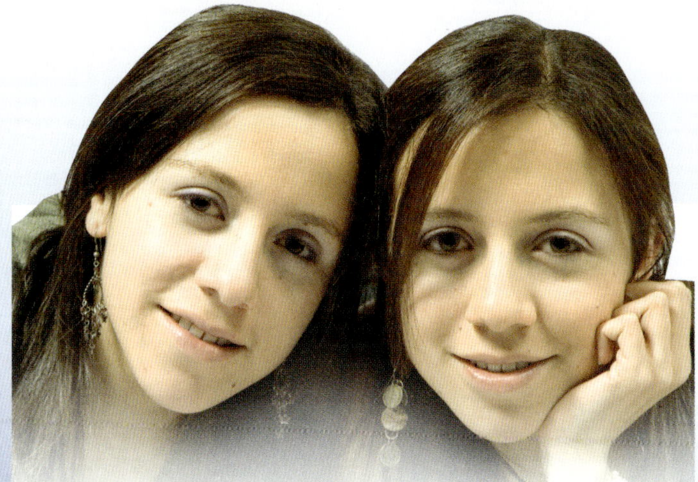

Comme tous les vrais jumeaux, ces deux sœurs jumelles se ressemblent énormément.

Jumeaux, jumelles

Parfois les ovaires libèrent deux ovules, chacun étant fécondé par un spermatozoïde différent, ce qui donne vie à des faux jumeaux. Si un seul ovule est fécondé puis divisé en deux, cela donne vie à des vrais jumeaux. Parfois, trois embryons se développent, voire davantage.

Après la fécondation

Après la fécondation, la cellule-œuf commence à se diviser et à se multiplier. Après quatre ou cinq jours, la cellule-œuf a déjà formé une boule de cellules appelée zygote. Lorsque celui-ci atteint l'utérus, il se loge dans ses parois où il continue à se diviser. On l'appelle alors embryon.

SAIS-TU QUE...

Pendant les neuf mois nécessaires à un bébé pour se développer, la taille de ce dernier a augmenté jusqu'à atteindre 10 milliards de fois celle de la cellule initiale.

Fécondation in vitro

Lorsqu'un couple ne peut pas avoir d'enfants de façon naturelle, les médecins peuvent prélever des spermatozoïdes et des ovules pour les unir. Dans certains cas, un spermatozoïde est injecté dans un ovule pour le féconder. Les embryons formés sont placés dans le vagin. La fécondation à l'extérieur du corps est appelée fécondation in vitro, ou FIV. En latin *in vitro* signifie « dans le verre » (en éprouvette).

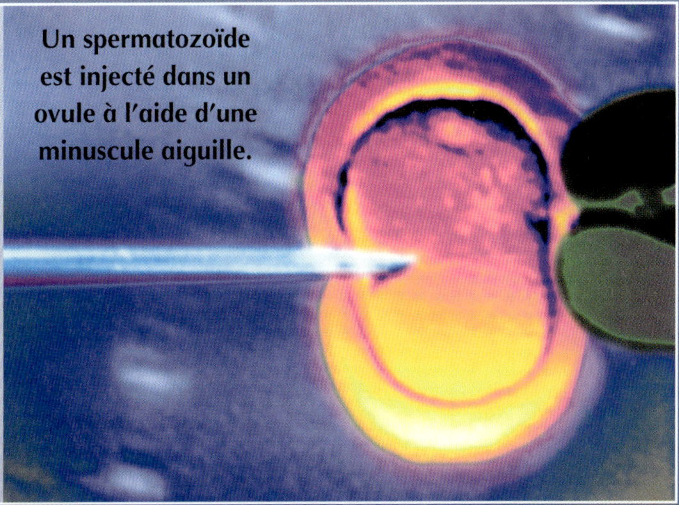

Un spermatozoïde est injecté dans un ovule à l'aide d'une minuscule aiguille.

La formation

L'embryon est un organisme de la taille d'une tête d'épingle qui s'implante dans les parois de l'utérus. Deux semaines environ après la fécondation, de nouveaux changements se produisent et un petit corps humain commence à se former.

Le jeune embryon

L'embryon a la forme d'un disque plat, qui deviendra le corps du bébé. Les couches de cellules externes forment deux enveloppes protectrices. La couche externe s'appelle chorion, l'autre, sac amniotique. L'embryon s'allonge peu à peu, certaines parties se replient ; une extrémité devient la tête, tandis que l'autre se transforme en « queue ». L'embryon est alimenté par ce que l'on appelle un sac vitellin puis, au bout de quatre semaines environ, par le placenta, un amas de tissu spongieux dans l'utérus.

Ce test de grossesse comprend des symboles qui indiquent à la femme si elle est enceinte ou non.

Les tests de grossesse

Au début du développement du bébé, la mère éprouve des sensations particulières. Elle peut savoir si elle est enceinte en testant son urine. Un test de grossesse détecte l'hormone HCG – dont le taux augmente lors de la grossesse.

Les animaux

Les fœtus de beaucoup d'animaux ont la même apparence les premiers mois. Les êtres humains, les singes, les chats et les chiens passent par des transformations similaires, mais ils s'éloignent peu à peu. L'embryon humain a une queue qui disparaît ensuite.

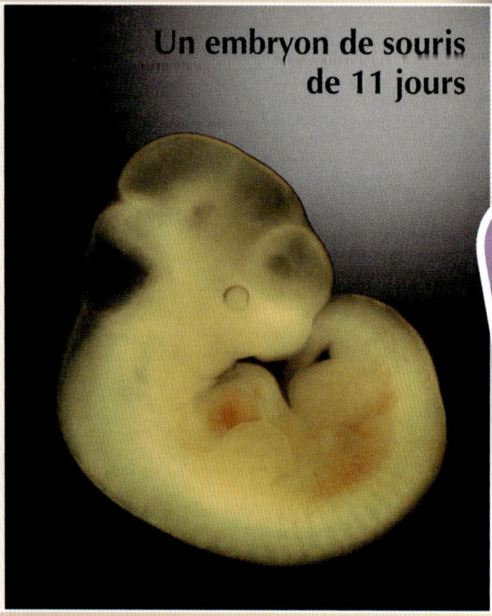

Un embryon de souris de 11 jours

SAIS-TU QUE...

Le cœur commence à battre très tôt : moins de quatre semaines après la fécondation. À ce stade, l'embryon est plus petit qu'un flageolet.

Les caractéristiques humaines

Quatre semaines après la fécondation, de petites bosses apparaissent sur le corps, qui se transforment peu à peu en bras et jambes. Sur la tête, se développent des points plus foncés, qui deviendront les yeux, et des fentes de chaque côté, les oreilles. Après huit semaines, le corps a une apparence humaine. À l'intérieur, son cœur bat et d'autres parties sont formées, mais l'embryon, alors appelé fœtus, est toujours plus petit qu'un pouce.

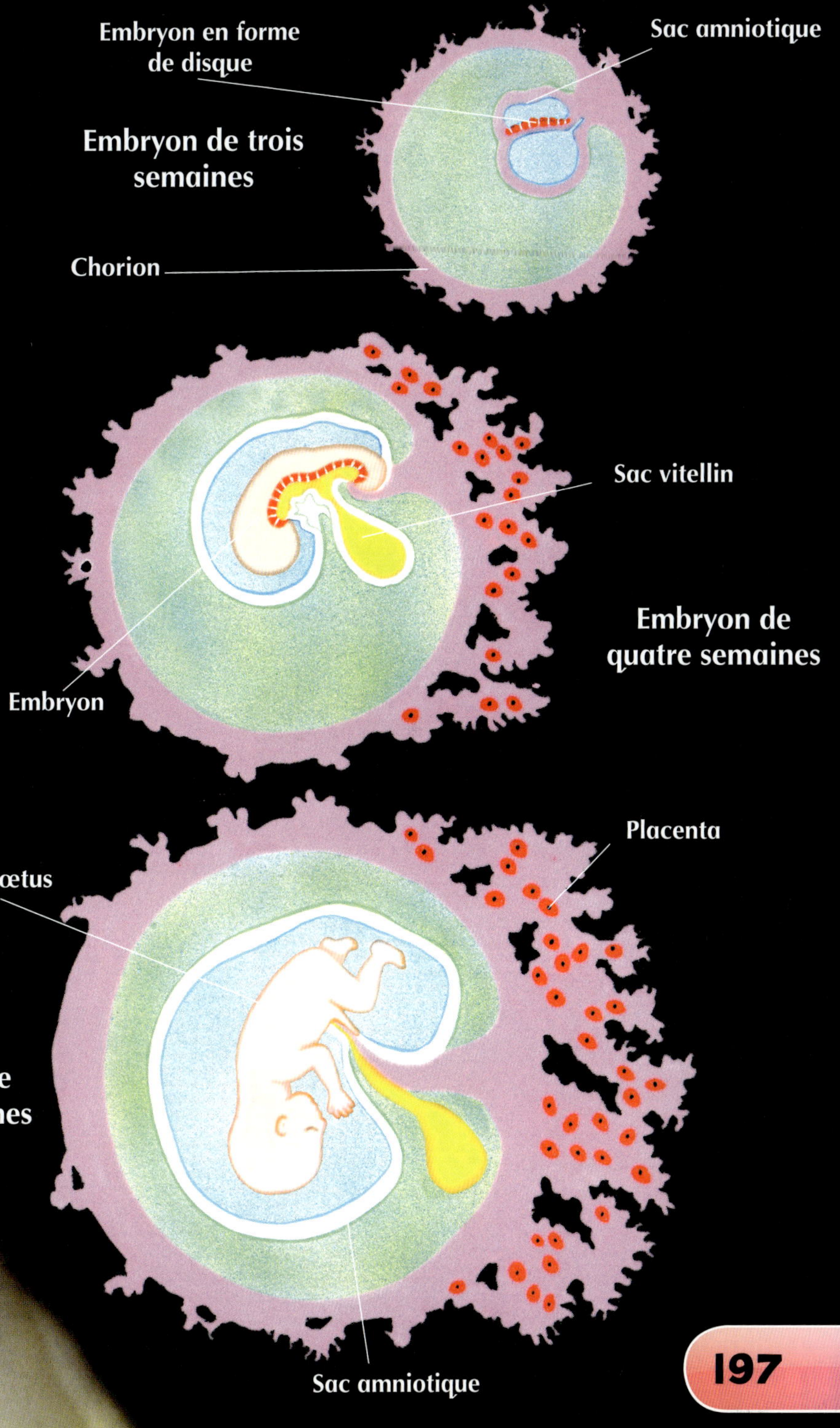

Agrandissement d'un fœtus de 10 semaines environ

Une croissance rapide

À partir de huit semaines, le fœtus grandit rapidement et la mère perçoit alors la « bosse » du bébé dans son ventre.

Une infirmière prend la tension d'une femme enceinte.

Les caractéristiques du développement

Au début, le visage du fœtus a l'air aplati, mais le nez et les oreilles prennent forme progressivement. Les racines des dents apparaissent dans les mâchoires. La tête paraît grosse par rapport au reste du corps car le cerveau se développe vite. Au bout de cinq mois, la visage a les caractéristiques individuelles que le bébé aura a la naissance.

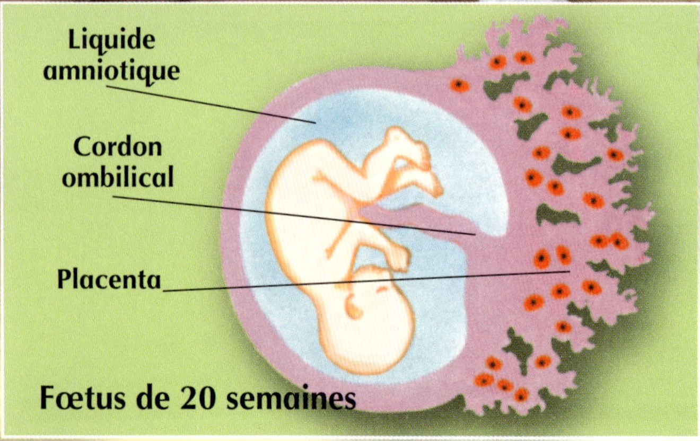

Fœtus de 20 semaines

Le gîte et le couvert !

Le fœtus flotte dans le liquide amniotique qui le protège et amortit les coups. Le sang du fœtus coule du et vers le placenta dans un réseau de vaisseaux sanguins appelé cordon ombilical. Le placenta transmet au sang du fœtus de l'oxygène et des nutriments venant du sang de la mère et récupère les déchets.

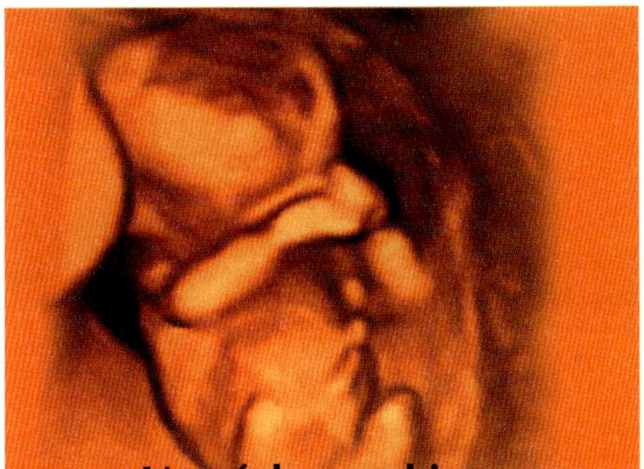

Une échographie en trois dimensions d'un fœtus d'environ trois mois

Ultrasons

Le développement du fœtus peut être suivi grâce à un appareil à ultrasons, l'échographe (*voir* page 90). Les mères enceintes font des échographies entre la 10ᵉ et la 13ᵉ semaine puis entre la 18ᵉ et la 20ᵉ semaine.

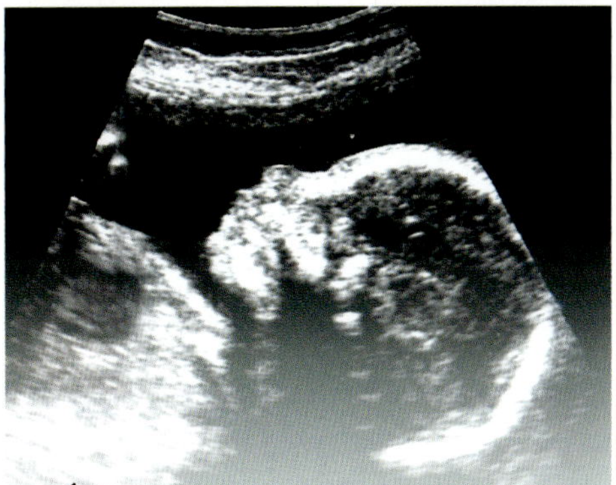

Échographie d'un fœtus d'environ cinq mois

SAIS-TU QUE...

Le fœtus bouge pour éprouver ses muscles. Il donne des coups de pied, de poing, se retourne, il suce son pouce... Parfois, il a le hoquet.

Un plus grand corps

Au bout de six mois, le corps, les bras et les jambes ont beaucoup grandi et sont alors proportionnés à la tête. Au début, les doigts et les orteils sont palmés, mais les membranes qui les réunissent disparaissent alors que les ongles apparaissent. Un duvet très fin, appelé lanugo, se développe sur la peau, mais il tombe généralement avant la naissance.

À savoir

- À six mois, le fœtus semble très mince et sa peau est ridée.
- À sept mois, le fœtus commence à avoir de la graisse sous la peau.
- À huit mois, le fœtus paraît potelé.
- À neuf mois, le fœtus est complètement développé et prêt à naître.

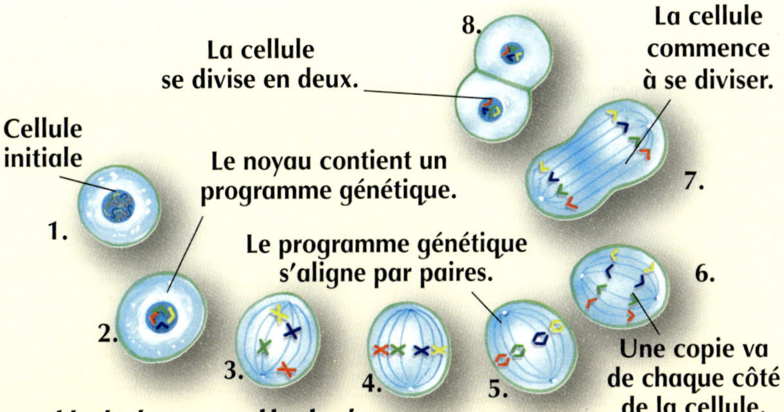

La division cellulaire

Le corps du fœtus se développe au gré des millions de divisions et multiplications cellulaires. Chaque cellule contient des gènes qui indiquent à la cellule ce qu'elle doit faire (*voir* pages 214 et 215). En se divisant, les cellules copient leur programme génétique et chaque copie se dirige vers une extrémité de la cellule. Les cellules se divisent alors au milieu pour produire deux cellules-filles. Cette séquence de division cellulaire se produit des milliards de fois.

La naissance

Environ 266 jours après la fécondation, la mère sent les muscles de son ventre se contracter. Les contractions poussent alors le bébé de l'utérus vers le vagin puis vers le monde extérieur.

SAIS-TU QUE...
L'heure à laquelle les bébés naissent le plus est entre 3 et 4 heures du matin. Au contraire, c'est entre 3 et 4 heures de l'après-midi que le moins d'enfants naissent.

Un jour fatigant

Le processus de mise au monde, parfois appelé le travail, requiert beaucoup d'efforts ; il est fatigant tant pour la mère que pour le bébé. La mise au monde prend parfois plus de 24 heures et peut être douloureuse. Les bébés sortent généralement la tête la première. Dans le cas contraire, une opération appelée césarienne permet de les faire sortir.

Avant le travail, le fœtus se retourne pour se placer tête en bas, prêt à naître.

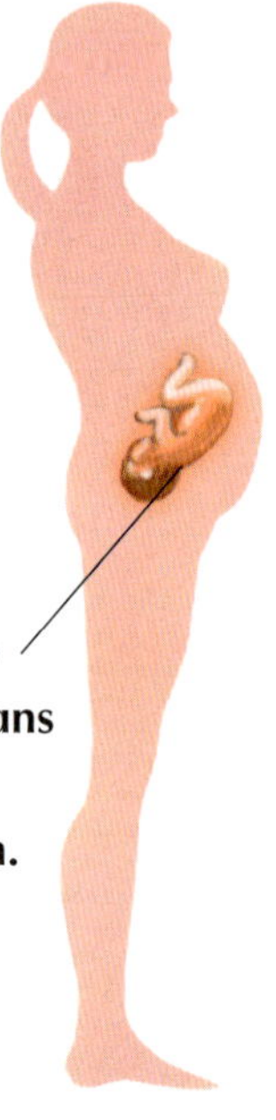

Le bébé descend dans le bas du bassin.

1. Le ventre commence à se contracter, et le col de l'utérus se dilate.

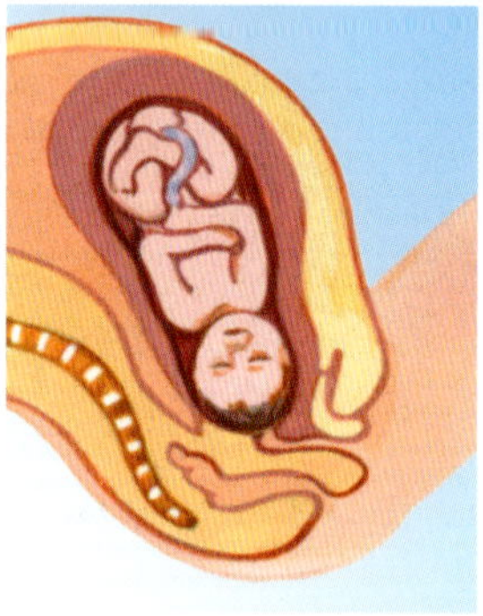

2. Les contractions poussent la tête du bébé à travers le col de l'utérus vers le vagin.

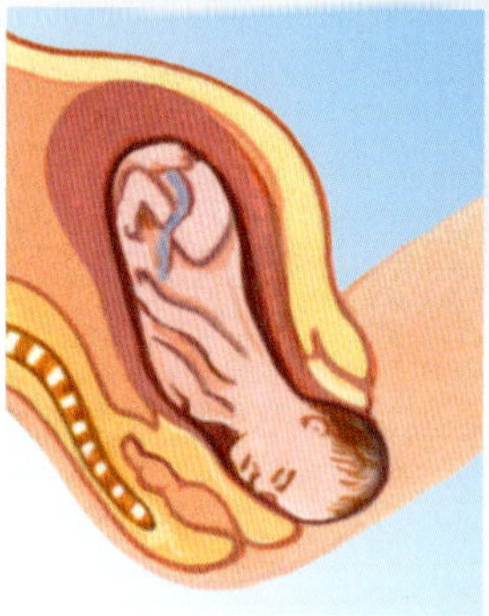

3. La tête sort en premier de la mère, le reste du corps arrive peu après.

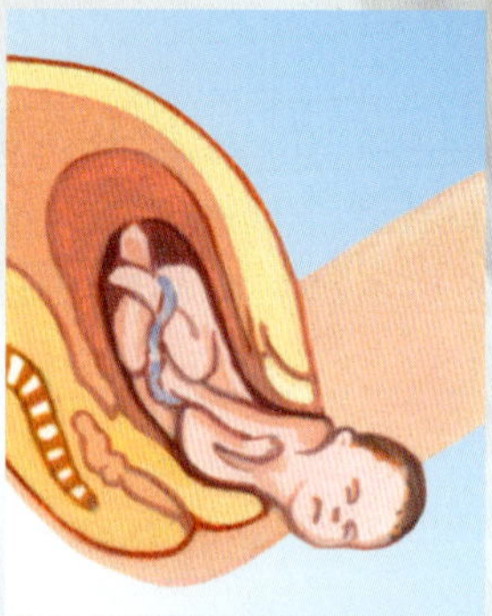

L'accouchement

Pendant le travail, les muscles de l'abdomen se contractent puis se relâchent. Lorsque le travail avance, les contractions deviennent plus fortes et plus fréquentes, poussant le bébé hors du ventre. Le placenta est expulsé 30 minutes environ après la naissance.

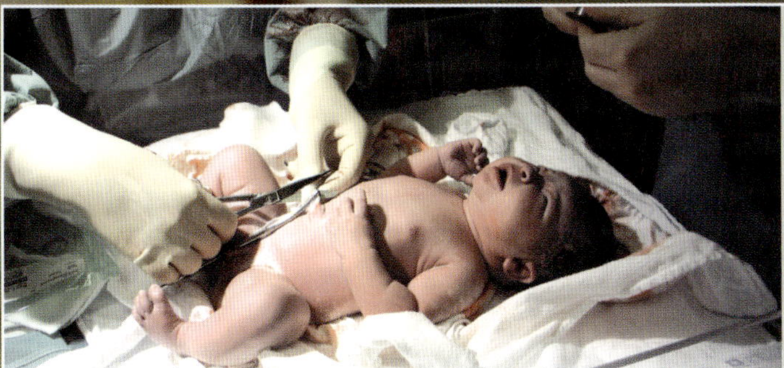

Après avoir examiné et lavé le bébé, la sage-femme ou le papa coupe le cordon.

L'examen postnatal

Après la naissance, on examine la couleur du nouveau-né, sa respiration, ses yeux, son rythme cardiaque. On fait bouger ses bras et ses jambes pour vérifier ses muscles et ses articulations, on compte ses doigts et ses orteils.

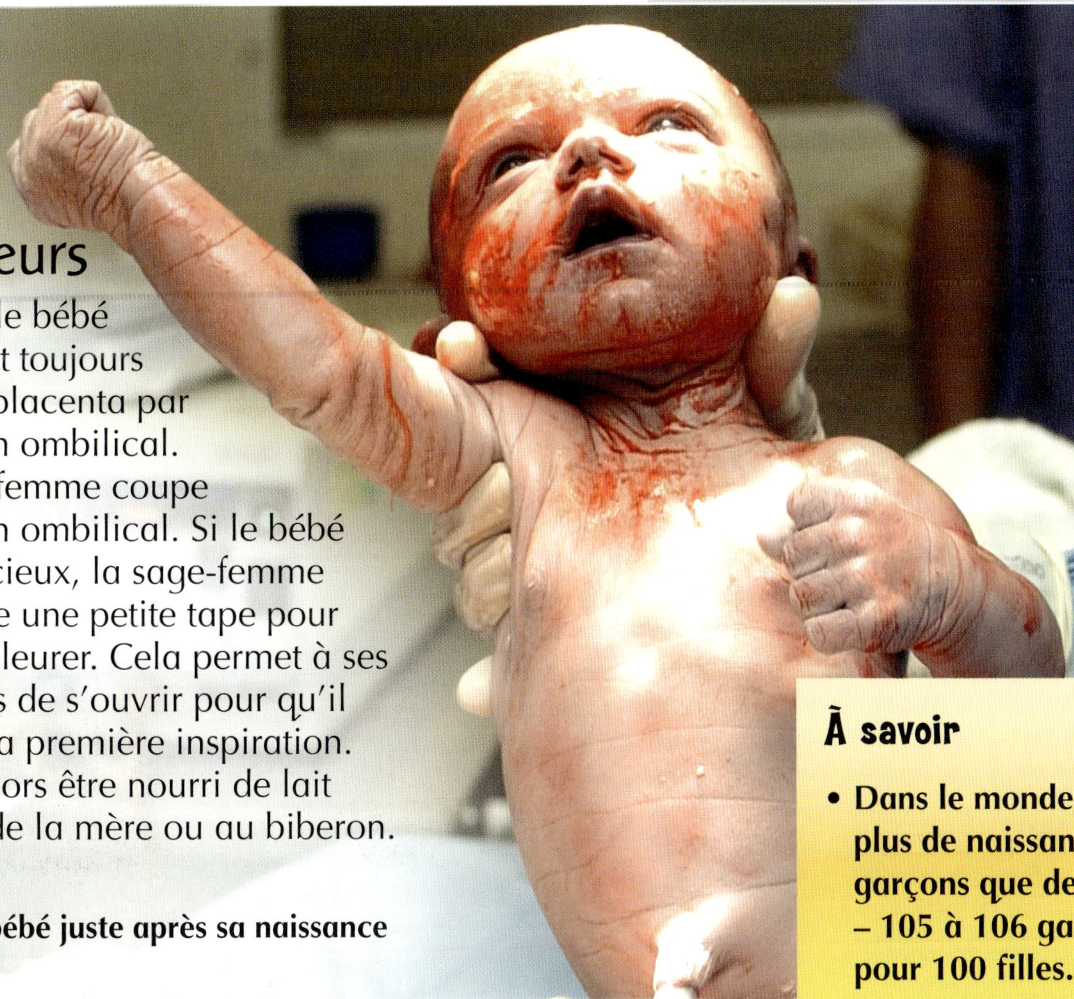

Les pleurs

Lorsque le bébé naît, il est toujours relié au placenta par le cordon ombilical. La sage-femme coupe le cordon ombilical. Si le bébé est silencieux, la sage-femme lui donne une petite tape pour le faire pleurer. Cela permet à ses poumons de s'ouvrir pour qu'il prenne sa première inspiration. Il peut alors être nourri de lait au sein de la mère ou au biberon.

Un bébé juste après sa naissance

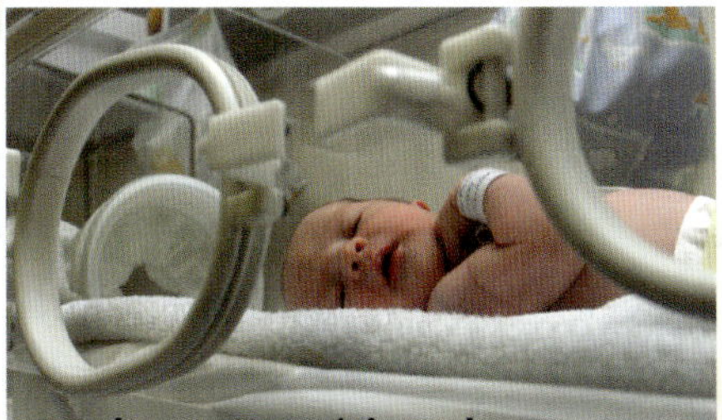

Des berceaux spéciaux, les couveuses, sont utilisés pour maintenir au chaud les bébés prématurés.

Les prématurés

Quand un bébé naît plus de trois semaines à l'avance, il est prématuré. Il n'a pas eu le temps de se développer complètement et des soins particuliers sont nécessaires.

À savoir

- **Dans le monde, il y a plus de naissances de garçons que de filles – 105 à 106 garçons pour 100 filles.**
- **Les filles restent en moyenne un jour de plus dans le ventre de leur mère.**
- **Le mois où il y a le plus de naissances est août, tandis que celui où il y en a le moins est avril.**

Les premiers jours

Un nouveau-né est sans défense. Il ne fait que manger, dormir et pleurer. En quelques semaines, des changements se produisent et le bébé apprend à faire plus de choses.

Les muscles et le déplacement

Les muscles d'un nouveau-né ne sont pas très forts et pas bien coordonnés. Progressivement, le bébé apprend à bouger son cou, son corps, ses bras et ses jambes. Il fait des mouvements, les teste, regarde le résultat et les reproduit. Par cette méthode de l'essai-erreur, ses mouvements deviennent de plus en plus adaptés et de mieux en mieux contrôlés.

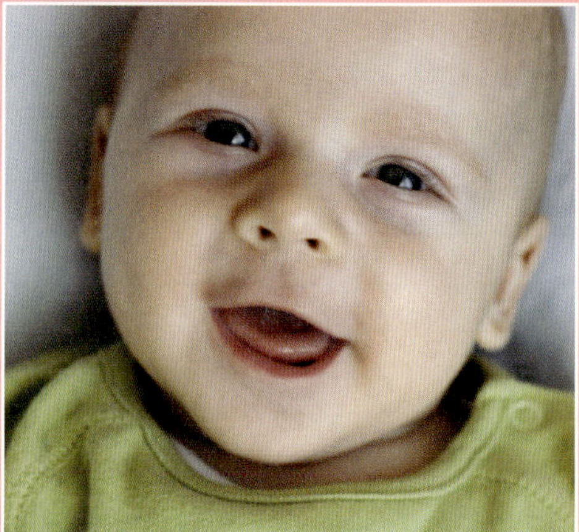

Pour les bébés, sourire est un bon moyen d'attirer l'attention.

Le sourire

La plupart des bébés sourient dès leur quatrième semaine. Au début, il se peut juste qu'ils testent les muscles de leur visage, mais très vite, les bébés remarquent que cela entraîne une réaction positive ; ils sourient alors à nouveau.

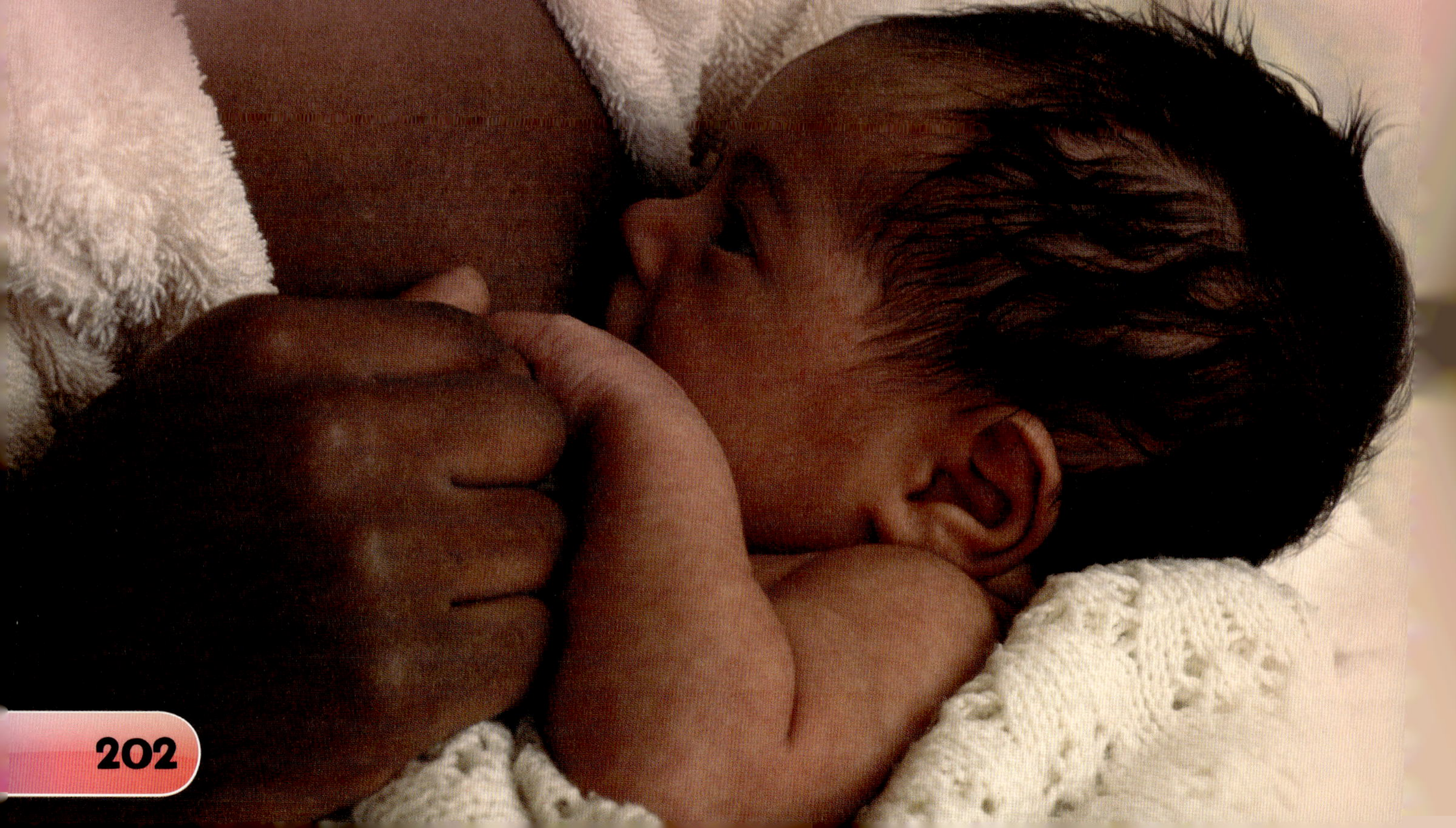

Une mère allaitant son bébé. Les bébés se sentent protégés et rassurés lorsqu'ils se blottissent contre leur mère.

L'alimentation

Juste avant la naissance, du lait commence à être produit dans les seins de la mère. Il recèle ce dont le nouveau-né a d'abord besoin pour grandir. Au bout de six mois, le bébé peut manger des aliments solides et sa mère peut cesser de l'allaiter.

Un bébé nourri de purée

Le développement des sens

La vue et l'ouïe d'un nouveau-né ne sont pas très développées. À sa naissance, un bébé ne peut comprendre le brouhaha qui l'entoure. Au bout de quelque temps, il commence à associer certains bruits, tels que la voix de sa mère, à des sensations de confort et de chaleur. Ses yeux deviennent peu à peu capables de fixer correctement, afin qu'il puisse voir nettement des choses proches et distantes.

SAIS-TU QUE...

De nombreux bébés naissent avec les yeux bleus, qui changent ensuite de couleur. La substance déterminant la couleur des yeux ne se développe pas correctement avant plusieurs mois.

SOIS UN BÉBÉ !

- Teste la sensation d'être un bébé. Ferme les yeux et touche une main avec l'autre. Lève tes mains et essaye de faire se toucher tes pouces.
- Avant de pouvoir bien voir, les nouveau-nés utilisent leur sens du toucher pour explorer le monde qui les entoure.

Certains bébés mâchent des jouets en plastique.

Faire ses dents

Les premières dents poussent au bout de six mois environ. Les gencives sont alors rouges et douloureuses. Il est fréquent que le bébé bave plus, mâche ses jouets ou d'autres objets. Cela semble apaiser l'inconfort provoqué par l'apparition des nouvelles dents.

L'apprentissage

Le jeune enfant apprend très vite. Il sait rapidement se déplacer à quatre pattes puis marcher. Il peut, certes, tomber et se faire quelques bosses, mais il les oubliera bien vite tant le monde est palpitant à découvrir.

De nouvelles capacités

L'une des choses que les bébés apprennent très vite est la coordination entre leurs mains et leurs yeux. Ils savent ainsi regarder les jouets que leurs mains attrapent. Vers neuf mois, la plupart des bébés marchent à quatre pattes. Ils apprennent aussi à tenir debout. Presque tous les enfants savent marcher à 18 mois.

LA << MAUVAISE >> MAIN

- Dessine un bonhomme puis prends ton crayon de << l'autre main >>, si tu es droitier, de la main gauche.
- Essaie alors de dessiner le même bonhomme. C'est plus difficile. Si tu t'entraînes, tu progresseras peu à peu. C'est ainsi qu'apprennent les jeunes enfants, en s'exerçant.

La marche à quatre pattes fortifie les bras et les jambes de ce bébé.

La socialisation

L'apprentissage ne se limite pas à la maîtrise de mouvements. Le jeune enfant doit aussi apprendre à communiquer avec autrui et à nouer des liens avec d'autres enfants. Partager des jouets et attendre son tour enseigne au jeune enfant l'importance des autres et le fait qu'il ne peut tout faire comme bon lui semble.

Sais-tu que...

Les bébés en bonne santé pèsent généralement entre 2,6 kg et 4 kg à la naissance. À cinq mois, leur poids a doublé, et il aura triplé le jour de leur premier anniversaire.

La marche

Marcher nous semble aisé, mais en regardant un jeune enfant, on comprend que c'est très difficile au début. Par rapport à leur corps, à leurs membres et à la force de leurs muscles, La tête des jeunes enfants est grosse, lourde et instable, ce qui nuit à leur équilibre.

Au début, un bébé a besoin de l'aide d'un adulte pour marcher.

Les étapes

Les enfants apprennent à des rythmes différents, mais ce tableau est un indicateur de ce que la plupart d'entre eux savent faire à un âge donné.

Âge en mois	Aptitude
0-3	Réagit à des bruits forts A conscience de ses mains Sourit au son de la voix de ses parents Maintient sa tête Attrape des objets
3-6	Joint ses mains Tourne la tête lorsqu'il entend un bruit Se tourne sur le ventre ou sur le dos Peut supporter une partie de son poids sur ses jambes Peut supporter une partie de son poids sur ses bras lorsqu'il est sur le ventre
6-9	Tient en position assise Se déplace à quatre pattes Tient une bouteille
9-12	S'agrippe à des objets pour se mettre debout Sait dire au moins un mot Marche en se tenant
12-18	Tient une tasse sans la renverser Traverse une pièce en marchant sans tomber Marche sans aide Sait dire au moins deux mots Enlève ses chaussures tout seul Mange sans aide

La croissance

Pendant l'enfance, le corps grandit et les muscles deviennent plus forts. Le cerveau apprend à mieux contrôler les mouvements, qui deviennent plus fluides et plus habiles.

La taille

Le rythme de croissance varie d'un enfant à l'autre, ce en fonction de nombreux facteurs, notamment de l'alimentation et de la quantité de certaines hormones dans l'organisme. De même, des enfants du même âge peuvent avoir des poids très différents.

Des enfants de différents âges et tailles

L'évolution des proportions du corps d'une fille

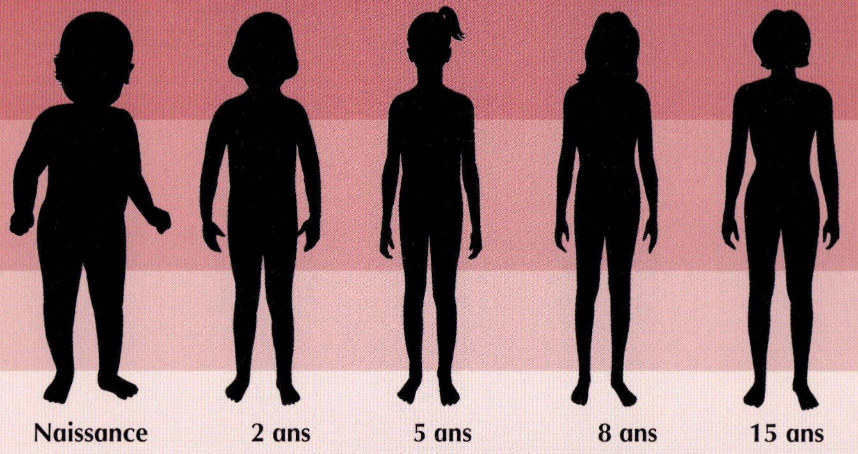

Le corps change

Lorsqu'un enfant grandit, les proportions de son corps changent. La tête d'un bébé représente près d'un quart de sa taille, ses jambes un autre quart. À l'âge adulte, la tête ne fait plus qu'un huitième tandis que les jambes mesurent près de la moitié de la taille totale du corps.

LA CROISSANCE

- **Grâce à une meilleure alimentation, les gens sont aujourd'hui plus grands que jamais. Il y a cinq siècles, rares étaient les hommes de plus de 1,55 m.**
- **En France, la taille moyenne d'un adulte est actuellement de 1,64 m pour les femmes et de 1,75 m pour les hommes.**

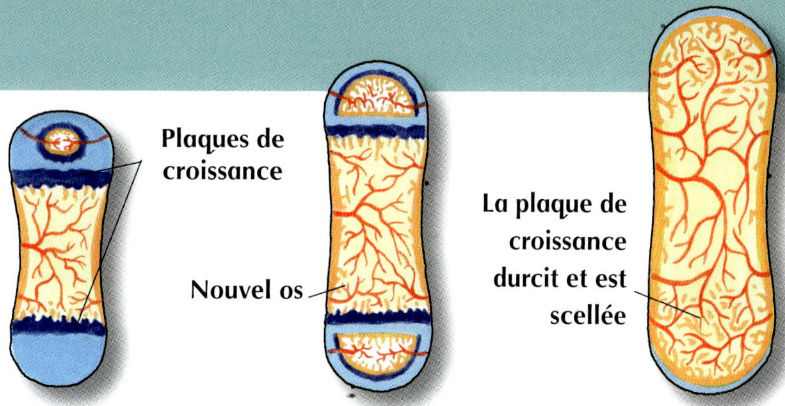

Vues en coupe d'os en croissance

La croissance des os

Une grande partie de la taille est due aux longs os des jambes. Des zones appelées « plaques de croissance », situées aux extrémités des os, fabriquent du tissu osseux qui s'ajoute au milieu de l'os et l'allonge. Les plaques de croissance se referment lorsque l'enfant atteint sa taille adulte.

Le déroulement de la croissance

La croissance est en partie contrôlée par une substance appelée hormone de croissance (*voir* pages 158 et 159), sécrétée par une zone du cerveau, l'hypophyse. L'hormone de croissance, qui circule dans le sang, encourage les cellules à se multiplier et les parties du corps à grandir. Les individus ont plus ou moins d'hormones de croissance ; c'est l'une des raisons pour lesquelles nous ne faisons pas tous la même taille.

SAIS-TU QUE...

Le croissance du cerveau cesse vers l'âge de 15 ans.

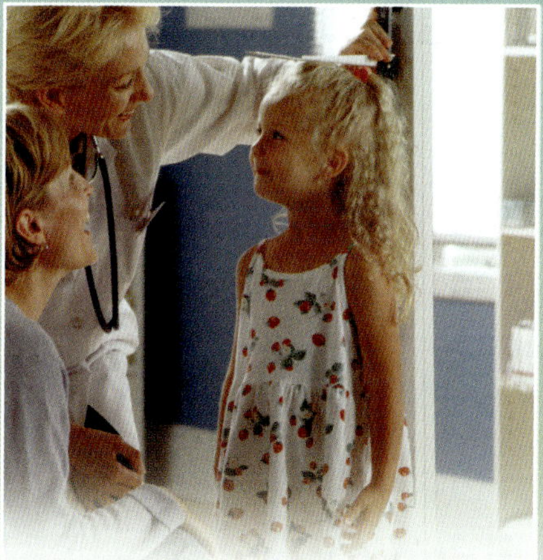

Un médecin mesure cette enfant dans le cadre d'une visite médicale.

Grandir

Il est amusant de prendre note de la croissance de ta taille et de ton poids, par exemple le jour de ton anniversaire. Tu remarqueras que ton rythme de croissance varie. Les bébés grandissent vite jusqu'à trois ans, puis le rythme ralentit jusqu'à l'adolescence.

À l'école

À l'école, les enfants reçoivent une éducation, ce qui signifie qu'on leur enseigne toutes sortes d'informations qui leur serviront au cours de leur vie.

Des enfants participent à une manifestation sportive.

Prise de décisions

L'activité physique, notamment la participation à un sport ou à un jeu, est indispensable pour les enfants. Cela leur apprend à prendre des risques et à faire des choix dans un environnement sûr.

Apprendre à l'école

Les enfants acquièrent d'abord des connaissances de base, telles que la lecture, l'écriture et le calcul. Ensuite, les leçons deviennent de plus en plus difficiles et le nombre de matières augmente.

Des enfants reçoivent leur première leçon de natation.

Un corps sain

Les capacités impliquant des mouvements sont appelées capacités motrices. Le sport permet aux enfants de développer leurs capacités motrices. Cela entraîne également les muscles et renforce les os.

D'autres types d'apprentissages

À l'école, les enfants sont inclus dans des groupes plus importants qu'avant. Ils doivent acquérir de plus grandes capacités de socialisation, notamment en apprenant à être poli et à se faire des amis. Ceux-ci influenceront leurs goûts, pour ce qui concerne la nourriture, les vêtements, les jeux et la musique. Les élèves apprennent aussi à travailler en équipe.

Une maîtresse pose des questions aux élèves pour tester leurs connaissances et les encourager à participer.

TEST DE MÉMOIRE

- Certains de nos souvenirs sont des « premières fois ». Te souviens-tu de ton premier jour à l'école ? Tout devait alors te sembler bizarre et tu étais sûrement inquiet.
- Essaie de te souvenir d'autres « premières fois ». Par exemple, la première fois que tu as vu ton frère ou ta sœur après sa naissance. Te souviens-tu d'une « deuxième fois » ? C'est beaucoup moins sûr !

SAIS-TU QUE...

En écoutant, parlant, lisant et écrivant, les enfants apprennent en moyenne 10 mots par jour. Combien en as-tu appris récemment ?

Les capacités

Les connaissances fondées sur la pensée plus que sur l'action relèvent des capacités intellectuelles. La pratique d'un instrument de musique fait appel aux capacités motrices et intellectuelles.

À force de s'exercer, il devient plus facile de jouer d'un instrument.

L'adolescence

Juste avant l'adolescence et pendant cette période de transition de l'enfance à l'âge adulte, le corps change rapidement.

À savoir

- La puberté des filles commence à 10 ou 11 ans, celle des garçons à 12 ou 13 ans.
- Les transformations s'achèvent vers 15 ans pour les filles.
- Les transformations durent plus longtemps pour les garçons, jusqu'à 18 ans.

La puberté

Les transformations physiques qui se produisent à cet âge sont appelées la puberté. Les filles produisent une hormone appelée œstrogène ; les garçons produisent la testostérone. Les menstruations apparaissent chez les filles avec la libération des ovules par les ovaires (*voir* page 193). Les testicules des garçons produisent des spermatozoïdes.

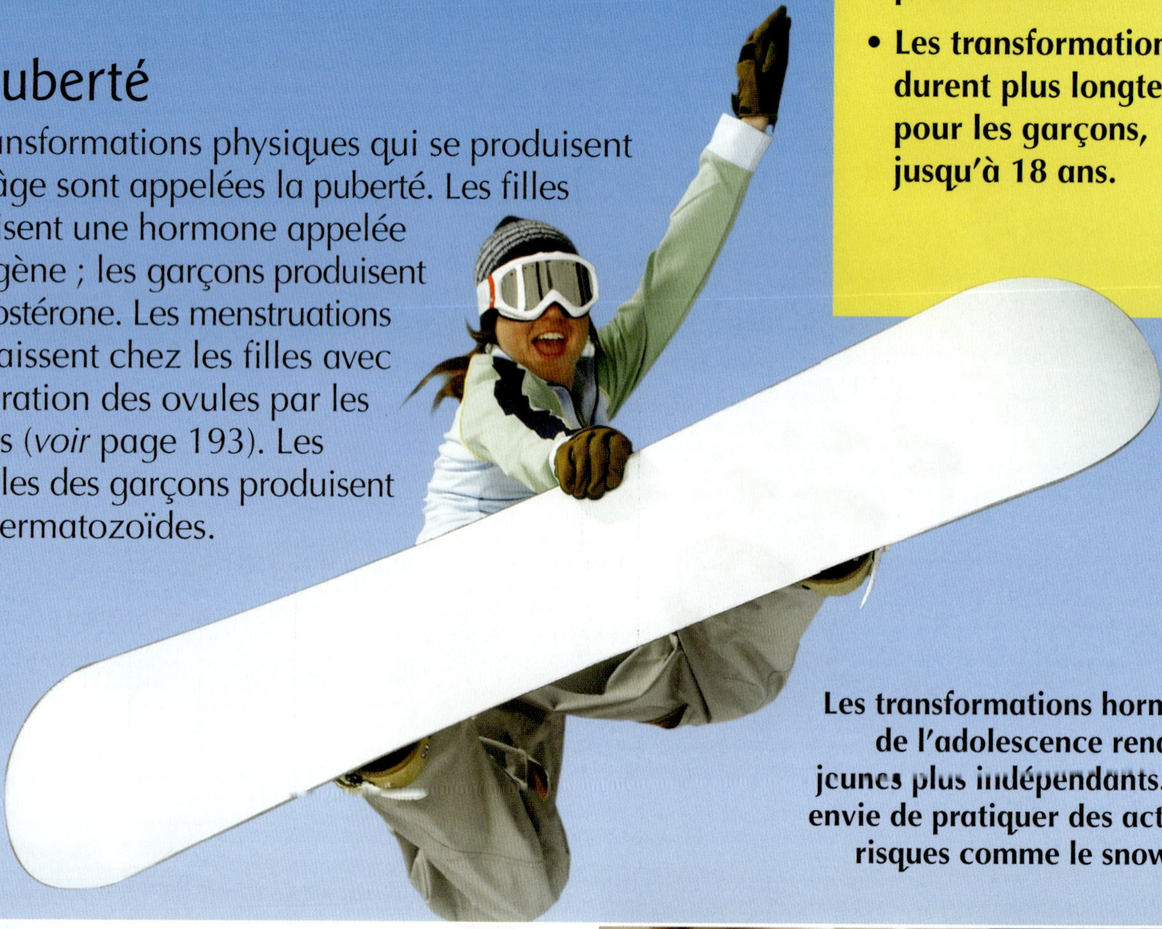

Les transformations hormonales de l'adolescence rendent les jeunes plus indépendants. Ils ont envie de pratiquer des activités à risques comme le snowboard.

Les problèmes cutanés

L'acné apparaît souvent chez les adolescents. Les transformations hormonales qui se produisent à cet âge entraînent une plus grande sécrétion de sébum. Celui-ci est bloqué dans les pores et provoque l'acné (*voir* page 30). Une acné sévère se traite au moyen de crèmes spéciales ou de médicaments prescrits par un médecin.

L'acné gêne les adolescent(e)s, qui en éprouvent souvent une certaine honte.

Les changements sociaux

En grandissant, les adolescents sont plus indépendants. Ils passent moins de temps avec leur famille et préfèrent la compagnie des jeunes. C'est une période de changements émotionnels, et les rapports avec les parents sont souvent tendus. La production d'hormones rend les adolescents plus intéressés par les personnes du sexe opposé.

SAIS-TU QUE...

Au cours de la puberté, le corps grandit parfois de 10 cm par an.

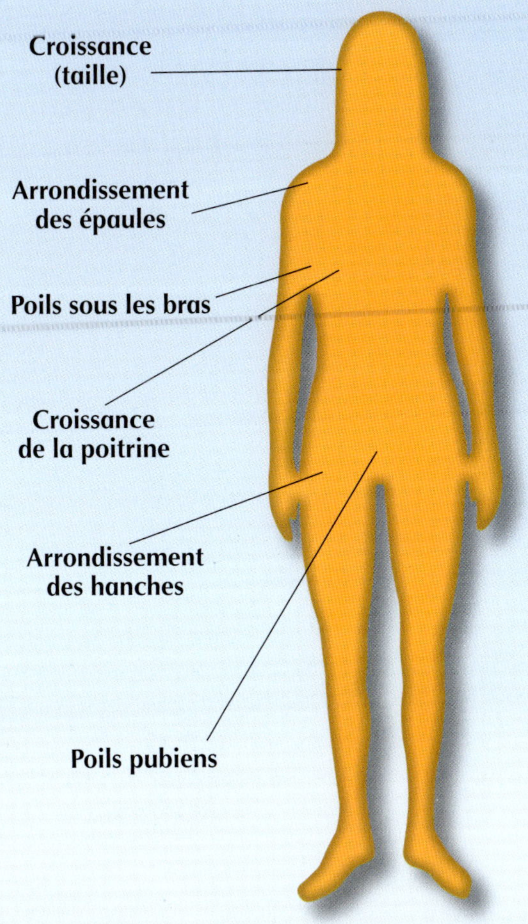

Les filles

Pendant la puberté, le corps des filles grandit rapidement. La poitrine pousse, le corps devient plus galbé et de la graisse apparaît sur les hanches. Des poils poussent sous les bras, ainsi qu'entre les jambes. De plus, la voix devient légèrement plus grave.

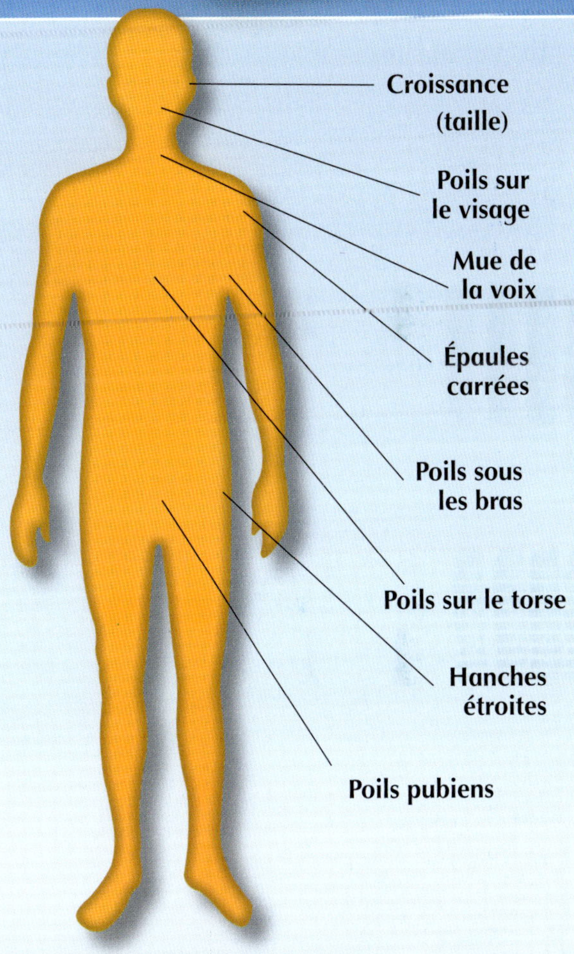

Les garçons

Pendant la puberté, le corps des garçons grandit encore plus vite que celui des filles. Le corps devient plus carré, avec de larges épaules. Des poils poussent sur le visage, sur le torse, sous les bras et entre les jambes. La voix des garçons devient plus grave (mue), beaucoup plus que celle des filles.

La maturité

La taille adulte est atteinte à 20 ans, mais les muscles continuent à se développer 10 ans. Entre 40 et 50 ans, l'organisme peut déjà montrer des signes de vieillissement.

L'âge adulte

En devenant adultes, de nombreuses personnes entretiennent une relation intime avec un autre adulte puis créent une famille. Les hommes produisent des spermatozoïdes et peuvent faire des enfants toute leur vie, tandis les femmes cessent de libérer des ovules vers 50 ans. On appelle cela la ménopause.

L'ESPÉRANCE DE VIE

La durée de vie moyenne a augmenté au fil des siècles grâce aux progrès de la médecine. Il y a cinq siècles, il était rare qu'une personne vive plus de 50 ans. De nos jours, dans les pays riches, la plupart des hommes vivent jusqu'à 75 ans ou plus et beaucoup de femmes vivent plus de 80 ans.

Un pique-nique en famille

Le vieillissement du corps

Lorsque les personnes vieillissent, le nombre de cellules du corps diminue car des cellules meurent et ne sont plus remplacées. Cela provoque une moindre efficacité des systèmes. Ce graphique montre la dégénérescence, à partir de 25 ans, de certaines fonctions telles que les capacités intellectuelles (poids du cerveau), la production d'énergie à partir des aliments (métabolisme), la circulation (rythme cardiaque au repos) et la respiration (capacité pulmonaire).

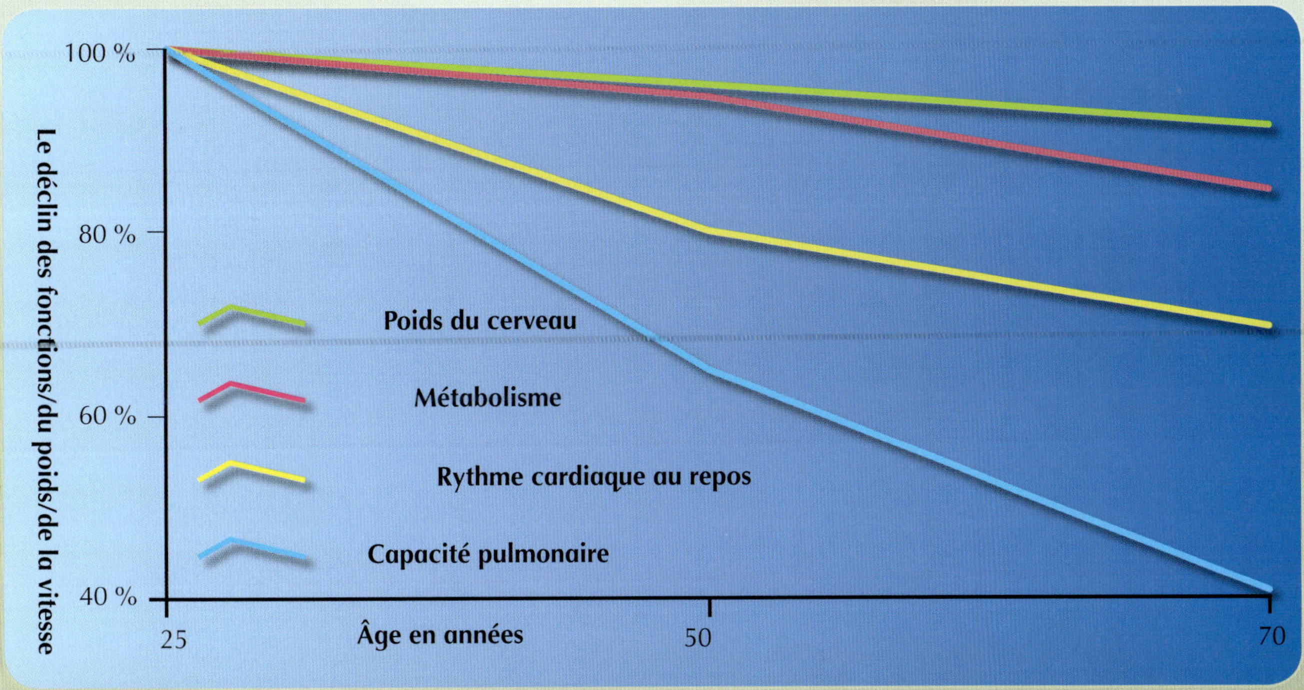

Le vieillissement

Les signes de vieillissement comprennent les cheveux blancs, les rides, des difficultés à se déplacer et des pertes de mémoire. L'âge auquel ces signes se manifestent varie selon les individus. Cela est en partie dû à leurs gènes (*voir* pages 214 et 215) et à leur mode de vie. Ne pas fumer et bien manger permet de paraître jeune plus longtemps.

Cet homme reste en forme grâce à des promenades.

La vieillesse

Bien que l'on prenne sa retraite vers 60 ans, certains continuent à travailler parce qu'ils aiment cela. Pendant la retraite, on pratique de nouvelles activités. Grâce au maintien d'une activité physique et intellectuelle, les personnes âgées peuvent rester en bonne santé de nombreuses années après leur départ en retraite.

Les gènes et l'hérédité

Toutes les fonctions du corps humain sont organisées par des séquences d'instructions, ou gènes, que l'on trouve dans l'ADN.

Le génome

Le génome est l'ensemble des séquences d'instructions pour la croissance, le développement, l'entretien et la réparation du corps humain. Il est composé de 25 000 à 27 000 gènes différents, qui se trouvent au sein des cellules, dans un long code chimique appelé ADN, torsadé dans des éléments en forme de X, les chromosomes. Les gènes contrôlent notre organisme, y compris la couleur des yeux, la couleur de la peau, le type de cheveux et la forme des oreilles.

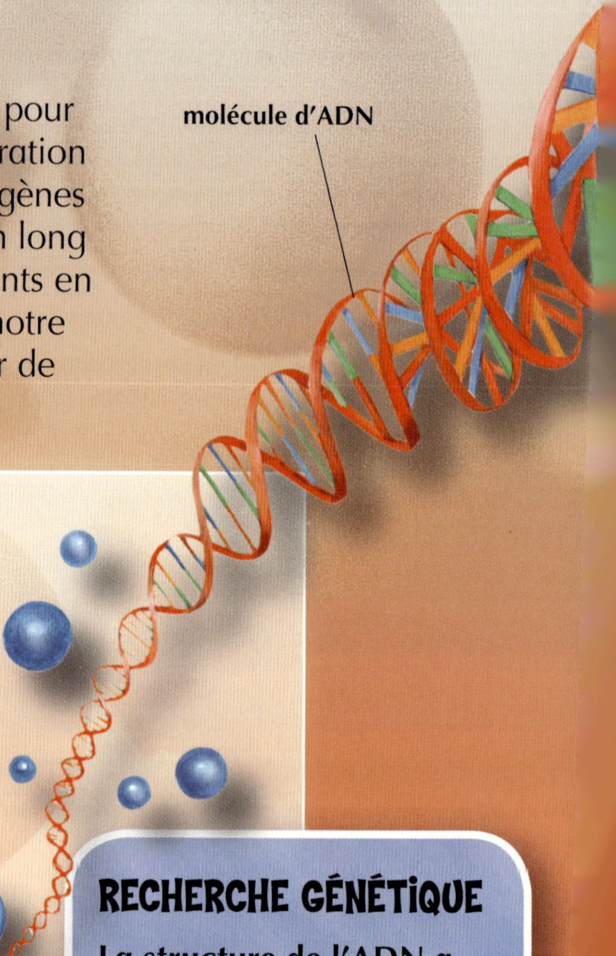

Molécule d'ADN

L'acide désoxyribonucléique, ou ADN, présente une forme d'échelle torsadée – ou double hélice. Chaque barreau de cette échelle est une substance chimique appelée base. Il en existe quatre types : adénine (A), thymine (T), guanine (G) et cytosine (C). Ces bases sont groupées par paires et un gène est une séquence de molécules d'ADN qui contient des centaines de ces paires de bases, organisées dans un ordre particulier.

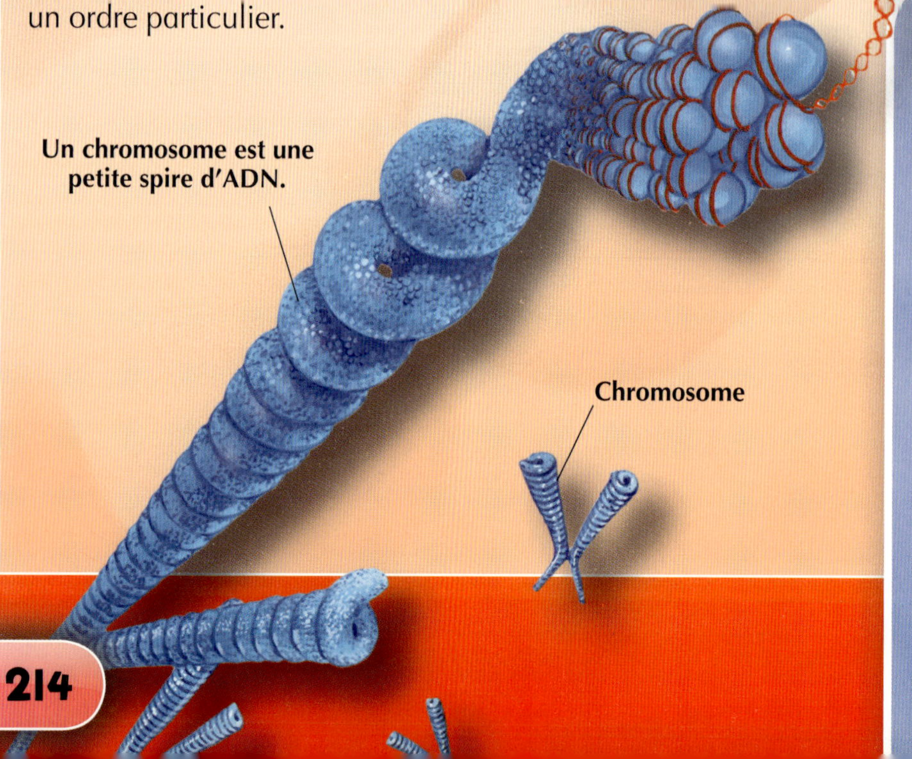

RECHERCHE GÉNÉTIQUE

La structure de l'ADN a été découverte en 1953 par le savant anglais Francis Crick et le chercheur américain James Watson. À partir de 1990, le Projet génome humain, dans lequel sont intervenus de nombreux scientifiques, s'est donné pour mission d'étudier la séquence entière des bases d'ADN dans les chromosomes humains.

Les barreaux de la double hélice sont des paires de guanine, d'adénine, de thymine et de cytosine.

Image d'une molécule d'ADN déroulée montrant sa forme en double hélice.

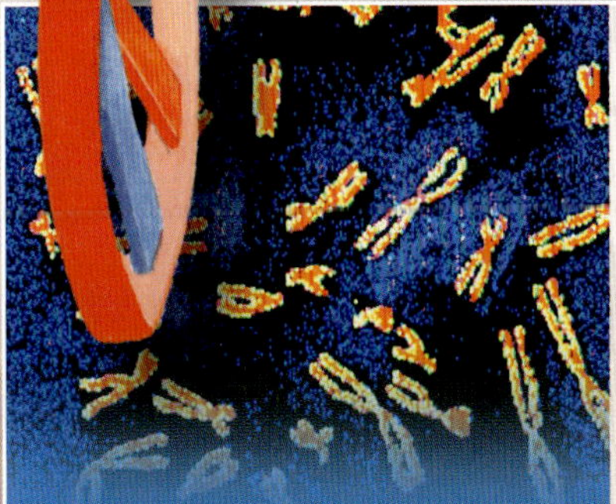

Chromosomes vus au microscope

Les chromosomes

Un chromosome est formé d'une longue molécule d'ADN ayant la forme d'un morceau de ficelle enroulé. Chaque cellule du corps humain contient 23 paires de chromosomes, soit 46 chromosomes par cellule.

Sais-tu que...

Si l'on pouvait dérouler toutes les molécules d'ADN d'une seule cellule et les mettre bout à bout, elles s'étendraient sur 1,50 m.

La transmission des gènes

En se multipliant, une cellule copie ses chromosomes de façon à ce que chaque nouvelle cellule en reçoive 46. Lorsqu'un spermatozoïde et un ovule fusionnent, ils forment un nouveau « caryotype » de 46 chromosomes. Le bébé reçoit des gènes de son père et de sa mère et hérite ainsi de caractéristiques de chacun d'entre eux.

La trisomie 21

Certaines personnes ont un chromosome en trop ou en moins à la place des 23 paires habituelles. Une maladie appelée la trisomie 21 est caractérisée par la présence de trois chromosomes 21 au lieu de deux, ce qui constitue un total de 47 chromosomes. La trisomie 21 concerne une naissance sur 800.

Deux enfants atteints de trisomie 21

ADN
Pour acide désoxyribonucléique. L'ADN, présent dans chaque cellule, a une forme de double hélice et contient les instructions génétiques. Ces instructions, assemblées dans les gènes, sont transmises par les parents.

Alvéole
Les alvéoles sont les extrémités des bronchioles dans les poumons. Ils sont le lieu d'échange des gaz entre l'air contenu dans les poumons et l'air contenu dans le sang.

Aorte
Principale artère du corps. Elle mène le sang venant de la partie gauche du cœur vers le reste du corps.

Artère
Vaisseau sanguin qui transporte le sang sortant du cœur. Les plus grosses artères ont des parois musculaires épaisses car le sang qui y circule est sous forte pression.

Articulation
Point où des os se rejoignent. Les articulations peuvent être immobiles, dans le cerveau par exemple, ou flexibles, comme celles du poignet, de la cheville ou du genou.

Asthme
Maladie rendant la respiration difficile, caractérisée par la contraction des voies respiratoires.

Atrium
Chambre supérieure du cœur. Les atriums sont remplis du sang qui coule des veines au cœur.

Bactérie
Organisme unicellulaire. Certaines bactéries sont utiles pour l'organisme, aidant à la digestion par exemple. D'autres sont néfastes et peuvent entraîner maladies et infections.

Bronches
Voies respiratoires principales qui vont de la trachée aux poumons.

Bronchioles
Petits conduits partant des bronches et se divisant jusqu'aux bronchioles terminales et alvéoles.

Canine
Dent pointue qui se trouve à l'avant de la bouche, à côté des incisives.

Capillaire
Les capillaires sont de très minces vaisseaux sanguins qui relient les artérioles et les veinules.

Cartilage
Tissu mou qui soutient des parties du corps, dont le nez, et permet aux articulations de se mouvoir sans heurt.

Cellule
Unité de base de tout être vivant. La plupart des cellules sont constituées d'un noyau qui contient l'ADN.

Chromosome
Très long brin d'ADN qui se trouve dans le noyau des cellules.

Cil
Les cils sont des structures filiformes qui hérissent certaines cellules et peuvent onduler de façon rythmée. Les cils se trouvent notamment sur les parois des voies respiratoires.

Crypte gastrique
Pli de la paroi de l'estomac. Les cryptes gastriques permettent à l'estomac de s'étirer lors d'un repas.

Cuticule
Zone située autour de l'ongle.

Cycle menstruel
Chez la femme, cycle de 28 jours au cours duquel un ovule est libéré par un ovaire et la paroi de l'utérus s'épaissit. À la fin du cycle, si l'ovule n'est pas fécondé, il est expulsé, ainsi que la paroi de l'utérus, au cours de la menstruation.

Derme
Deuxième couche de la peau. Le derme se trouve juste en dessous de l'épiderme.

Déshydratation
Problème qui survient quand le corps ne contient pas assez d'eau, soit que l'on n'ait pas suffisamment bu, soit que l'organisme ait perdu trop de liquide.

Diaphragme
Nappe musculaire convexe qui se trouve sous les poumons. Lors de la respiration, le diaphragme s'aplatit pour augmenter le volume des poumons et laisser entrer de l'air.

Échocardiographe
Appareil qui utilise les ondes sonores et leurs échos pour créer une « image » du cœur. Un appareil similaire, l'échographe, crée par ultrasons des images des bébés dans le ventre de leur mère.

Embole
Amas de matière qui circule dans le système respiratoire et peut entraîner une embolie, ou blocage, dans un vaisseau sanguin.

Épiderme
Couche externe de la peau. Les cellules cutanées se divisent à la base de l'épiderme et sont poussées vers la surface.

Épiglotte
Élément cartilagineux qui s'abaisse et recouvre le larynx lors de la déglutition. Cela empêche les aliments d'entrer dans les voies respiratoires.

Fibres musculaires
Ensemble de cellules musculaires en forme de tubes. Elles peuvent se contracter pour que le muscle raccourcisse et tire sur l'os.

Fibrine
Type de protéine qui forme de longs brins lors de la coagulation du sang pour retenir les cellules sanguines.

Follicule pileux
Poche cutanée dans laquelle pousse un poil.

Fontanelles
Parties molles situées sur la tête des bébés, entre des os crâniens plus durs. Ces zones molles permettent au crâne du bébé d'être très légèrement pressé lors de la naissance, pour faciliter le passage par le col de l'utérus de la mère.

Gènes
Instructions biologiques qui sont présentes dans toutes les cellules humaines. Chaque gène contrôle une caractéristique ou une fonction du corps. Les gènes sont constitués de sections d'ADN.

Glande
Amas de cellules et tissus qui produit des substances avant de les libérer. Ainsi, par exemple, les glandes endocrines fabriquent des hormones.

Glande sébacée
Petite glande qui produit l'huile de la peau, appelée sébum.

Hormone
Substance chimique qui régule la quantité ou le rythme d'un processus du corps. Par exemple, l'insuline régule la quantité de sucre dans le sang.

Incisives
Dents tranchantes situées à l'avant de la bouche. Leur fonction est de couper les aliments.

Larynx
Ouverture des voies respiratoires où se trouvent les cordes vocales.

Ligaments
Fibres épaisses qui longent les articulations. Ils joignent les os entre eux et empêchent de trop amples mouvements des os.

Lobe
Grande partie d'un organe. Par exemple, le foie est composé de deux lobes.

Lymphocyte
Type de globule blanc qui joue un rôle dans le système immunitaire. Il identifie et détruit les substances dangereuses, telles que les microbes.

Macrophage
Gros globule blanc impliqué dans la phagocytose : lorsque des corps étrangers entrent dans l'organisme, ils sont encerclés par les macrophages et détruits.

Matières fécales
Les excréments expulsés par l'anus.

Mélanine
Couleur ou pigment de la peau. Elle est produite par des cellules appelées mélanocytes, qui se trouvent à la base de l'épiderme.

Microscope
Appareil permettant de regarder des objets de près. Les microscopes optiques utilisent des lentilles pour agrandir l'image des objets.

Moelle osseuse
Substance gélatineuse qui se trouve dans de nombreux os. La moelle de certains os fabrique des cellules sanguines.

Molaires
Dents plates du fond de la bouche. Les molaires et les prémolaires écrasent et mâchent les aliments.

Muscle cardiaque (myocarde)
Type de tissu musculaire seulement présent dans le cœur.

Muscle lisse
Tissu musculaire qui fonctionne automatiquement. Au microscope, il semble lisse et ne contient pas les bandes de fibres des muscles striés.

Muscle strié
Tissu musculaire qui déplace les os. Observé au microscope, ce tissu musculaire présente des bandes, ou stries, ce qui explique son nom.

Muscles antagonistes
Muscles qui tirent dans des directions opposées, de sorte qu'une articulation puisse aussi bien s'étirer que se contracter.

Œsophage
Tube qui relie la gorge à l'estomac.

Os spongieux
Tissu osseux qui se trouve dans les os les plus longs du corps tels que le fémur. L'os spongieux contient de nombreuses cavités emplies de moelle osseuse rouge où sont fabriquées les cellules sanguines.

Ovaire
Organe reproducteur féminin. Un ovaire contient des centaines d'ovule. Généralement, un seul ovule est libéré tous les 28 jours.

Péristaltisme
Mouvements d'un tube dus aux contractions du muscle lisse de sa paroi. Ces mouvements font descendre le contenu du tube.

Pharynx
Tube allant du fond de la gorge au larynx et à l'œsophage. On l'appelle aussi la gorge.

Plaquette
Type de cellule sanguine. Les plaquettes servent à la coagulation du sang pour boucher les coupures et les fuites.

Plasma sanguin
Liquide clair jaunâtre, principal constituant du sang.

Prémolaires
Dents plates situées entre les canines et les molaires. Elles écrasent et mâchent les aliments.

Pression diastolique
Pression sanguine entre deux battements cardiaques. C'est la seconde donnée prise lors d'un examen de la tension artérielle.

Pression systolique
Pression sanguine lorsque le cœur expulse le sang vers les artères. C'est la première donnée prise lors d'un examen de la tension artérielle.

Pus
Liquide jaune produit lors d'une infection. Il est constitué de globules blancs, de restes de cellules et de corps étrangers tels que les bactéries.

Rhume des foins
Réaction allergique au pollen, qui se traduit par des écoulements nasaux, des démangeaisons aux yeux et des éternuements.

Sérum
Plasma sanguin purifié, débarrassé des facteurs de coagulation.

Sinus
Cavité dans un organe ou un tissu. L'avant du crâne contient des sinus, les sinus paranasaux.

Synovie
Liquide présent dans les cavités de certaines articulations, dont celle du genou. Ce liquide synovial sert de lubrifiant dans ces articulations.

Sphygmomanomètre
Appareil utilisé pour mesurer la pression sanguine.

Système cardiovasculaire
Réseau de vaisseaux sanguins qui, avec le cœur, transporte le sang vers le corps.

Système de Havers
Anneaux concentriques de tissu osseux qui constituent l'os compact.

Système tégumentaire
Système constitué de la peau, des cheveux et des ongles.

Tendon
Fibre épaisse qui attache les muscles aux os.

Testicule
Organe sexuel masculin. Les testicules produisent le sperme et pendent à l'extérieur du corps, dans des poches appelées scrotums.

Tissu adipeux
Tissu contenant beaucoup de graisses, dont la couche de graisse sous la peau.

Trachée
Tube qui descend du larynx à la poitrine et qui se ramifie pour former les bronches.

Transpiration
Eau produite par les glandes sudoripares de la peau qui permet de garder le corps frais. On l'appelle aussi la sueur.

Uvule
Appendice musculaire qui pend du voile du palais au fond de la bouche. L'uvule, ou luette, permet l'émission de certains sons lors de la prise de parole et vibre bruyamment lors du ronflement.

Vapeur d'eau
Eau à l'état gazeux.

Veine
Vaisseau sanguin qui rapporte le sang au cœur, souvent à faible pression. Les plus grosses veines contiennent des valves qui empêchent le sang de circuler dans le mauvais sens.

Ventricule
Cavité inférieure du cœur. Les parois musculaires des ventricules se contractent pour expulser le sang du cœur vers les artères jusque dans les poumons et le reste du corps.

Vertèbre
L'un des os qui composent la colonne vertébrale et protègent la moelle épinière.

Villosité intestinale
L'une des nombreuses petites saillies en forme de doigts qui hérissent la paroi de l'intestin dont elles augmentent la surface, ce qui facilite l'absorption de nutriments par l'organisme.

INTERNET

Parragon n'est pas responsable du contenu des sites mentionnés ici, recensés en avril 2008. Pour toute question les concernant, merci de vous adresser directement à l'organisme ayant produit le site. Les lecteurs de moins de 18 ans ne devraient pas consulter ces sites sans un accord parental ou la supervision d'un adulte.

http://www.sparadrap.asso.fr

http://www.hygiene-educ.com/fr/home.htm

http://www.sommeil.org/enfants/index.html

http://www.citesciences.fr/francais/ala_cite/expo/tempo/defis/jeux_memoire/index.htm

http://www.medecine-et-sante.com/anatomie.html

http://www.espace-sciences.org/science/10085-nos-precedentes-expositions/10093-l-os-vivant/

http://www.cours.fse.ulaval.ca/ten-20727/sitesdescours/000_3automne2000/bebe_1/accueil.html

http://www.ac-grenoble.fr/ecole.michelet.valence/CDlavie/

http://lecerveau.mcgill.ca/

REMERCIEMENTS

Illustrations Art Agency (Terry Pastor, Barry Croucher, Robin Carter, Dave Smith)

Crédits photographiques :
b = bas, t = haut, r = droite, l = gauche, c = centre

Couverture : c Micro Discovery/Corbis, hg Don Mason/Corbis, hc Simon Jaratt/Corbis, hd Tom Grill/Corbis, bg Lester Lefkowitz/Corbis, bd Mehaykulyk/Science Photo Library
Quatrième de couverture bd Anette Linnea Rasmussen/Dreamstime.com, hd Germán Ariel Berra/Dreamstime.com, bg Digital Art/Corbis, bc Jens Nieth/Corbis

1 Dreamstime.com, 2-3 William Attard Mccarthy/Dreamstime.com, 3c Dreamstime.com, 4-5 75 Zena Holloway/zefa/Corbis, 8-9 Micro Discovery/Corbis, 10-11 William Attard Mccarthy/Dreamstime.com, 10cg Anette Linnea Rasmussen/Dreamstime.com, 10cd Dreamstime.com, 11hg Pierre Lahalle/TempSport/Corbis, 12-13 Visuals Unlimited/Corbis, 13hd Ljupco Smokovski/Dreamstime.com, 14-15 Gabe Palmer/zefa/Corbis, 14l Dreamstime.com, 15hd Dreamstime.com, 16-17 Lawrence Manning/CORBIS, 16hd Dreamstime.com, 18-19 Fritz Langmann/Dreamstime.com, 19hd S. Carmona/CORBIS, 20-21 Visuals Unlimited/Corbis, 21hd Reuters/CORBIS, 22-23 Dreamstime.com, 22bg Karen Struthers/Dreamstime.com, 23hd Dreamstime.com, 23bg Jonathan Pais/ Dreamstime.com, 24-25 Anthony Redpath/CORBIS, 25hd Mediscan/Corbis, 25bg Dreamstime.com, 26-27 Fendis/zefa/Corbis, 27tr Visuals Unlimited/Corbis, 27bg Anke Van Wyk/Dreamstime.com, 28-29 Susanne Dittrich/zefa/Corbis, 28cg Anna Moller/zefa/Corbis, 29bd Jaimie Duplass/Dreamstime.com, 30-31 Lester V. Bergman/CORBIS, 31bd Wendy Kaveney/Dreamstime.com, 32-33 Grace/zefa/Corbis, 32c Visuals Unlimited/Corbis, 33hd Rob Marmion/Dreamstime.com, 33bg Carolina k. Smith m.d./ Dreamstime.com, 34-35 Visuals Unlimited/Corbis, 36hc Dreamstime.com, 37bg Bettmann/CORBIS, 38-39 et 39bg Lester V. Bergman/CORBIS, 38cg Lester V. Bergman/CORBIS, 40-41 Geir-olav Lyngfjell/Dreamstime.com, 41hg Dreamstime.com, 41bc Manuela Krause/Dreamstime.com, 42-43 Duomo/CORBIS, 42bg Dreamstime.com, 43cd Dreamstime.com, 43bc Dreamstime.com, 44-45 Lester V. Bergman/CORBIS, 44cd Dreamstime.com, 45bd Lester V. Bergman/CORBIS, 46-47 Linda Bucklin/Dreamstime.com, 46 Janet Carr/Dreamstime.com, 47hc Oleg Kozlov/Dreamstime.com, 47cd Rod Ferris/Dreamstime.com, 48-49 and 48bd Ron Boardman ; Frank Lane Picture Agency/CORBIS, 49 hd Sue Colvil/Dreamstime.com, 49cg Dreamstime.com, 50-51 Sean Nel/Dreamstime.com, 51hd Dreamstime.com, 51bd Anton Novozhilov/Dreamstime.com, 52-53 Linda Bucklin/Dreamstime.com, 52bg Dreamstime.com, 53hd Jurie Maree/Dreamstime.com, 55bd Dreamstime.com, 56-57 Eddy Lemaistre/Photo & Co./Corbis, 57hg Dreamstime.com - Marek Tihelka, 57cg Dreamstime.com, 58-59 Michael DeYoung/Corbis, 58cg Lester V. Bergman/CORBIS, 59cd Anneke Schram/Dreamstime.com, 60-61 Ben Welsh/zefa/Corbis, 62cl Graça Victoria/Dreamstime.com, 62bd Dreamstime.com, 63hd Jaimie Duplass/Dreamstime.com, 63b Katrina Brown/Dreamstime.com, 64-65 Dreamstime.com, 65hd Pete Saloutos/zefa/Corbis, 65bd David Badenhorst/Dreamstime.com, 66-67 Najlah Feanny/Corbis, 67hd Lester V. Bergman/CORBIS, 68-69 Robbie Jack/Corbis, 69c Howard Sandler Dreamstime.com, 70-71 Lester V. Bergman/CORBIS, 71bd Mediscan/Corbis, 72-73 Visuals Unlimited/Corbis, 73hd Lester V. Bergman/CORBIS, 74-75 Zena Holloway/zefa/Corbis, 75cd Daniel Gale/Dreamstime.com, 75bl Anthony J. Hall/Dreamstime.com, 77hd Sonya Etchison/Dreamstime.com, 77bd Roman Milert/Dreamstime.com, 78-79 Awilli/zefa/Corbis, 79cg John Sartin/Dreamstime.com, 79hd Randy Faris/Corbis, 80-81 Stephen Sweet/ Dreamstime.com, 81cd Mediscan/Corbis, 81bd Will Moneymaker/Dreamstime.com, 82-83 Karen Kasmauski/CORBIS, 82bc Micro Discovery/Corbis, 83cd Peter Elvidge/Dreamstime.com, 83bc Bob Sacha/Corbis, 84-85 tienne Poupinet/zefa/Corbis, 84bg Michael DeYoung/Corbis, 85hg Franz Pfluegl/Dreamstime.com, 85bd Jozsef Szasz-fabian/Dreamstime.com, 86-87 Visuals Unlimited/Corbis, 88cg Ioana Grecu/Dreamstime.com, 89bg Howard Sochurek/CORBIS, 92bg Rhonda Odonnell/Dreamstime.com, 92-93 Michael Rosenfeld/dpa/Corbis, 92hd Dreamstime.com, 93bd Dario Sabljak/Dreamstime.com, 94hg Tim Pannell/Corbis, 94-95 Dreamstime.com, 95bg Galina Barskaya/Dreamstime.com, 96-97 Sebastian Kaulitzki/ Dreamstime.com, 97hd Dreamstime.com, 97bd Wa Li/Dreamstime.com, 98-99 Wa Li/Dreamstime.com, 100bg Eugene Bochkarev/Dreamstime.com, 101hc Visuals Unlimited/Corbis, 101bd Dreamstime.com, 102-103 Dreamstime.com, 103cd Mediscan/Corbis, 103bc Heng kong Chen/Dreamstime.com, 105bd Dreamstime.com, 106-107 Visuals Unlimited/Corbis, 108hd Jaimie Duplass/Dreamstime.com, 108b Reuters/CORBIS, 109cg Matthew Mcvay/CORBIS, 110b Jeremy Horner/Corbis, 111hd Dreamstime.com, 111bd Peggy Laflesh/Dreamstime.com, 112-113 Klaus Hackenberg/zefa/Corbis, 114d Dreamstime.com, 115cd Jason Stitt/Dreamstime.com, 115bc Gert Vrey/Dreamstime.com, 116d Olga Lyubkina/Dreamstime.com, 117hd Dreamstime.com, 117cd Ryan Pike/Dreamstime.com, 117bc Nicolas Nadjar/Dreamstime.com, 118g Linda Bucklin/Dreamstime.com, 118bd Paul Moore/Dreamstime.com, 119bd Dreamstime.com, 120-121 Don Mason/Corbis, 122-123 et 123hg Lester V. Bergman/CORBIS, 123hd Dreamstime.com, 123bg Howard Sochurek/CORBIS, 124-125 Micro Discovery/ Corbis, 126-127 Dreamstime.com, 127h Howard Sochurek/CORBIS, 127bd Dreamstime.com, 128-129 Visuals Unlimited/Corbis, 129cd Peter Jobst/Dreamstime.com, 130-131 Lester V. Bergman/CORBIS, 131cd Tim Graham/Corbis, 133cd Tomasz Trojanowski/Dreamstime.com, 134-135 Dreamstime.com, 135hd Laurent Hamels/Dreamstime.com, 136-137 Holger Winkler/zefa/Corbis, 136cg Dreamstime.com, 136bg Norma Cornes/Dreamstime.com, 137cd Dreamstime.com, 138-139 Lester V. Bergman/CORBIS, 141hd Ronnie Kaufman/CORBIS 141cg verett Kennedy Brown/epa/Corbis, 141bc Dreamstime.com, 142 Bob Rowan ; Progressive Image/CORBIS, 142cg Dreamstime.com, 143hd Roger Bruce/Dreamstime.com, 143bg Dreamstime.com, 144bg Kamil fazrin Rauf/Dreamstime.com, 145hg Yves Forestier/CORBIS SYGMA, 145cd Richard T. Nowitz/CORBIS, 147hg Doconnell/Dreamstime.com, 147hd Dreamstime.com, 147bg Loke Yek Mang/Dreamstime.com, 148-149 Asther Lau Choon Siew/Dreamstime.com, 149hg Alistair Scott/Dreamstime.com, 149bg Ilya Gridnev/Dreamstime.com, 150-151 Dreamstime.com, 151hg Lucian Coman/Dreamstime.com, 151bg Chris Townsend/Dreamstime.com, 152 Lorraine Swanson/Dreamstime.com, 153hd Roger Ressmeyer/ CORBIS, 153bg ull Dreamstime.com, 154 Ryszard Bednarek/Dreamstime.com, 155hd Alex Hinds/Dreamstime.com, 155bd Owen Franken/Corbis, 156 Grafton Marshall Smith/CORBIS, 156bg Susan Tannenbaum/Dreamstime.com, 158-159 Jeff Lewis/Icon SMI/Corbis, 159hd Eddie Saab/Dreamstime.com, 160cd Dean Hoch/Dreamstime.com, 160b Gabe Palmer/CORBIS, 161hc Visuals Unlimited/Corbis, 161bd Fred Goldstein/Dreamstime.com, 162hg Peter Dazeley/zefa/Corbis, 162bg Roger Ressmeyer/CORBIS, 162-163 John W. Gertz/zefa/Corbis, 163bd Reuters/CORBIS, 164-165 Visuals Unlimited/Corbis, 166-167 Dreamstime.com, 167hd Dreamstime.com, 168br Gavin Wickham ; Eye Ubiquitous/CORBIS, 169bg Eren Göksel/ Dreamstime.com, 170bc Gordana Sermek/Dreamstime.com, 171h Dreamstime.com, 171bg Vladimir Pomortsev/Dreamstime.com, 172-173 et 173bd Clouds Hill Imaging Ltd./Corbis, 174bg Daniel Gustavsson/Dreamstime.com, 175bd Franz Pfluegl/Dreamstime.com, 176-177 Visuals Unlimited/Corbis, 177bd Milan Kopcok/Dreamstime.com, 179hc Dreamstime.com, 179bd Yanik Chauvin/Dreamstime.com, 180bg Reuters/CORBIS, 181hg Brett Mulcahy/Dreamstime.com, 181bd Sandy Matzen/Dreamstime.com, 182b Dreamstime.com, 183hd Darrell Young/Dreamstime.com, 183bd Simone Van Den Berg/Dreamstime.com, 184bg Patrik Giardino/CORBIS, 185hd Natalie Fobes/CORBIS, 185bd NASA, 186 Richard T. Nowitz/CORBIS, 187hg Dreamstime.com, 187bd Louie Psihoyos/CORBIS, 188 Adrian Moisei/Dreamstime.com, 189hd Jack Schiffer/Dreamstime.com, 189bd Darius Ramazani/zefa/Corbis, 190-191 et 194bc RBM Online/Handout/Reuters/Corbis, 192g Manuel Moita/Dreamstime.com, 193bd Sebastian Kaulitzki/Dreamstime.com, 194-195 Sebastian Kaulitzki/Dreamstime.com, 195hg Andres Rodriguez/Dreamstime.com, 195bd Lester Lefkowitz/CORBIS, 196-197 Mediscan/Corbis, 196hd Jodi Baglien sparkes/Dreamstime.com, 196bc Natalia Sinjushina/Dreamstime.com, 198 Jennie Woodcock ; Reflections Photolibrary/CORBIS, 199hg Dreamstime.com, 199hd Dreamstime.com, 200-201 Rune Hellestad/Corbis, 201h Ingvald Kaldhussater/ Dreamstime.com, 201bg Dreamstime.com, 202hd Hanna Derecka/Dreamstime.com, 202b Jennie Woodcock ; Reflections Photolibrary/CORBIS, 203h Zsolt Nyulaszi/Dreamstime.com, 203b Dreamstime.com, 204-205 Ryan Wasserman/Dreamstime.com, 205b Melissa King/Dreamstime.com, 206-207 Randy Faris/Corbis, 207cd LWA-Dann Tardif/CORBIS, 208-209 Jim Craigmyle/Corbis, 208hg Suzanne Tucker/Dreamstime.com, 208bg Marzanna Syncerz/Dreamstime.com, 209bd Stanislav Tiplyashin/Dreamstime.com, 210-211 Mike Powell/Corbis, 210bd Dex Images/Corbis, 212-213 Glenda Powers/Dreamstime.com, 213bc Dreamstime.com, 215hc Howard Sochurek/CORBIS, 215bd Dreamstime.com